闽台移民史与台湾民间信仰研究

陈在正 著

九 州 出 版 社 JIUZHOUPRESS | 全国百佳图书出版单位

图书在版编目（CIP）数据

闽台移民史与台湾民间信仰研究 / 陈在正著. -- 北
京：九州出版社，2023.5
ISBN 978-7-5225-1800-8

Ⅰ．①闽… Ⅱ．①陈… Ⅲ．①移民－历史－关系－信
仰－民间文化－研究－台湾 Ⅳ．①D69②B933

中国国家版本馆CIP数据核字(2023)第076065号

闽台移民史与台湾民间信仰研究

作　　者	陈在正　著	
出版发行	九州出版社	
责任编辑	陈丹青	
地　　址	北京市西城区阜外大街甲 35 号（100037）	
发行电话	(010)68992190/3/5/6	
网　　址	www.jiuzhoupress.com	
印　　刷	北京九州迅驰传媒文化有限公司	
开　　本	720 毫米 ×1020 毫米　16 开	
印　　张	11.25	
字　　数	189 千字	
版　　次	2023 年 5 月第 1 版	
印　　次	2023 年 5 月第 1 次印刷	
书　　号	ISBN 978-7-5225-1800-8	
定　　价	58.00 元	

前　言

　　1951 年我从厦门大学历史系毕业后，留校从事中国近代史的教学和研究工作。为了掌握第一手历史资料，首先到中国第一历史档案馆发掘、编辑台湾历史档案资料，并撰写了一批台湾海疆史文章，2001 年在厦门大学出版社出版了《台湾海疆史研究》一书。

　　进入 20 世纪 90 年代后，我的研究工作转入搜集地方文献资料，搜集闽南地方族谱，参加台湾"中研院"民族研究所与厦门大学合作的闽台民俗比较研究项目，深入同安、南靖、云霄、平和、漳浦各区县搞田野调查，同时进行闽台移民史和台湾移民的民间信仰研究，三次深入台湾县市，先后到台北、宜兰、彰化、南投、台中、台南、恒春、屏东、嘉义、花莲各县市，进行田野调查，先后撰写了 8 篇有关闽台移民文章、7 篇有关移民的民间信仰文章，约 20 万字，现结集出版，成《闽台移民史与台湾民间信仰研究》一书，供历史界同人参考。

目　录

第一篇　台湾移民史研究

一、南靖龟山庄氏宗族的发展及向台湾移民

据闽南龟山《庄氏世系族谱·源流志》记载："庄氏之始，乃陈胡公之孙，曰庄伯袁，胤嗣楚王因谥曰庄，厥后江汉故有庄氏，……多生后裔，而布传中国。"后以天水为郡号。光启元年（公元 885 年）河南汝宁府光州固始县人庄一郎（讳森，字文盛），年 23 岁，从舅氏王潮、王审知兄弟入闽，后分镇于桐城（今泉州市），卜居永春桃源里，为庄氏入闽桃源派开基始祖。庄一郎传四子，"四房遗下之派，承传七八代，仅有十余人而已，寥寥一线以相延"，迨至"锦绣发祥"，宋代第 9 代裔孙庄夏登淳熙辛丑科黄甲，官兵部侍郎，赠太子少师，"朝野相望，克振家声，光昌我族。"[①] 庄夏于嘉定十一年（1218 年）开府桐城，派下裔孙后以锦绣为堂号。明代裔孙庄国桢（嘉靖四十一年壬戌会魁，官户部侍郎）所撰《庄氏锦绣蕃衍世谱序》指出："吾宗肇自汉唐，炽乎炎宋，盛乎明兴，荣继仕版，彬彬辈出。"（第 18 页）后 12 世裔孙祐孙徙居青阳，明宏治三年（1490 年）所撰《庄氏青阳蕃衍族谱序》亦指出："吾泉著姓者数家，皆宋时宰辅名宦，而庄氏一族独盛。登科第、仕于时者，自宋至今，阅其谱不可胜数。"（第 21 页）可见至宋代庄氏已发展成泉州的望族，至明代已是"一族独盛"。

庄一郎后裔先后迁徙闽之福、兴、漳、泉及粤东等地，经过长期的发展，又在闽、粤各地形成庄氏的宗族。其中有青阳祐孙第五子公从，于宋祥兴二年（1279 年）"与表弟蔡若济为潮州司户，辅宋帝昺于朝之碙州，复随至广州

---

　　①　1922 年庄宝奥汇辑：《庄氏世系族谱》第 66—67 页。下文凡引自该族谱者，只在引后括号内注明页数。

新会之崖山，被元兵所迫，陆秀夫负帝赴海，而宋亡。公从乃避居于潮州之揭阳县窖尾村而家焉。"（第 62 页）公从生四子，长敷言，次清素，移居普宁县大坝墟；三曰古溪，移居海阳县庵埔市；四曰惠和，移居大埔县狮子口。敷言生一子名三郎（字登晦，号太极），系桃源庄一郎之 15 世裔孙，生于元成宗元贞二年丙申（1296 年）正月初六日，"幼失怙恃，依季叔迁大埔县神前乡狮子口，自谐习地理。"（第 62—63 页）至延祐七年（1320 年）"年二十五岁，复遭世乱，乃迁游入霞漳南靖之龟山汪洋，山水之胜，遂住居焉。时朱翁看公性行端悫，笃信忠义，视以亲子，遂将故男妇何氏，进赘于公配婚。"（第 135 页）是为龟山庄氏开基始祖。龟山（亦称龟洋）元时应里宰于南胜县，继统大明，始立籍于南靖永丰里长安保之下龟洋上水龟汪洋（今南靖县奎洋乡店美村）。

龟山庄氏自元初至清末，经过五六百年的经营，已发展成"丁满巨万""聚族而居"的一个望族。本文拟以龟山庄氏宗族的形成和发展及其向台湾移民这一实例，对国内外学术界争论多年的关于宗族形成的理论作一验证，并比较闽台两地宗族形成的不同特征。

（一）明末龟山庄氏宗族的形成

1. 靠务农发家，丁财两旺

龟洋地处南靖旧城（靖城）西北一百多里，与龙岩、永定为界，群山环抱，纵横数十里，形成许多小盆地的村落，以上下龟洋为最大，土地饶沃，有从北而南、从西而东的两条溪流会合于境内的合溪口，水源充足，平地宜种水稻，山上宜育林木。元代龟洋尚是一个多姓杂居的乡村，住有黄、谢、李、萧、朱、余、廖、林、邱、江、尤等姓，谱载"绵环五十里，自昔不一姓。"（第 77 页）朱翁是当地的一个普通农户，何氏系"苗媳"（童养媳），其子死后招三郎为养老女婿，并不改姓。三郎视朱翁"亦以亲生事之，尽其丧终之礼"。[①] 从此朱嗣庄续，朱、严二姓永禁通婚。三郎入赘后生二子，长必文，次必华。可能朱家缺乏耕地，三郎经常到何氏娘家永定谋生，夫妻均卒葬于永定苦竹社大平山。长子必文也"长住龙山，营守艺业。"后卒葬于龙山旧庵后。妻黄氏，竹黄社人，"黄妣多在女家，……及后在于女家殁世。"（第 138—139 页）次子必华之长孙良苟移居平和，良苟长子移永定刀头，次子移平和岩岭；必华次孙良纪移

---

① 《龟洋庄氏十四世贞裕房族谱》，龟山始祖录。

居吴宅，良纪三子俱迁南安，第四子后裔迁小溪、潮州等地。可见三郎父子并未固定在龟洋务农。必文生二子，长志用壮年卒，无传。次祖富（号阳平）在龟洋务农，生五子，长良茂（天湖房），次良盛（中村房），三良通（无嗣），四良显（塘后房），五良惠（坑后房）。至第5代，有孙12人，在龟洋仅7人。至第6代，在龟洋住者仅26人（包括必华派下未外迁者4人）。谱载：龟洋庄氏"递传五六代，而他家多姓，我姓祚薄丁微。"（第95页）但由于龟洋有良好的自然环境，周围尚有未垦荒地，庄氏族人通过勤劳务农，开垦荒地，有的开始富裕起来。如4世四房良显分居塘后务农后，"先辛苦，因勤俭渐积丰厚，积谷囷陈禾仓二十余所，鱼塘十余口。"① 二房良盛，一子八孙，开发中村，五房良惠，一子三孙，开发坑后，也先后开始富裕。长房良茂（谥天湖），三子七孙，最为兴旺发达。长子敬义，传二子四孙，开发吴宅，二子敬忠（谥遐德），传三子十四孙，由于"承先人之绪业，守祖宗之遗训，克勤克俭，广置田土。"（第147）年58，虽被良盛的子孙"欲图占家业"而被谋害，但长子本兴（谥云岩）与姊郑氏竟能"同振家声，大成富业，卓为永丰巨擘之良家。""为耆老三年，上下皆受重之。"本兴生四子，"皆贤而善继善述"，"子孙繁衍，家业富康。"（第252页）敬昌次子本隆（谥盘谷），继父业务农，生七子（俗称大七房），其中二、六、七三房先后均成巨富，六房玄甫（1481—1523年）又名六成，虽"承业甚微，自勤俭治家，货财行殖，创置有二千余金之计。"年43早逝，妻张氏生三子一女，妾黄氏生一子一女，时四子俱幼，皆赖张氏"教子义方，织纫组训。"兼营家庭手工业，"颇创四千金之业，有倍夫之数，俭约成家。"（第150页）另谱载"加创二千余金"。② 七房玄圭（谥简斋），分居白面洋坑头新厝住时，"家业淡薄，乃勤俭积富，四处置有产业，素衣朴冠，身不衣帛，食不重肉，虽富有数万金，常若不给。"③ 生八子，"家业益增。"五子伯新"初阄分田租五百余石，末又增进四千金，与公业等。"但不能守业，"未逾数载，蒸尝遂废，荡覆殆尽。"④ 二房玄弼（1465—1555年）谥仁德，"本县主闻其有仁德，金为耆老。"嘉靖间，"里以公多才能，推为户长。"⑤ 生九子，第五子伯武（谥敦朴），

---

① 《龟洋庄氏七厦房族谱》，第96页，四世良显条。
② 同注①，第109页，七世玄甫公条。
③ 同注①，第112页，七世玄圭公条。
④ 同注①，第113页，八世伯新公条。
⑤ 同注①，第70—71页，七世仁德祖条。

"才德出众，……凡族中赋役之事，皆赖公支持。"①伯武生四子，第三子望达（1540—1611年）"开基上洋，创业大垅，勤俭正直，……家道由是渐兴"。②至望达孙王政（11世）"白手起家，置数千金之产，由贫积富，创几百顷之田"。③可见龟山庄氏自5、6世开始发祥，至7世已成巨富，人口也进一步发展，现将5—9世必文派下在龟洋居住的人口（外迁者不计）列如下表1-1：

表1-1　龟山庄氏必文派下5—9世男丁统计

房　　世	5世	6世	7世	8世	9世
良茂房	3	7	23	68	131
良盛房	1	8	17	47	51
良通房	无传				
良显房	1	4	14	33	73
良惠房	1	3	7	12	25
小计	6	22	61	160	280

从表1-1可看出，必文派下居住龟洋者，7世有男孙61人，8世160人，9世280人，加上女孙及妇女，以及前世健在的老人，至9世时，龟洋庄氏人口约有四五百人之谱，已是丁财两旺之族了。

2. 提倡读书，培育儒士

龟山庄氏通过务农为主，兼营手工业及个别从事商业，开始发家致富，便从富求贵，提倡"耕读传家"。自4世良显开始富裕后，即鼓励子孙读书求功名，长孙朝宾于明景泰7年（1456年）进洋，"龟洋秀才，自此人始。"④至7世大发后，教子读书成为普遍的风气。如7世二房玄弼耆老"教训子侄，耕者耕，读者读，无敢逾矩，里之人趋向如泰山北斗。"⑤第五子伯武"性好学行，立书田，以勖后进。"⑥伯武子望达，亦"以诗书勖其后人"⑦。七世六房玄甫之次子伯嵩（号东洋）"是非不闻，尘事不染，足不履公庭，惟课子孙读书，呼童仆耕

---

① 同注《龟洋庄氏七厦房族谱》，第73页，八世伯武祖条。
② 同注①，第74页，九世望达祖条。
③ 同注①，第76-77页，十一世王政祖条。
④ 同注①，第96页，四世良显公条。
⑤ 同注①，第70页，七世仁德祖条。
⑥ 同注①，第73页，八世伯武祖条。
⑦ 同注①，第74页，九世望达祖条。

稼，安于义命而已"①。玄甫长孙望周（谥恂肃），不但自己"生平好学"，而且"外事弗问，惟训子读书，课仆耕作"。（第 153 页）伯嵩次子望南，因"屡考苦不入泮，于是隐居教学乡族二十余载"。庄氏族人开始从"惟知稼穑"，到"勤习典籍"，风气为之大变。受其教育的诸侄赞扬说："能预儒林，实蒙教泽。"② 望南为龟山庄氏培育人才，作出了重要的贡献。

为了筹集办学经费，并奖励游庠、中举士子，庄氏族人于明末开始从公产中抽出一定田段或谷额，立为书田、书租。八世伯武就开始"立书田，以勖后人"。嘉靖年间主要由五世敬忠派下大三房元亨利贞四推裔孙创建的大宗祠，即定有奖励科甲的规定："大宗祠原是元亨利贞四推，派下如有科甲者，举人、五贡若有旌旗匾者，定贴银四大员，就大杉户领取；如旌旗者，定贴钱十八千，就四推均开，赴应领取。"（第 213 页）万历年间始建的后美堂（祀八世伯义）记载："我祖原有置立书租，计二十七石余，带秫米九斗，在洞仔社，付派下科甲新进泮、出五贡者夺标，余年照多少均分。五贡加得一分，新进泮者得拜礼三钱，五贡及举人得拜礼一两四钱半，如有旌旗匾，加一两四钱半，旌旗无加。"（第 235 页）

龟山庄氏自 6 世望宾（良显孙）第一个入庠后，从 7 世起经过二三代人的"崇儒教子"，至 9 世廷诰（讳望谨）、10 世有临（字应文）、有容（字应宣）、应科（字联余）、庄城（讳应标）、道初（讳应乾）等 6 人，俱先后"添遊泮水"，他们都是大七房玄甫、玄圭派下子孙。（第 339、344、346、348 页）这是明末龟山庄氏出现的第一批秀才。

3. 开展以儒家礼教思想为核心的修谱、建祠、祭祖等整合活动

庄氏开始"蕃昌"后，族中有文化、有声望的族人开始积极推动修族谱、建祖祠、修祖墓、置祀田、开展共同祭祀等活动，这些以强调血缘为中心，以儒家礼教思想为主导的种种活动，加强了庄氏族众的团结，促进了庄氏宗族的形成。

修谱 庄氏第一次修谱在明宣德年间，外迁的必华派 5 世孙宏茂，为了"兴水木之思，始修明志之谱"（第 89 页），在所撰《正宗九纲序》中，提出知宗道、重宗谱、纪宗实、立宗祀、敬宗祭、肃宗法、周宗穷、守宗业、修宗文 9 条，作为整合宗族的原则。强调"凡此九者，和宗之纲，而此九者，以道为

---

① 同前页注①，第 109 页，八世伯嵩公条。
② 同前页注①，第 110—111 页，九世望南公条。

宗。"要求达到"三尺童子，皆知宗族"。（第92页）接着龟洋庠生、6世望宾于景泰年间，续修龟洋族谱。正德年间7世廷敏、嘉靖年间8世伯勋、9世望南又进行了三次续修族谱工作。提倡"家之有谱，犹国之有史，非仅为纪名字，维世系也。盖将序行实、著功德于前，笃恩义、示孝慈于来世耳。尊祖、敬宗，莫大于是，此谱所宜立也"。望南在谱叙中指出，自三郎开基龟洋后，"历年三百载，历世十二、三矣。前家谱惟存大略，未得其详，兹先名字为图，复序事实，使览之者，知其为祖、为妣、为子、为孙，又且生其德行何好，卒其明谥何如，葬之兆域何处，庶几仰先德者，因景行以示劝，睹茔冢者，感岁祀以恭修。以存人子追远之义，亦足绵同宗和睦之情。"（第68—69页）

建祠 继修谱之后，于嘉靖十四年（1535年）"八世诸孙则鼎建祠庙于汪洋上水龟，曰大宗祠"。大宗祠以祀5世祖遐德（敬忠）为主，并追祀始祖、列祖，递至7世。认为庄氏"至于今日，创业垂统，昭穆可继者，五世祖实为起家焉，礼宜尊为先祖。今冬至日，特以五世祖考妣附配于从中，尊功德也。始祖、列祖考妣位次在上、左、右者，尊亲亲之义，亦功德也。既祭始祖，以列祖附配之，则六、七世列祖义当出而合享焉，此敬其所尊，爱其亲而及之也。"强调"报本追远，惟仁义诚信之至者，知而行焉。无前人敬而行之，尤于后人恪而守之。后人恪而守之，更欲后人光而大之也。诗曰：孝子不匮，永锡尔类，此心同也，此理同也"。（第214页）

继大宗祠建立后，10世庠生有临于万历间先筑一小厅，奉祀七世玄甫（5世敬忠之孙），是六成祠前身。同时始建后美堂，祀8世清斋公（玄甫子伯义）。

祭祀 大宗祠于万历十年（1582年），10世庠生、监生等诸孙"始设草创冬祭"。（第214页）递至万历三十三年（1605年）十一月冬至日，生员有监、有容、应科、应乾及长辈义顺等17人在祖案前明书《祭祀规则》八条，第一条规定："奉主就位，左昭右穆，仍旧维五世祖考妣附配于中，尊功德也，而列伯叔祖另别置一席者，亲亲之杀所以序别也。"第二条规定："祭礼初行，费用未有所出，随上中下户量力出办，或升斗分钱，各随量力出办，无得强焉，所以致行也。"第六条规定："祭以宗子为主，今既出外居，代以户长，副以祭主，行礼俱依家礼仪节。……有失仪者，即出堂下位另跪，候礼毕即自肃身于案前，以谢祖宗之教，……所以致敬也。"他如关于祭器、祭品等有关事宜，均作了明确规定。致祭定于每年冬至日。（第215—216页）开始明确制定了祭祀制度。

万历年间始建的后美堂，"原起上元花灯，作二十股起底办馔盒及牲醴，其花、红柑照二十股均分，拾灯亦如是斯。凡派下有新婚与长男，充入花灯钱一百六十钱一分，其男孩充入钱八十钱五分，于正月十八日花灯清账，各房缴交，惟我克昌堂派之丁，现出现报随缴，余房候办，方有报有缴。"（第235页）

祭祖祠、祭墓等活动的经费来源不一，如前举大宗祠，系"随上中下户量力出办，或升斗分钱，各随量力出办，无得强焉"。而三世阳平祖墓祀田"系将旧底七推充银贮积，置立祀田。一阄良茂公派下元推云岩公，充入银七钱，配本道公充入银三钱；二阄中村良盛公派下，充入银一两；三阄良茂派下亨推仁德公，充入银八钱，配玄泰公充入银二钱；四阄塘后良显公派下，充入银一两；五阄良茂公派下利推静乐轩公，充入银八钱，配玄玉公充入银三钱；六阄垅头良惠公派下，充入银一两；七阄良茂公派下贞推简斋公，充入银六钱，配敬义公、玄俊公共入银四钱。"计共七两，置立祀田，允税14石4斗4升。逐年祭墓定于二月十一日螺形致祭。祖富三子良通无后，原有家业税9石，"附祖富公配享焉"。（第141页）

五世祖遐德殁后，"尚有田产百余石，在小溪内一带，付子孙阄分食禄。"至嘉靖年间诸孙鼎建大宗祠，祀五世祖为主。（第147页）谱载："按自五世祖（遐德），亦有数十石祀田，六世祖（本隆）亦有百余石，以为四季祀事孔明，又有会文、铺桥其余等租，而先人绳继祖德宗功，贻谋燕翼，世泽甚厚者矣。"（第231页）6世本隆及姚廖氏冬、春祭墓之租田，"系遐德公阄分应的在小溪内，计有重风足税三十余石，内拨收足十五石二斗付当年收办祭，余者别用，其品物有公碑登记。"祭墓定于冬至后十四日，本隆墓祭文誊六大房，廖氏墓作七房头告土。（第148页）

4. 嘉靖年间联合族众击退外敌的围攻

嘉靖三十九年（1560年）十一月，广东饶平张琏、萧雪峰部犯南靖，据《南靖县志》（乾隆版）记载：嘉靖三十八年，"饶贼张琏倡乱，顽民林赞、王槿、陈孔化等谋为内应，县尹殷伯固杖杀之，被论改官。四十年，署令龙溪县丞金璧，湛于酒，厌谍者以告，卒为饶贼所袭，城遂破，民旋遁旋复。明年复陷，鸡犬萧然。"[1]龟洋亦受到威胁，据谱载："嘉靖三十九年，饶平贼张琏、萧雪峰四千余伙来龟洋土城，攻围不解，众皆惊惶无地。"当张琏等攻城时，"城内死战不破，贼乃造雷公车、蜈蚣梯登城，城中用油火烧绝坠下，贼无奈日夜

---

① 《南靖县志》（乾隆版），卷一，第8页。《漳州府志》载嘉靖三十九年萧雪峰犯南靖，奸民谋内应系四十年六月。

攻围，被城中打死甚多，计穷坚围不解。"时有 8 世文广则"谈笑自如，以宁众心，城上安闲，语贼曰：宁为君子，匆为小人，积善以遗子孙，甚嘉，贼闻语悉愧而无斗志。"另有 9 世一山遂至敌营求见萧雪峰，"后劝各楼寨皆出过山银些少，庶免宅舍焚毁，所言贼皆听信，居半月，乃解围去员岭，则龟洋不戮一人，合乡皆安者，一山之功也。"另有族人望耀被执，一山"乃计谋密将耀昼夜逃回，赖于无害，皆一山之功也。"萧雪峰部退员岭后，"方扰攘，盗贼蜂起，道路抢夺，人不聊生。"文广乃"集乡族众合议，遂邀八社，鸠聚本乡会议，宰猪牛、设酒在于下坝里，树立旗号张挂，以保障地方。即盟之后，若有一社被贼劫掠，众社同心赴救，各把隘口。又去府道孙呈明。自此一会，声势外闻，不敢一有所犯，众皆赖以安。此虽同心协力，亦公之倡率有功也。本县仍锡冠带，旌为义士。"[①]在共同抵御外敌的入侵中，庄氏族人内部进一步加强了团结。

5. 庄氏宗族开始形成

庄三郎自元延祐七年（1320 年）到龟洋定居后，其子孙依靠当地优良的环境条件，宜种稻田，宜造林木，靠务农发家，先租田耕种，旋分散开荒，至五世开始富裕，至七世已成巨富，由躬耕到课童仆耕种，有的靠"粒积"、靠"货财生殖"增加财富。在生活富裕起来后，人口也得到较快的发展，从 5、6 世时 20 多丁，"祚薄丁微"，到 8、9 世时已增到数百丁。发家致富后，提倡子弟读书求功名。从求富到求贵，提倡"耕读家风"。到 9 世、10 世已培养出一批秀才、儒士，他们以儒家的礼教思想为核心，开展了修族谱、建祖祠、修祖墓、立祀田、开展共同的祭祠活动，加强了族人的团结，促进了宗族的形成。正当庄氏族人进行修族谱、建大宗祠，族人已加强团结，宗族已初步形成之时，嘉靖三十九年出现的外敌的围攻，在 8 世文广的倡率下，"邀乡族众合议，遂邀八社"定盟，"一社被贼劫掠，众社同心赴救。"把散居本乡的八社族人，团结为一体，对宗族的形成，明显起了促进作用。粉碎外患之后，加强了分支祖祠的创建，万历十年草创了大宗祠的冬祭，三十三年明书《祭祀规则》，建立了共同祭祀的制度。龟山庄氏经过二百多年的经营、发展，到嘉靖、万历年间，庄氏宗族已开始形成。在宗族形成中，各个家族多户同居的土楼（亦称"土城""楼寨"）不但有利于防盗贼的劫掠，也有利于家族的团结，对宗族的形成也起了一定的作用。可以说，居住土城的家族是庄氏宗族的社会基础。

---

① 《龟洋庄氏七厦房族谱》，第 98—100 页，八世文广公、九世望旸公条。

（二）清代前期通过整合庄氏宗族继续发展

"明祚鼎革之秋，干戈四起。"（第 79 页）社会长期动乱，已经形成的庄氏宗族又被冲击而衰颓，祭祀等活动也多坠废。庄氏 12、13、14 代后裔，于顺康雍年间围绕以修族谱、建祖祠、修祖墓、置祀田、开展共同祭祖活动为主要内容，又开展了一次大整合活动。

1. 重修族谱

清初"值世代流移，而谱弗存"。（第 73 页）12 世儒士子巩（应玉）进行一次"极备细详"的修谱，自桃源递下传至龟山开基祖派下 10 世，历代事实均有可考，且旁及 7、8 世之旁支，亦皆详志。且亲至温陵（泉州），"确查列祖之迹"。通过修谱，"上笃祖宗、下别支派水源木本之思。其著修谱、序行间者，后人已无不共见焉。以至诚之隐，发为真切之文，故后世修谱者皆宗之。"（第 79 页）子巩在所撰《睦族论》中指出："我龟山庄氏，……迄及相传，世有十奇，丁满数千，分居于郡邑乡村间者，不可极数。此乃祖德于建业之始，而孙曹之垂休于后，虽未大扬声名，亦可稍幸而自慰也。且吾宗尔来诗礼传家，雍雍穆穆。迨至壬辰（顺治九年，1652 年），海乱酷饷之后，弟侄辈生长干戈之时，金革相尚，而礼义之风不可复睹矣，枝叶蔓延，昭穆莫问，一派所出，视若涂人。故苏老泉云：相视如涂人者，其初兄弟也，兄弟者，其初一人之身也。嗟呼！一人之身至今日，反视若涂人，小加大，弱凌强，是可慨也。"（第 71 页）盼望通过教育、整合，把乱世紊乱了的礼教秩序拨正过来，达到"出自一身，有分其身，无分其心。嗣后人有亲疏，心无汝我。长幼有别，昭穆有序，是非曲直，秉正公断。……士农工商，四民之职，备尽孝亲、敬长二德之教。……庶家正人和，风醇俗美，可以振千秋之祖德，可以广奕出之云礽欤。"（第 71—72 页）他为清代前期大整合，提出了明确的目标，期望被战乱冲散的庄氏宗族，按儒家礼教思想重新恢复并得到进一步的发展。

子巩另撰《追远立庙小引》一文，指出自庄一郎开基桃源后，裔孙"蕃衍于闽省福、兴、漳、泉诸郡，……世系相传，不失其伦，各有家庙以栖先灵，名宗巨族未出其右者。独愧我居苗裔，大宗未立，支分派别，昭穆莫辨，视若涂人，将何以笃敬祖、尊宗之忱乎"。赞同明天启泉州会元、状元庄际昌提出而因故未实现的"鸠建大宗，崇祀始祖"的倡议，期望"斯举也，其将有待于来日欤"。（第 73 页）即希望有一天大宗能建立，在更大范围内，把庄氏宗族的力量联合起来。

乾隆年间，16世孙汝驯、18世孙庠生慎修又先后二次辑修庄氏族谱，同时岩岭派15世孙克昌也进行一次增修，并在谱叙中指出："盖闻世系不明，昭穆莫辨，而人始忘其本矣。……兹我龟山始祖三郎公者，自肇基以来，暨列祖事业，无不废坠。但失于前者，既无可追，欲垂于后者，逮今犹或补。昌深慨往前之失维，纪其所可知者，以贻于后，使知今日立谱之意，继而纪之，无失其真，亦是敬祖尊宗之诚意云尔。"（第73页）

2. 修盖祖祠、修造祖墓

顺治十八年修复二世龙山公墓　清代前期修祖祠祖墓始自二世龙山（必文）公墓，原葬在龙山庵后，"被吴姓移庵，又兼兵燹，致失祭三百余年。"至顺治十六年（1659年）查出，"亟欲追祭，又因黄公台委右镇郭老爷遁兵作糟吾乡，暂停其事，耽搁两年"。至顺治十八年由子巩"出首鸠众大小男丁，照名造册，每名应科银五分，以供祭费。约至冬至日齐到大宗祠，成兹盛举。是岁清顺治十八年辛丑十二月十六日辰时交春，凡我叔侄年十五以上者，登坟拜祭，计共千余人，详勘地界，勒石为记"。[①]

康熙二十八年修复始祖太平山墓　始祖三郎墓"奈旧谱载有大元山之误，又兼异邑隔属，屡遭兵燹致失祭扫。"康熙二十八年（1689年）春，庄氏诸伯叔父辈金举14世孙庄铿主持"兴复事，通于众，孝思之忱，千亿如一，每丁科银若干，重修祖坟，勒石竖碑。"（第136页）

康熙三十八年重新大宗祠　嘉靖年间创建的大宗祠，因"岁远年湮""庙貌圮颓"，至康熙三十八年（1699年），"十二、三世三房之众裔孙（指六世本兴、本道三大房），同心协力，经营重新"。于十二月初五日兴工，基址堂构庭阶仍咸依旧规模重新。至四十年十一月"进火附庙，轮奂继美，维新庆成，而俎豆荐馨香，将百世之未艾也"。此次重修大宗祠，"其克济中兴之功，先酌三房四推之分量以成其始，后集子孙之愿力以成其终。"其所费用尚未足者，自派下各房众子孙合议，"不论公私之业，定每石科出银一分；又不论老幼男丁，每丁科银一分；又每丁应工一工，如不能应工者，出银三分，以补落成焉。"计六世本兴、本隆、本道三房派下共出人丁银205两，田税银1081.25两。另恂肃派下出银铺内天井石条全面，毅轩公派下铺外直街石条全街，云岩公派下出银用溪石砌大门外全坪，仁德公派下出银用溪石砌内中门并外两边，伯武公派下出银

---

①《龟山庄十四世贞裕房谱》，龙山记条。

作神龛并案桌共二件，云孙太学生光钟出银作五祀炉并铺上下厅红砖，东洋公派下众子孙出银作神椅、祭桌、大长椅及公税斗齐备。（第219—220页）

康熙年间建立朱公祠　据朱公祠重修新庙记载："世承递传，我龟山庄姓，思念始祖而追恩祖，建立祀庙于古墟，时在康熙年间，由来久远。"（第132页）

雍正元年始建克昌堂　始建者十三世慈孙在康熙五十八年（1719年）议事，雍正元年（1723年）建始，祀10世温雅，原祀五代，从10世递至14世，计共入主10世3身，11世7身，12世18身，13世45身，14世100身，计173身。（第233页）

雍正五年扩建六成祠　始建在明万历间，先筑一小厅奉祀。至清雍正五年（1727年）举13世乡大宾、族正敬亭（志爽）董其事，"复再经营典大上下大堂，及落成完功，要春秋致荐祭享"（第232页）祀七世静乐轩（玄甫）。

乾隆年间始建章德堂　据谱载："章德堂始建者在清乾隆时，地址在漳州西桥，祀9世恂肃（望周），董其事者15世吴迟（胜亭），逐年秋登祭定于九月初三日"。（第237页）

3.增置祀田

顺治十八年二世必文墓修复并恢复祭祀时，"祭后尚余三十有奇，遂同四世良茂公凑成五十余两，置租田，坐地罗坑庵连与龟仔豆，共有原税三十石有二，付之该年，可以致荐馨香于先灵嚱！亦是我祖有灵，亦抑子孙之幸欤，水源木本之思可稍慰耳，而吾祖英灵地下亦无憾于孙曹也。"（第139页）

康熙二十八年始祖太平山墓修复并恢复祭祀时，"每丁科银若干，重修祖坟。勒石竖碑。除本年办祭等费外，尚伸银若干，则置立祀田，以为后人虔修岁祀，永垂勿替于万斯年。"（第136页）

"大宗祠冬祭之租，自雍正末、乾隆初，先人置买祀田，在高山与隐溪两社水田十数段，公税有四十余石，以充办祭，亦甚饶足。"（第224页）所置祀田经费系"雍正年间更设增祀八世列祖主位二十八身，每主定充银十二两。"除少交或扣除他款外，"计收主银共银三百零八两正，除本祠作桌并用等费，计银三十余两后，沿实银二百七十余两，生放的利息十一两八钱。"于雍正十三年十一月，乾隆元年三月先后"计置买高山、隐溪两社水田十数，共原税有四十三石二斗官，共契买并中礼费计出银二百八十三两四钱正，除收条外，尚不敷银四钱四分，就四推科出，每推坐出银一钱一分，将此田段租税以付冬祭祀之用"。（每项220—221页）

雍正五年扩建六成祠时，举敬亭族弟石亭"鸠集子孙会一百二十余名，置税计有百余石焉。"进士亨阳撰文记载称："乃令孙曹如千人，通出白金若干两，用是出敛收息，广置祀田，俾得以因虔修岁事，子子孙孙以垂万年永勿替。"谱又载："原四季各次祀典及祭墓，有立祭田九十余石，有薄轮流。"（第232—233页）

各代祖祠、祖墓均先后置有祀田，供祭祀之用，有的随景况好转而增添。如14世信斋公与谢祖妣原"建立祭租尚微薄，及后子孙进益，长房忠懿公充入税九斗，次房载亭公充入税四石，三房英肃公充入税三石，以添祭祀"。（第164页）又如16世载亭以经商"稍有储积"，"亦称小封"，"年登六旬，将自置家业田产，先与父定祭租，母立奉田之外，分作五阄，付子三人，侄二人，五福均分各掌"。（第166页）

4. 完善祭祖制度

顺治十八年，失祭多年的二世必文墓恢复祭祀后，议定"照旧底抄办祀，照四阄轮流，逐年祭墓"。与黄氏祖妣连日，定于冬至后七日起程登坟致祭，其祭文誊二六七三人礼生名次。一阄贞推玄圭公，带良显、敬义公；二阄元推本兴公，带良盛、本通公；三阄亨推玄弼公，带良惠、玄泰公；四阄利推玄甫公，带玄玉公。（第140页）

康熙二十八年，失祭多年的始祖太平山墓恢复祭祀后，亦议定"逐年祭墓，作八推轮流办祀，一阄本兴、本道祖共，二阄良盛祖，三阄玄弼、玄泰祖共，四阄良显祖，五阄玄甫、玄玉祖共，六阄良惠祖，七阄玄圭、玄俊祖共，八阄良苟、良纪祖共"。（第136页）按阄逐年轮流办祀，使祭墓活动制度化。

康熙三十八年重新大宗祠后，翌年冬至日众子孙在祖案前再明议祀典规则："自六世祖云岩、盘谷公以下各房，各有小宗，自有宅舍，各子孙自有奉祀，则不得在此混滥，与杂之列祖，不然礼且议桃矣。"批评当时出现的"自家公婆父母既殁，将棺椁，几筵拥于中堂，既葬则抱主填于祖龛，俨而置之中尊，与太高祖、列世祖并尊"等现象，是"体统大坏，昭穆失序，莫此为甚，则不敬祖宗孰大于是"。乃议"另设小神龛，列之两旁，及追祭主祭者享始祖、列祖者而及之，亦以体祖宗爱子孙之遗意也，庶神惠周而昭穆之分正矣。"所定规则八条，现全文列后：

一、祭品随年照粟价高低买办，其果并壶味，随子孙好礼洁备，来祭者以合祭可充太高祖、列世祖食桌之用，宁过而丰，毋失而啬。总之，祖宗一鉴，

12

还为席中主人之光矣。

一、祭毕，将神惠分享之礼情也。分三、四席或四、五席，亦随来与祭者合多寡分席，燕毛序齿，凡与事子孙或挑祭品者，皆得与席。以习仪节，不许带幼爱小子入席，以防位次，庶可旅馴无贪禁之诮矣。语曰：未能于揖者不论案，此之谓也。

一、宗庙礼序昭穆，一堂子姓，群昭群穆，咸而不失其序焉。务宜鸡鸣凤兴，齐集庙中，当祭时，有主故遗昭穆之序者，是大不敬也，大无礼也。即许礼生全堂唱其失仪，自退跪于堂下，候礼毕，即起来案前谢祖之罪，所以致敬也。

一、祭必宜有主，惟高年德邵者，其精神可格神明而受纯嘏焉。或尊长不与，次推才德贤良而素娴礼仪者主之，所以明礼也。

一、祭必丰洁以致孝，自前一日要先省牲陈器，以及厥明湑核、羹饭、品物、器具等件，净治洁齐，凡执事者毋亵秽毋染指，所以致荐也。

一、祭必萃众子孙之欢心，以奏格贵乎无言靡争，卑者幼稚，当让长者，来老者衰惫亦使壮者。所来与者人数，各酌本房之多寡，勿拘数，勿溢额。若父子、兄弟幼弱者，老者，宁免贪禁之讥乎？戒之，戒之，所以效顺也。

一、祖宗累积而保兹大，凡我子孙当祭时，必以衣冠俊秀者趋跄序其间，所以辨贤焉，神惠宜优待之。后有子孙出仕者，显祖荣宗，分内事也，应置蒸尝义田以报本，有志者勉旃，以励祖荣也。

一、祭毕受厘而餐福，燕毛序齿，礼尤重焉。待上尊长老及俊秀序事者与焉。待下则随房燕间有叔侄焉，有兄弟焉，宜辨上下、先后之位次，毋得尊卑失序，所以明人伦也。（第216—218页）

雍正五年扩建的六成祠更明确规定："主祭不许纳例焉，宜用科甲者，主祭二人，陪祭二人，其举贡在外者，准其逐年主祭。定胙肉八斤，主祭得六斤，陪祭得二斤"。（第233页）

祭祀严格按"礼序昭穆"行事，"尊卑有序"，"燕毛序齿"，提倡"明礼""明人伦"。又按儒家礼教恢复被战乱冲击而废坠的祭祀制度。值得注意的是第四条规定"尊长不与，次推才德贤良而素娴礼仪者"主祭，第七条也规定"祭时必以衣冠俊秀者趋跄序其间，所以辨贤焉，神惠宜优待之"。第八条规定食桌时，"待上则尊长老及俊秀序事者与焉"。与明末"祭以宗子为主"的规定比较，有了明显的变化，士人被提高到与尊长同样的地位。到雍正年间六成祖更明确规定"主祭不许纳例焉，宜用科甲者"，更大大提高了有科甲者在宗族中的社会地位。但祭规中也有规定，出仕者有"应置蒸尝义田以报本"的义务。

5. 继续大力提倡学而优则仕，显祖耀宗

清代前期，龟山庄氏族人中"惟课作耕田，尊师重傅，训子读书"之风更加盛行。这从康熙年间成进士的庄亨阳所受的家教即可看出，母叶氏"通大义"，亨阳四、五岁犹乳哺时，即口授唐人诗百余首，并乡党一篇。其父光泽亦携亨阳"教授村落间"。归则其母又"躬自课督，日授经书，严背诵，……有不率教，则引杖箠击，或对案不食，须叩头谢过乃已"（第303—304页）正是受了这样严格的家庭教育，才促进其成材。除家教外，族中普遍设立社学、熟馆，教育子弟。如13世元曦在霞峰柿仔脚置书馆，在三洽田溪边厝又置书馆，"惟恐孙曹之未读耳"。[①]13世乡大宾志爽课选子侄读书外，且"选族中秀者百余人，月限章程课督，严赏罚，以示鼓舞。"（第162页）把提倡读书，荣宗耀祖，从家教发展为族教，从个别家庭的愿望，上升为整个家族的追求目标。这种追求在其所撰写的祖祠、祖墓的祝文、祭文中，明显表露出来，而且越来越强烈。从"赐福降康"、"子孙蕃衍，瓜瓞绵绵""旺进财丁、家声勿替"等一般祝愿，到要求列祖保佑子孙"群遊泮水""科甲联登""联题雁塔、首占鳌头"等越来越强烈的追求。（第436—479页）

为了奖励游庠、中举士子，又增添书租。如康熙年间始建的朱公祠规定："派下科甲，旌匾贴银四大元，就大杉户取领，如旌旗者贴钱十八千，就六推均开付应。"（第131页）乾隆年间始建的章德堂，"定科甲书租，秀才文武六十石，在吴宅仓；监生纳例二十石，在上锋仓。俱要付新进举贡夺标一年。另定立举人租，在吴宅仓，一名二十四石，二名四十八石，三名更多者四十八石均分。另又有旧书租二十六石余，在上峰仓，亦付夺标。如无夺标年，照秀才、监生，举贡二分各均分，其余者余租并祭祖、书租，原计有千石，逐年定于四月初十日清账世承。"（第237页）

龟山各房分支祠堂，也多有书田、书租，鼓舞派下水游庠、中举者，但因缺乏记载，其书田总数无法统计。而且随着本派的盛衰，书田也兴废不定。

在庄氏宗族大力鼓励文风之下，继明末出了一批庠生之后，经过三、四代

---

① 《霞峰庄氏族谱》，第29页。

人的培育，到康熙三十三年甲戌（1694年）庄梦雷成武进士，庄亨阳成康熙戊戌（1718年）进士、庄士元为戊戌会元，从康熙三十五年（1696年）庄国伦中举后，康乾年间又有庄玮、庄登丰等人中举，庄熙仲、天钎、良秀、无勋、毓明、朝梁、三才等人入贡，更有成批的秀才出现。亨阳，士元等皆由科甲而出仕。

6. 龟山庄氏宗族的继续发展

明清鼎革之际，连年战乱，特别是顺治八年（1651年）以后，郑成功部队与清军激烈争夺漳属各县，十二月，郑军连陷漳浦、云霄、诏安，九年正月攻克海澄、平和，三月攻克南靖，四个月中连陷七县，并围困漳州府城八个月。龟阳虽属远离县城的山庄，但也受到"海乱酷饷"的严重影响。出现"列祖事业，无不废坠"，"一派所出，视若涂人"，"礼义之风，不可复睹"，刚形成不久的宗族，又走向衰微。族人如子巩等乃大声疾呼，提倡睦族的重要。经过顺治末年开始的修族谱、修祖墓、修盖祖祠、置祀田、恢复并完善共同的祭祀活动，族人又进一步团聚，经济也得到进一步的发展，除继续经营稻田外，并大量种植杉松，有的兼营各种手工业劳动。如12世乡大宾惠介，除隐居内松和潭"躬耕"外，又"兼凿窑烧碗"，至其长子天祐，"富居数万金，置税千余石。"三子企思"亦置税千余石。"七子中，三个太学生，一个游庠，其孙中举（第169页），即富且贵，龟洋族人中似此者不少，庄氏宗族呈现一派兴旺发达气象。在经济文化发展的同时，人口也较快的增加。到康熙年间，仅5世敬忠派下大三房，就有男丁2050人，拥有公、私田产税额超过万石，加上其他各房，其数相当可观。在庄氏宗族大力提倡"耕读家风"、鼓励文风之下，康熙后期已出了几个进士，康乾年间中举、入贡者十多人，秀才成批出现。谱载："至于十三四世时，而他家寥寥消衰，惟我姓彬彬彪炳。其丁财旺进，文物盛振，则著立蒸尝，增添祀典，而训芳规，宏谟广大。"（第95页）康熙年间次房必华派裔孙祭始祖三郎文亦称："长派蕃衍，聚族而居，……此地英英皆辈出。"（第407页）庄氏成为龟洋"聚族而居"的大族，已非昔日"祚薄丁微"的旧观。至乾隆年间，龟山庄氏已经成为南靖的一具望族。

（三）清代后期通过再一次整合庄氏宗族进一步发展

1. 太平军三次入龟洋对宗族的冲击

清代后期外族入侵，地方不宁。咸丰元年（1851年）太平军发难于广西，迅速波及各省。同治三年（1864年）开始，太平军三次进入龟洋，已经发展起来的庄氏宗族，又遭遇到一次严重的挫折。据谱载："迨至同治三年甲子，遇发氛，乃宗族肇基有五百余年所未有之灾害祸患，人众纷纷，莫知所保。"时有17世直隶州分州、奉直大夫时园（乳名共春、讳鼎魁，字寅卿），"仗义倡率，舍己家财，鸠集父老，督率子弟，先练乡勇，四路把守各处关防，以俾老幼、妇女各得逃避无伤。"越年四月，康王汪海洋所部十余万"窜社里，夜以继日，沿山遍野皆贼兵，无可奈何，但族众俱走远逃。"惟时园"独率乡勇，保护家眷及亲堂数百人，保守于山谷一隅（在于内松和潭），与贼大战五昼夜，又严守十八天。公身自督阵。"（170页）嗣因"孤军难恃，保守宗祀，率家族转逃避于新村。"（第147页）时园并自写文书，通报于官军营中告急。至四月初十日，四路官军云集攻击，太平军才败逃。"斯时城邑及乡村玉石俱焚，室如悬罄，野无青草。"时园又急于处理善后，即派遣亲堂子侄"各带家属妇女回家，先务耕种。"恢复生产。而身自赶至厦门，"百般为计，以借贷急籴洋米，直接运回，沿途平粜。"更请到左宗棠令旗，保护粮运。（第170—171页）此时"沿途平粜以及本里、邻乡赖以活者，不下万家。"（第174页）此役不但"田园荒毁，及大小宗祠亦被俱焚。"（第177页）战后恢复生产、恢复社会秩序的同时，又一次进行宗族的整合活动。

2. 继续修谱 12 次

清代后期，庄氏宗族继续通过修谱，提倡加强族众的团结。太平军起事后的咸同时期，计修谱 5 次，在谱叙中继续强调"人之有祖宗，犹水之源，木之有本。……是支派分愈远，源益别，非有谱籍纪而维之，能令世德之勿忘乎？是故家之有谱，犹国之有史，其所以序行实、著功德于往前，亦以笃恩义、求孝慈于来世，此谱之所由立也。"由于龟洋庄氏"于今历年五百有余，历世二十有二，传子孙既盛，纪载难周，前世家谱，继修惟存大略。"（第75页）必须及时重修。光绪年间又修谱 6 次，民国初年又修谱一次，12 次修谱全部由族中贡生、庠生编辑。20 代孙岁贡生炳元于光绪十九年（1893 年）的谱叙中指出："常见前代祖宗，或因兵燹流离，谱图失据，其旁支考姓或因嗣孙鲜学，记载弗详，遂至数典忘祖，无从考稽，心甚恻焉。况因五岳堂祠宇于同治三年发逆陷乡，神龛被毁，昭穆图谱迄无所存。……予睹及斯，而修谱之意益切。"（第78页）20 代孙辉光于光绪三十一年（1905 年）修谱叙中亦指出：龟洋庄氏子孙"丁满巨万，皆散处。或往川、往粤、往潮、往台，或居漳，居和，甚复之实呐，之吧城、之仰光、之马神等处，纷纷错出。"即所隶北虎公派下，"举本里，分出大赤坑、大片田、走贼寮、高蔗后、堑后，又下峰、三洽田、大坪、洞仔、鸪黄坑、东坑等处，既难聚族而居、又无谱谍可据。"说明修谱之不易，也说明修谱的极端必要。遂"集龟岛之遗，分为十九卷，以垂宪乃后者。"（第80页）19代庠生宝舆于1920年进行了最后一次修谱，也指出修谱的重要。"吾宗之祖，蕃衍布散，萍徙各处，于今千余年矣。溯自古以来，兴亡治乱，盛衰消长，理固然也。况复屡遭兵燹，迭次焚毁，又兼侨迁，而谱牒被失忘记，所以九世递下，差代错脉，难稽其详，难考其真，势使然也。欲报本追源，跟修远祖，不外大略耳。"（第94页）他特别有感于当时"由治入乱，天下变迁，异端簇起，世界不古，家风难旧"。希望通过修谱，达到"阅谱思先德，修谱裕后昆，支派所宜敦，昭穆不可紊，为敬祖尊宗，莫大于是"的目标。（第95页）

可见龟洋庄氏十分重视修谱工作，清代后期咸同光年间，进行了11次修谱，平均5年左右修谱一次，在"世界不古、家风难旧"的多变时期，希望通过修谱，"尊祖敬宗"，使"昭穆不可紊"，即维持"宗庙礼序"于不变。

3.重修祖祠祖墓，加强祭祀活动

咸丰十年私建余庆堂、善昌堂　咸丰十年（1860年）四世良茂派下分居吴宅、下峰的裔孙，另立祖祠二座，一在吴宅社石楼仔脚，祠名余庆堂，"此系是吴宅与上濑、后洞联宗私立。"一在霞峰社双仔，名善昌堂，"此系是松峰、霞峰社与邻近鸠集，谓之十股福，私建立。"二祠祀基祖递下四世良茂公为主。由17代孙亦梁、19世孙节修、炜南等招集，十月六日进火，"今置租田，春秋四季祭奠，祀事孔明焉。"（第242页）善昌堂"至同治乙丑（四年）被太平军毁伤，幸祠宇神主犹存，丙寅（五年）十月初六日，复再入主进火。"（第144页）

集六股福祭良茂墓　良茂墓先葬在寨头，后迁于霞峰仙宫后罗经穴。"今罗经穴冬至后十一日祭墓之租，系是松霞峰社六股福私积致祭。龟洋惟有本隆祖办当年者，挑牲、醴、粿一座，到穴与祭而已。在附近者，有会数百桌。"（第144页）

咸丰十一年，同治五、六年重修克昌堂　雍正六年建立的克昌堂，至嘉庆年间增祀15世21身，计共有194身。"由来久矣，岁远年湮，庙貌圮颓，欲举重修，屡议而未成。"至咸丰十一年（1861年）由道斋主持重修，"亦即告竣落成，延至同治四年乙丑，被发贼焚毁，一尽倾颓，幸而旧主早挑走。"先暂祀于指南居，后迁祀叶厝。"丙寅年，复再重新继美。"（第238页）乃再添加新神主位418位，定每身充银六元（重三两六钱），除公存神位57身，即现报立入

361 身，共银 2166 元（重 1299.6 两）。（第 239 页）丁卯年（同治六年）"派下众子孙乐捐银，并谢石柱。"计有 58 人乐捐 1222.834 两，最多者素轩捐 240 两，最少的捐 6 钱。另有德渊等 8 人捐谢石柱银 144 元（重 86 两 4 钱）。（第 241 页），于丁卯年冬"择吉荣迎祖灵进火附庙"，续修护厝等，至丙子年（光绪二年）冬，"周围四至皆完功庆成，称觞致祝，而庙貌重新，轮奂继美"。谱载重修克昌堂，"其克济之功，先从列代增主之分量以成始，由子孙之愿力以成终。皆孝子慈孙克绳祖武，以恢先绪、绍箕裘。由祖德宗功，燕翼贻谋，而广置租田，春秋祭奠，规模美备，祀事孔明，以存馨香而俎豆者，将百世未艾也，则孙曹奕世流芳不忘也。"（第 240 页）

同治五年重修后美堂 后美堂于同治四年"被发逆焚毁"，及后陈婆坑二房派下荣宗出为修理，竟"将祭租、祀田一尽典卖，使祭祀无可奈何。"至同治五年，由道斋与大二房毓祥相议，"有思祖念宗之志，乃合私出银一百六十两，以代公维持补置，先赎典底，后复增添。未几我祖蒸尝俱备充裕，另加粒积余租田有数十余石，又有另置在吴宅仓十四石余，谓之积美福，以为派下之举人租。"（第 235 页）

同治六年、十二年重修大宗祠 同治四年"祠庙被发贼焚毁，一尽颓灭。嗟夫，先灵未安，子孙不忍。"是年八月，下峰社派下廪膳生亦梁、炜南、大学生节修"谨将草创小厅，以先暂安先灵。"同治六年贞推太学生志由"有孝思，出首鸠众，即举重兴，架筑下下厅，却亦告竣，以栖先灵。"但经营堂构高低深浅，未详依旧体式，不合众意。迨至同治十二年（1873 年），众父老推举道斋出首董为承任，"复再平基，仍依古体式经营维新，轮奂继美。"至光绪元年（1875 年），"即进火附庙，则祖宗先灵，仍旧协吉安贞，而子孙众心欣慰。其作栋油漆，及丙子告竣，完功庆成，称觞致祝"。（第 222—223 页）

至大宗祠落成后，道斋"方知五世祖事务未周，……以焚香租微少，再将我六成祖余租条，抽上洋南门北田一段大税五石，充入焚香租。又议大杉户逐年支银六元，贴焚香守祠焉"。又本祠冬祭之租在高山、隐溪，乙丑（同治四年）"尚计收风粟二十余石，稍可安慰。"但下竹坑与大元山（五世祖妣墓）"无租税，候于大宗祠告期，採取淡薄品物，顺往省墓，何以妥安。"道斋"即招集鸠会，名曰崇德福，每名拾银六元（重三两六钱），斯时元推十名，充税三石，我利推四十余名，拾银置业，惟贞惟亨推不向与焉。计鸠有五十余石，共置买十四石余税。"道斋自对会名曰："五世祖前日受惨卒大难，若以春秋二祭更胜

妙哉，其崇德福自解于八月初六日秋祭矣，春祭就四推硬阄轮流办祭，今果春秋二祭矣。"（第223—224页）

大宗祠冬祭之租，原其饶足，延至同治四年"发逆扰乱大变之后，人烟疏薄。或以前被洪水充刘崩坏有之，或荒芜未开者亦有，或被久佃奸心昧良，盗卖侵占不少。故老凋谢，遥望远隔，何以能知。况后国朝失政，天下变迁，境遇不遂，宗规失矩，轮流无常，办祭失序。而租税愈收愈少，更取更无，近来计收尚折银仅有二十元，何以办祀而致祭。"（第224页）1922年秋根据乾隆旧薄，"跟查踏明"，"起耕放佃"，今尚计收仅有风谷十八石余之左，意者复为我祖祭祀之资，暂可充裕，以慰先灵乎。（第225页）

光绪初年重修二世祖妣墓 光绪初年，继大宗祠重修落成，即欲重修二世必文祖妣黄氏鸡笼山墓，"各推父老择课凭神主，金举……明斋公承命任事，往修经营，改换统天碑，即勒石刻裔孙准徐海兵备道亨阳、雷州府海防南光、安溪县教谕玮、闽县教谕树德等同立石，始终完成，告竣致祭。有请竹黄社祖妣之外表亲十余人，亦有备办猪羊一付来与祭。"（第139页）

光绪初年增置信斋公祭租 信斋公祖妣祭租微薄，其派下三房前曾添祭租税7石9斗，至光绪初年时，"在猫仔荫林中，有兑卖大杉五株，收银五十元，砣重三十两。派下将此项同心协力，鸠集贮积，以余租置买田产及杉林。于今暂进益增添，以恢先绪，贻谋燕翼，为后来克绍箕裘焉。"（第164页）

光绪二十九年鸠集义成福增置温雅祖墓祭租 光绪二十九年（1903年），10世温雅派下"即再鸠集大会二百余名，曰义成福，每名充银三大元，置买杉林数片，及祀田数十石，以为秋祭之租。原祭墓定于正月二十六日春祭，今春秋二祭，以增先灵之光大，奕垂后世于无疆"。（第157页）

光绪间鸠集奎德福，供六成祖上元花灯费用 六成祠"前未有设上元花灯，至光绪间，我六成祖派下，鸠集奎德福（道斋公始设）四十余名，今年正月十五早，在祠宰猪致祭"。（第231页）

光绪十六年重修萃英堂 嘉庆九年（1804年）始建的萃英堂，"至光绪十六年（1890年）重新，总理太学生连云、钦明"。（第228页）

光绪十五年重修八世清斋公墓 光绪十五年（1889年）秋，重修清斋公（伯义）面前墓，易碑，及仲冬告竣，择吉完坟，请瑞麟大班戏作五昼夜，公办席二十余桌请客，其各房派自办私席八十余桌，"计公私有百余桌，斯时称觞致祝，设燕筵宾，鼓吹休明，盛乎云尔"。其尤、李二祖妣两坟穴，于光绪三十一

年（1905年）、三十三年（1907年）"亦皆重修完功"。清斋公逐年祭墓二月初七日，二祖妣初八日。（第152年）

光绪三十一年起十年三次重修朱公祠　光绪三十一年（1905年）仲夏，朱公祠被洪水冲走门楼，派下议定"每丁科银三占，亦即重新继美。"三十四年（1908年）又遭洪水，"其门楼及祠堂，一尽倾倒平地扫空，其木主三身俱被漂流百里，……后即迎回吾乡之龟山寺小室中厅，偏安暂祀"。至民国二年（1913年）洪水更患，"幸旧址未有克复"，迨至民国四年（1915年），派下金举辉庭主持重修，"其用财政筹款，先举丁口，每人充银二角，次从各公及殷户乐捐多数，计凑白金四千余员，以成庙貌克济重兴，亦即告竣落成矣。"越二载，"又遭水逆涨，其门楼及墙围又一尽倾倒，……幸将木主、祀炉早挑逃避于大宗祠。"由于"十载之间，迭遭灾难，虽有尊祖敬宗竭力心志，无如年逢多变，境遇未遂，旋修旋废，无可奈何"，已感无能为力，无法重修。至民国十年（1921年）春，"偶然逢我派出南洋经商族众数百人，闻知祖庙倾颓，先灵未安，皆有水源木本之思，尊祖敬宗之志，一人倡始，数百齐向。在仰营商经业者甚多，殷富生息者不少，各自乐捐，计题龙银有一千三百余员，汇齐缴江霞带回，存收祖庙。即举清渠任理办料，议依旧巩固坚筑，及冬即告竣。……其克济重兴之功，先由南洋诸商各有孝思，竭力乐捐以成始，次从本里各公及伯父、伯兄、仲叔、季弟各随愿力以成终。皆孝子慈孙仁人之用心焉耳。今日庙貌重新，轮奂继美。虽谓开山恩祖之报本，亦由龟山始祖之追源矣。"（第132—133页）

1—15世先后建祠近百座谱载："龟洋基祖一大宗血脉，递至五世而蕃昌，下及支派，各有建小宗甚多，指不胜指，言不胜言。"（第284页）仅据1920年宝舆所撰《庄氏系族谱》记载，就有祠堂80座，大部分属五世敬忠派下所建。据《南靖庄姓源流》一书统计，共有99座。[①] 其中有一祖二祠者7人14祠，即在下峰双的善昌堂，与在吴宅石楼仔的余庆堂，均"祀基祖递下四代良茂为主"，系由其派下"联宗私立"，或"与邻社鸠集谓之十股福私建立"。（第284、242页）在下洋枫林坑的追远祠，"祀七世简斋公"，在下洋上洋仔的垂裕堂，"祀七世简斋公，大黄妈派"。在下洋心的种德堂乡贤祠，与在石梯社的承德堂，均"祀八世东洋公"。在下洋小角仔的思敬堂，与在下洋上洋仔的华萼堂，均"祀八世毅轩公。"在上峰虎形厝的珠佳祠先盖，旋因人口多，吃桌坐不下，又在上

---

① 《漳州氏族源流汇编》，第63—67页，《祠庙一览表》。

峰溪仔边盖振古堂，均"祀十世景平公"，凡上代的神主牌有相同的二套，新祠则只有一套。在下峰的绍远堂，与上峰的联珠堂，均"祀十一世恒泰公"。在下峰锦洋的锦德堂，与在与峰后楼仔的延德堂，均"祀十一世瑞贞公"。在下洋的德成堂，与在奎坑的桂枝堂，均"祀十四世绍甫公"。（第284—285页）

4. 大力提倡文风，人才辈出

龟洋早期就有大杉户、木材商出现，但到清代中叶后，在业儒的家族中，出现"弃儒从贾"的绅商，远赴外省经商，他们却以经商所得，鼓励文风，他们也是支持宗族公益事业的重要力量。如16世载亭，其父碧轩"自小业儒"，其仲弟子慕"以业儒，随父读书。"载亭为碧轩长子，生于乾隆三十年（1765年），"幼能负贩"，至年18岁，"稍有储积"，及中年"亦称小封"，乃用经商所得，支持父、弟业儒，并培养子孙读书。载亭长子报春（字捷卿），为郡庠生，次子探春（字建卿）为太学生，三子共春（字寅卿、时园），16岁开始经商，"常往江浙川贵经营商务"。（第166—168页），"经营事业二十有载"，"晚积储数万"，偶有暇，"则手不停披，尤熟于通鉴、性理。"（第169、173页）同治年间为保卫庄氏宗族，作出重要贡献。时园长子邑庠生研斋，"自少读书从父立志，尊师受教，守书诗之职，趋文艺之途。"（第176页）时园次子道斋，"自少读书，16岁助父经商，周流12行省，十载之间，获利数万金之计。"主持克昌堂、大宗祠的重建外，"与叔弟同心协力，克承先志，聘请贤师教督子侄，鼓励文风，修明会课及经营祖业，规模祀典。"（第177页）时园三子国学生明斋，与兄同心协力，"请贤师，督子侄于书诗，义务严掌会课，励文风诚莫怠"（第182页）时园之孙，多人"后先游泮"，亦有孙业商，亦有学稼务农，是一个亦农、亦商、亦儒的家族，他们以务农、经商所得鼓励文风，置立书租。像载亭这样的家族，在龟山庄氏宗族中不止一个，成为清代后期鼓励文风的中坚力量。

为了鼓励文风，奖励游庠、中举、入贡，清代后期庄氏宗族又增置书租、书田。如同治年间修复后美堂时，"又有另置在吴宅仓十四石余，谓之积美福，以为派下之举人租。"（第235页）光绪元年，道斋与下峰节修"同再另立粒积新余租，置买田段，税额有三十余石，并栽种下洪田林边杉数千株，修劈长大，及辛巳（光绪七年，1881年）即同堂四房家长议立例薄，公定新进泮者，贴衣冠拜礼多少均分，足粟八石；出五贡者并旌旗匾，定贴足粟二十石。如无旌旗但旌匾者，贴拜礼谷八石；登乡榜者，定贴衣冠拜礼二十石，报礼二十石，旌旗匾费二十石，京誉真二十石，共八十石。"（第233页）章德堂祭租、书租原计有千石，15世俊章掌理时，以"增添田段甚多，及后七房轮流掌理"。同治三、四年"理数者不功，再废失出典弃二百余石"。同治五年道斋出面整顿，"回复振兴"，经营二十九年，"善经营，克济为事务振文风不少"。（第237页）

由于庄氏族人重视鼓励文风，在清代后期社会动荡不安之时，庄氏宗族仍坚持办学之风不辍，族中先后创办文峰社、指南居、指庚阁、濯流阁等书斋、文社，作为文人评论文章、钻研课艺场所。当同治年间太平军入漳后，南靖县课士之典，"不举三十余年"，而龟洋六成祠却课士不停。光绪八年（1882年）逢大比之年，龟洋士绅将六成祠课文计已冠未冠共文百余篇呈缴知县吴庚扬"斧削评列"，得到邑宰备加赞扬："兹得龟山文峰社课士之卷百余篇，公务之暇阅之，但觉斐然成章，可中之才不乏。以一隅之地，甲于一邑，其间必有贤父兄之教以先之，而又有师友渊源以启迪之也。不获课于官，而课于其乡，稍慰歉怀。安得一邑而皆有此风耶？"乃赐匾联以旌之，"且为多士劝"。匾曰："秀竞文山"，联曰："奎焕五星文运辟，山高二酉古书多。"（第357页）

辛勤的培育，终于开花结果。在清代中后期，龟洋又有10多人中举，30多人入贡，更有大批庠生出现。据谱载：庄三朗派下至清末有文武庠生400多名，文进士2人，武进士1人，由科甲仕宦者57人，其中康雍乾年间16人，嘉道年间14人，咸同光年间27人。有庄亨阳授淮徐海道按察使，庄南光以军功特授雷州分府海防，会元庄士元、举人庄国伦、庄佳雨任知县，庄鸿任国子监学正，其余有任教谕、训导者多人。由于文风鼎盛，纳监成风，其数量与庠生不相上下，约400多人，仅克昌堂派下纳监者达150多人，同时耆老、乡大宾也大批出现，仅克昌堂派下高达140多人。这些情况大大提高了龟山庄氏宗族的社会地位。

5. 龟山庄氏宗族进一步发展

清代后期庄氏宗族通过修族谱，修祖祠，修祖墓，继续增置祠租、墓租、书租，加强共同的祭祀活动，被太平军冲击流散的族人，很快招集回乡，进一步加强了族人的团结，生产得到恢复，并进一步发展。在耕种稻田、植林的同时，经营商业占较突出的地位。人口也进一步发展，至清末，已"丁满巨万"，族人分居龟洋周四五十里的上下龟洋、中村、合福坑，松峰、霞峰、吴宅、大小赤坑、奎坑、罗坑等50多社，"率聚族而居，无他逼处"。（第358页）已由多姓杂居改变成一姓"聚族而居"，所谓"庄家联族一姓氏，一本宏开千万枝"。（第154页）

由于大力提倡文风，成进士 3 人，中举 15 人，入贡 40 多人，由科甲仕宦者 50 多人，纳监者亦数百人，耆老、乡大宾大批出现，大大提高了庄氏族人的社会地位。所谓"辈出有才能，芹香科岁取，接踵登贤书，数又非一二，由是望族推，盈邑争翘企。"（第 77 页）龟洋庄氏"世承至今，历年六百有余，历代二十有四，分居住处族绵四五十里，丁满有万余。而吾宗褒扬盛德，甲乎一方。"族人引为自豪。

关于龟山庄氏宗族的发展历程，19 代孙增贡生宝恩于 1904 年所撰《增修谱歌词》，作了全面的如实的概括，现全录如下：

龟山依靖治，绵环五十里；自昔不一姓，吾祖来居此。
当时元运浇，人心不古处；入山借此深，爰得赋我所。
物色来朱公，风尘眼特巨；祖行符相俟，称心妻以女。
姓本何家出，公养视犹子；以故情独钟，爱花并惜筑。
瓜瓞今绵绵，生民溯厥始；高厚念恩同，春秋配享祀。
遗德远流芳，五世征昌炽；庙貌壮巍然，地脉汪洋据。
八世莫与京，光前有后美；敬承六七作，亦既富且庶。
叔族亨阳生，降神应崛起；一举成进士，历官监察史。
博洽通天人，学受安溪李；其初宰滩时，读礼归桑梓。
后生慨寥寥，敦我敬亭祖；介义励文风，考兴法庠序。
鼓舞课有期，书田大广置；祖侄号石亭，果然捷乡举。
辈出有才能，芹香科岁取；接踵登贤书，数又非一二。
由是望族推，盈邑争翘企；尔来六百年，传代卅余世。
玉基肇蓬莱，衍派追天水；锦绣焕新光，桃源开旧紫。
君子贤其贤，小人利其利；春山笋蕨香，秋水鱼虾旨。
动物更何有？毛鳞与介羽；植物复何有？杉松竹木具。
服农合万夫，通商分四市；人今一族居，利丰从中取。
僻处万山间，万山尘嚣处；风俗本敦庞，规模尤美备。
赛期岁有常，顾名应思义；苟能守勿失，道兴自易易。
日殊月不同，近期暂多事；须知创造艰，毋令掘笑汝。

（四）龟山庄氏向台移民及有关问题初探

龟洋虽有良好的自然条件，但受于当时生产力水平的限制，所能容纳的人口是有一定限度的。庄三郎元代开基后，随着人口的不断增加，族人也不断向龟洋周围各乡迁居，其中二房必华派第 4 代起即迁居平和岩岭、永定刀头及南安等地。人口的急速增长，土地的不断集中，加上战乱、天灾、失业等各种因素，族人向外迁徙的越来越多。据不完全统计，从明代末期开始，至清末民初，外迁人口 500 余人，其中侨居印尼、缅甸及南洋各埠 20 多人；迁居本省平和、龙溪、永定、福清、建宁、兴化等县 30 多人；迁居四川、河南、江西、两广、江浙等省 110 多人；尤以迁台最多，计近 300 人，占外迁人口一半以上。本节拟根据闽台族谱资料及田野调查，对龟山庄氏迁台的人数、时间、地点及宗族形成的有关问题进行初步探讨。

1. 闽台族谱关于龟山庄氏迁台的记载

龟洋庄氏族谱关于族人渡台的记载 族谱中一般只记"渡台"二字，不记时间，也少记渡台的地点，资料十分简略。现罗列如下：

9 世 道蕴、道明、道魁

10 世 应标、期圭、期珠、期琛

12 世 应章、应文、应诚、应贤、则吉、则有

13 世 志坡、志圭、元徽、京达、益之、则周、志壕（全家渡台）、志炯（全家渡台）、志埋、吴猛、志厚

14 世 汝镕、汝嘉、世达、世达妻沈氏、元臣、亦条、美士、柳、可钰、可铉、可钎、可锐、可针、伯彻、双能、南经、锦祧、迈千、辅、重、棒、元锽、德昭、灿、秉中、选、光应、南光、元求、萧怀、元首、宝赤、亨通、润水、世弥、世松、世援、晓月、尚铋、尚锵、恂、瑞、弗、廉、魁藏、英斌、早、松耀、贞、贯、伴、克、伍、元

15 世 绍本、朝煌、朝炳、朝爽、朝裕、朝港、朝荣、朝学、朝锦、朝宣、朝殷、朝信、宽直、克信、亚业、开业、元臣子 3 人、檐、对、出、操、月、丁、文套、文尚、文央、莅、圣、吴殿、吴甫、光杖、金唇、咏自、旦、光顺、光阁、乾、简、观、光佐、论、次、有、汝准、汝光、文怡、文浦、种、国、盛、郎、寸、磙、腾、钟、滩、仕、院、昌、旺、本、通、素、齐、东、南、西、时快、时泽、孝、礼、伦、元钵、善、东、可人、润、海、乃恩、吴松、德新、恭直、银、火、光誉、象生、狮生、层生、榜生、子海、万、文尺、宜、

牵、跃、照、旺、送、尚杰、尚俊、汝芳、近清、溪清、跳、面、国口、国俱、诚典、金河、世源、世汀、相任、相穆、圣独、碧仪、大通（继直）、朝取、朝取妻余氏

16 世 明赞、明亲、明直、明厚 3 人与父朝信同渡台、文富、文南、文献、文彩、令、彭、护、书、心梭、钮、桧、栋、松、松岩、崇祥、珠美、芳楷、芳梁、天瑞、端友、汝提、强高、大松、春喜、天配、天略、信思、王祥

17 世 泰成、泰玄、文楼、伯敬、靖和、复旦、锦江、腾蛟、康、琴、仰中、丹霞、廷琮、大松 4 子全家渡台

18 世 文定、鸿瑞、鸿场、青萍、结六、慕德、伯礼、甘掌

台湾庄氏族谱关于龟山庄氏渡台祖的记载 根据台湾《朱庄严氏大族谱》（庄序平主编，1968 年台中市台光文化出版社发行）、《庄氏族谱》（江廷远编）、《天水庄氏大族谱·桃源部分》（庄吴图编）、《台湾省各姓族谱》微卷庄氏部分 50 多份及实地调查，将龟山庄三郎派下渡台祖的有关材料整理归纳如下：

13 世俊贤，迁台南县白河镇枋子林，后裔转迁台南市、高雄市等地。

13 世志德、讳请，谥纯朴，于康熙四十年，迁今嘉义县溪口南靖厝。

13 世恩极，偕弟则辉（永吉）、西长（乳名东）、明拱（欣荣）、明周（瑞王、讳全）全家渡台，于乾隆初叶，迁彰化深耕堡州仔厝（今竹塘乡小西村）。

13 世仁义（谥仁德）与嫂（兄开漳妻）林清俭及侄儿同渡台，于乾隆年间，迁今台中市北屯区，属平和岩岭必华派下。

14 世廷义，约于雍正、乾隆初，迁彰化深耕堡（今竹塘乡）。

14 世诗郎（字志文），从兄弟月老、观富（一名番婆）、观富母郑氏同渡台，于乾隆中叶迁彰化二林堡垓台面前厝（今竹塘乡民靖村）。

14 世世松（讳宜有），携子近清、溪清及弟世弥同渡台，迁彰化二林堡垓台。

14 世几生三兄弟，迁今彰化二林镇原斗里，小弟后回大陆。

14 世纯直（讳广观），约于乾隆中叶迁彰化线东堡（今彰化市）。

14 世庆寿，迁今南投县竹山镇，后裔亮、助迁今竹塘乡民靖村。

14 世纯玉（讳殿）、秉慎、建忠、建义、建风五兄弟（开漳子），随叔仁义同渡台，于乾隆年间迁今台中市北屯区，后裔转迁台中雾峰、南投埔里，有的散居台中市西屯区、东区。

14 世光应（字元锡，号可应），于乾隆初年迁彰化水沙连堡社寮庄（今南投县竹山镇社寮里、山崇里）。

14 世世达、妻沈氏全家迁台，于雍正元年迁八里坌长道坑，后转徙和尚洲水湳（今台北县芦洲乡）。

14 世朝阳，于乾隆初叶，迁大加蚋堡旧南港，乾隆四十七年漳泉分类迁嘉义新港安和村（番婆庄），后又迁溪口乡阿连庄、柳沟村。

14 世世援（桂彬），于乾隆初年，迁淡水八里坌堡，后迁加蚋堡、板桥等地。

14 世枋生，在台有后裔，渡台时间、地点待考。

14 世世弼（名任），妻许氏，携子同渡台，约于雍末、乾初迁南投开基。

14 世尚锦（讳段），在台有后裔，迁台时间、地点待考。

14 世纯宾（父光前），在台有后裔，迁台时间、地点待考。

15 世大通（谥纯直），于乾隆初叶，迁今南投县竹山镇社寮。

15 世爱居，迁今南投县集集镇。

15 世宽直、克信（名榜），随父世弼，约于雍末、乾初迁南投开基。

15 世吾生（号五郎），纯宾侄，在台有后裔，迁台时间、地点待考。

15 世质勤，在台有后裔，迁台时间、地点待考。

15 世朝煌，迁桃涧堡，11 世王任后裔。

15 世朝炳，迁桃涧堡，11 世王任后裔。

15 世朝孟，迁八里坌，11 世王任后裔。

15 世朝爽，迁八里坌，11 世王任后裔。

15 世朝宣（字阿苛），于乾隆中叶迁淡水八里坌，后转徙兰阳。

15 世朝殷（字廷扬），于乾隆中叶迁淡水八里坌，后转徙兰阳。

15 世朝绵（字心怡），于乾隆中叶迁淡水八里坌，后转徙兰阳。

15 世朝信（字君德），同妻余氏携子全家渡台，于乾隆中叶迁八里坌，后裔转迁顶双溪，后再迁兰阳头城、宜兰市、冬山、苏澳、花莲等地。

15 世朝港、朝荣、朝学三兄弟，随父世达于雍正元年迁八里坌长道坑，后迁和尚洲（今台北县芦洲乡）。

15 世朝裕，约于乾隆中叶迁淡水三貂堡大坪林（今台北县双溪乡）。

15 世朝取（讯畅，又名胜欢），于乾隆二十年迁八里坌堡，后迁桃涧堡南崁（今桃园芦竹、龟山等处）。

15 世文尺，于乾隆四十五年，随从兄尚杰渡台经商，居彰化水沙连堡社寮田中央。

16世邦营，迁今南投县。

16世明接，迁今彰化二林等地。

16世明苏（谥贞惠），迁今南投竹山等地。

16世天伦，迁今南投竹山等地。

16世光在，于乾隆四十九年，渡台寻父文尺，居社寮田中央。

16世光在弟，于乾隆末年迁社寮，旋转徙兰阳。

16世春喜，于乾隆中叶，迁八里坌堡，后转迁桃涧堡南崁。

16世明亲、明厚、明直三兄弟，随父朝信于乾隆中叶全家迁八里坌堡，后转迁顶双溪，再转徙兰阳头城等地。

16世登兴，文尺侄，在台有后裔，迁台时间、地点待考。

17世伯敬，迁南投堡。

17世宜宁（字文慰），迁今南投草屯。

17世福及，宜宁兄，迁台时间、地点待考。

17世慕德（讳文举），派下散居彰化竹塘、南投草屯等地。

17世清和（谥秉温），于嘉庆二十二年，迁彰化县东门。

17世开亨，于乾隆末年，迁彰化北投堡新市街（今南投县草屯镇北投埔）。

17世开业（讳申，字日新），于乾隆末年，迁今草屯镇北投埔。

17世文楼，于道光七年，迁彰化南堡（今南投县）。

17世承春，于乾隆中叶，随伯父春喜迁八里坌。

2. 龟山庄氏迁台有关问题初探

（1）迁台的人数及主要房派

据龟山庄氏族谱不完全统计，迁台人数260人左右，这是保守的数字，实际不止此数。由于我们现在能查到的族谱不够完整，现有族谱中迁台人数也会有漏记或缺记，有的是偷渡，有的只记外出，不记去向；有的族人离乡后辗转流徙而渡台，一去无音信，族人也无从知晓其去向。而台湾庄氏族谱中所记庄三郎派下渡台祖现仅查到80人左右，只有大陆谱记载的三分之一左右，但其中有一半（40人左右）与大陆谱所记相同，有一半亦为大陆谱所缺记，这样计算起来，庄三郎派下渡台人数超过300人。至于闽台族谱所记数字相差很大，由于当时渡台人数中有一部分在渡台途中死亡，有的虽到达台湾，在开发台湾过程有的死亡，有的单身独处、无后，也有的又返回大陆。所以能在台湾定居，并有后裔代代相承者，也只能是迁台人员的一半或一部分。这部分在台定居繁衍的后裔，由于渡台后没有谱牒资料，今天并不知渡台祖者仍不乏人，所以今天能查到的在台庄三郎后裔，也只能是实际在台后裔的大部分或一部分，其实际数字无疑超过80人。

从现有记载看来，渡台庄三郎后裔主要是天湖房（4世良茂）的后裔，尤以5世敬忠、6世本隆、7世玄弼、玄甫派下最多，其中尤以玄甫孙9世望周派下最多，其次为玄弼子伯武派下也不少。迁竹塘的大部分是垅头房（4世良惠），迁台中的主要是岩岭必华派下。

（2）迁台的时间及高潮

现有记载最早渡台的是9世道明、道魁、道蕴等3人，10世应标、期圭、期珠、期琛等4人，可见明末龟山庄氏开始向台移民。按龟洋族谱资料，其统计数字为：9世3人，10世4人，12世6人，13世11人，14世55人，15世123人，16世32人，17世17人，18世8人，共259人。按台湾族谱资料，其统计数字为：13世9人，14世30人，15世22人，16世10人，17世9人。闽台族谱统计数字都说明14世、15世是渡台的高潮。龟洋族谱迁台259人中，14、15世共178人，占68.7%，台湾族谱渡台祖80人中，14、15世共52人，占65%，都超过一半以上。据族谱记载，14世多出生康熙中叶前后，15世多出生在康熙末年至乾隆初年，据此推算渡台时间应在康熙末年、雍正年间及乾隆年间。从台湾族谱资料有渡台年代的50人统计看来，康熙末年至雍正年间8人，乾隆年间40人，嘉庆、道光年间2人，也说明康熙末年至乾隆年间是迁台的高潮。即康熙二十二年（1683年）台湾与大陆统一一段时间后，迁台开始进入高潮，至乾隆年间达到最高潮。

（3）渡台地点及集居地

龟洋庄氏族谱多缺记渡台地点，台湾族谱最早的渡台祖记载是13世，龟洋谱所记9—12世渡台族人20多人，至今下落不明。据台湾族谱记载，13世至17世渡台地点，除早期少数迁居嘉南地区外，绝大部分从台湾中部彰化沿海港口及台湾北部淡水一带港口登陆，中部迁居彰化二林堡、深耕堡，今彰化二林镇、竹塘乡一带，接着进入北投堡、南投堡、水沙连地区，今之南投县竹山镇、草屯镇、集集镇等地，大部分是长房必文派后裔，另有平和岩岭必华派一支后裔迁居台中市及台中县雾峰地区。北部迁居八里坌堡、桃涧堡、大加蚋堡，今淡水八里，桃园南崁、芦竹、龟山及台北市南港、台北县芦洲等地，继进垦顶双溪、三貂堡，嘉庆年间，许多人进入开发兰阳地区，有的更进入花莲。由于人口不断增加，其后裔已散居台湾各地。

从现有文献及调查资料看来，庄三郎派下迁台定居后，经过长期的发展，也形成集居地，如彰化竹塘乡、二林镇、南投竹山镇、草屯镇、嘉义县溪口乡、桃园县芦竹乡、宜兰县头城镇等地。据 1956 年台湾人口统计资料，竹塘乡有庄姓人口 317 人，二林镇有 528 人，其中面前厝、漏窑、白庙仔、过沟仔、下竹围仔、丈八斗、顶竹围、桥仔头、番仔厝、西庄、州仔、牛稠仔、大树脚等古称 "垓合十三庄"，几乎全部是庄三郎各房派下的集居地。草屯镇有庄姓 226 人，竹山镇有 286 人，其中北投埔、社寮等地也多是庄三郎派裔孙的集居地。台中市有庄姓 335 人，台中县有 1150 人，其中北屯区、雾峰乡也有一批三郎派下裔孙聚居。嘉义的溪口乡有庄姓 86 人，其中南靖厝也是三郎派下聚居地，迁台后以南靖县名作为村名，桃园县桃园市、桃园镇有庄姓 1463 人，其中芦竹、南崁等地也有三郎派后裔聚居、宜兰头城镇有庄姓 172 人，其中竹安里现有 170 户，也多是龟山庄氏的集居地。

（4）台湾龟山庄氏宗族的形成及其特征

在龟山庄氏定居台湾后形成的一批集居地，有的建有祠堂，如嘉义溪口乡南靖厝庄氏家庙，竹山镇社寮建有招富堂，后埔子建有招贵堂二座庄氏家庙，草屯北投埔原有祖祠，后被洪水冲崩，民国二十二年（1933 年）建立全镇及包括附近一些乡庄氏的家庙，最上一排中立入闽开基祖庄森（一郎）神位，左右分立肇基一世大始祖考三郎庄公、妣何大孺人神位，并附配二世必文、必华、三世祖富、石进、四世良茂、五世敬忠、六世本隆、七世玄弼考妣神位，另有单立十三祖考文显字崇南庄公、祖妣徐氏神位，十四世祖考必达庄公并同派下历代考妣神位，第二排立有南靖堂肇基始祖暨十四世必用公派下十四至十九世 40 多人神位，另又独立十四世必达、十五世日升、十六世邦、十七世开亨、十八世成平，十九世宁福、文知神位。可见草屯镇庄氏家庙庄三郎派占十分突出的位置。竹塘面前厝原有家庙，已毁，桃园也有庄氏宗祠，头城未建家庙，这些家庙也都有少量祀田，有开展共同的祭祀活动，有的成立祭祀公业，如竹山社寮。竹塘乡家庙虽毁，后三房分开祭祖，维持至今。迁台祖墓均在本乡，也有共同进行扫墓活动。整个垓台十三庄则主要以垓台十三庄普渡作为联系三郎派族人的纽带，三年大普，七年小普，仪式十分隆重。没有建祖祠的庄氏，如台中岩岭派后裔，则以共同祭祖墓作为联系族人的方式。庄三郎迁台后裔早期未见修谱，近期才有修一些简单的家谱，但全台有庄氏宗亲会，编有全台的庄氏大族谱，庄三郎派下迁台子孙的世系也多已收入。这些有共同祭祖活动的庄氏集居地的族人，实际也已形成分支宗族。

根据台湾移民社会的特点，台湾龟山庄氏宗族的形成有二种形式。"一是纯粹基于血缘关系所形成的单系继嗣群。换言之，是由一位渡台祖所繁衍下来的一群。这个团体在发展的过程中，为了追念他们的共同祖先，甚至由于某一位获得功名或经商发迹等而兴建祠堂，基于共同的祭祀祖先而团结起来。"例如嘉义溪口乡南靖厝庄氏家庙，以及南投草屯北投埔早期建立的庄氏家庙，均以血缘关系为纽带。"另一种是基于血缘与地缘的基础所组成的宗亲团体，也就是移民时期一些来自同一地区的同姓所组成的团体，通过祭祀远古的共同祖先而团结起来。"如社寮庄招富堂与后埔子庄招贵堂。后来两公各有共同的土地财产，各自举行祭祀仪式，成为宗族的分支。① 有的学者根据祭祀公业的组成方式，分为合约字的祭祀团体和阄分字的祭祀团体两种。有的学者把前者称之为"大宗族"，后者称之为"小宗族"。"根据这一分类，台湾汉人的宗族构成，小宗族虽然有时候以采合约字的方式组成，但大宗族之成立则显然不可能有所谓阄分字者。"② 如民国二十二年由草屯镇庄氏家庙为纽带所组成的庄氏宗族，即是如此。根据对林圯埔的研究资料，六个大宗族创立的时间均在1825年以前，另外六个小宗族成立的时间则在1854年以后，说明"六个大宗族的创立是受边疆环境的刺激所产生的，在边疆社会之下同姓垦民为了抵抗异姓的侵扰而组成一个祭祀公业；另外六个小宗族的形成则非边疆环境所刺激，而是由一位渡台祖经过长时期的繁衍，再配合经济和其他社会条件所刺激产生的。""是移民第二阶段之结果"。但"台湾汉人社会由于特殊的环境及历史背景，宗族组织相当复杂，各个地区各有不同的变形与发展，往往无法从某一地区的例子而概括到整个汉人社会。有关这方面的研究，学者的意见也极为纷歧，有待进一步作更广泛而深入的研究，以便对台湾宗族组织有更深的了解。"③ 这无疑是正确的结论。

（五）结论

从前面的叙述看来，龟山庄氏宗族的的形成及进一步发展，经历了六百多

---

① 庄英章：《台湾汉人宗族发展的若干问题》，台湾"中央研究院"《民族学研究所集刊》，第36期，第121页—122页，131—132页。

② 庄英章：《林圯埔》，第七章，宗族的发展，第180—181页。

③ 庄英章：《台湾汉人宗族发展的研究述详》，《中华文化复兴月刊》，第11卷，第6期，第49—54页。

年，自庄三郎元初只身入赘多姓杂居的龟洋，1、2 世仍以出外谋生为主，3 世后才开始定居务农，靠龟洋优越的自然条件，宜种稻米，宜植树造林，开始靠租田耕种，或向周围地区开荒，5 世后逐渐富裕发祥，至 7 世已成巨富，主要靠课童仆耕种，或靠收租、粒积增加财富。为庄氏宗族的形成打下了良好的经济基础。接着从求富至求贵，大力提倡读书，鼓励文风，培育出一批庄氏自己的儒士，明末已出现一批秀才，他们是促进宗族形成的骨干力量。

以受儒家思想教育的龟洋秀才、监生等为骨干，通过开展以血缘为中心的修族谱、建祖祠、修祖墓、置祀田、共同祭祖等活动，以儒家"尊祖敬宗""诗礼传家""荣宗耀祖"等礼教思想为核心，贯穿到上述各种活动的全过程，成为团结宗人的精神支柱，把散居的各庄姓家族联合起来，到 8、9 世形成新的一个宗族。正当修族谱、建祖祠、共同祭祀活动已开展起来，宗族已初步形成之时，发生在嘉靖末年的外敌围攻龟洋土城，在 8 世文广倡率下，鸠合 8 社乡族众定盟，议定"一社被贼劫掠，众社同心赴救。"结果粉碎了饶平萧雪峰部的围攻，族人团结进一步加强，这一外患事件在当时明显起了促进庄氏宗族的形成。在这以后，建祠、修墓加紧进行，并草创大宗祠冬祭制度，在明末，龟山庄氏宗族终于形成。

龟山庄氏宗族形成后不久，即遇到明清鼎革之变，同治初年，又遭到数万太平军的窜扰，庄氏宗族又二次被战乱冲击，族人逃散，谱牒流失，"昭穆莫辨"，"列祖事业，无不废坠。""一派所出，视若涂人。""礼义之风，不可复睹。"特别是太平军进入龟洋，族人乡人逃避一空，祠庙尽毁，一片荒凉景象，庄氏宗族已有名无实。但庄氏族人中有如 12 世子巩，"力鸠合族修复二世之茔，而且重修大宗祠，痛陈睦族论，上笃祖宗，下别支派水源木本之思。"新修极为详备的族谱。还有 13 世敬亭，"倡义励文风"，他们在顺治、康熙年间宗族大整合中起了重要作用。又如有 17 世时园、18 世道斋等父子，在同治年间宗族大整合中起了突出作用，以经商所得支持宗族事业，大力鼓励文风。庄氏宗族由于有这一批热心宗族活动的骨干，二次战乱冲击后，族人很快又重新团聚，生产得到恢复和发展，在清代进行了 10 多次修谱，先后修盖大小宗祠近百座，广置祠田、墓田、书田，建立和完善了共同的祭祀制度，庄氏宗族在二次大整合后，又得到进一步的发展。原住龟洋的他姓，被战乱冲击逃散后，不少无力重返家园，特别是同治年间太平军入漳，两军相战，殃及乡民，"玉石俱焚、室如悬磬，野无青草。"战后他姓乡民由于贫困失业重返的很少，出现人烟稀薄，田园荒芜的凄凉景象。战乱的冲击，反为庄氏宗族单姓聚族而居创造了条件。在庄氏族人大力倡励文风，增置书租，专立举人租等鼓舞下，康熙中叶后，成批族人中举，并有 3 人成文武进士，到清末，拥有庠生 400 多人，贡生 40 多人，举人 10 多人，大大提高了庄氏宗族的社会地位，成为闽南的一个望族。

龟洋庄氏宗族的形成，是以务农发家为经济基础，分居各个土城的家族是其社会基础，提倡读书，培养儒士成为组织宗族的骨干力量，以血缘为中心的修族谱、建祖祠、修祖墓、广置祀田、书田、开展共同的祭祖活动，是连系族人的纽带，而儒家的礼教思想则是宗族的精神支柱，贯穿在一切宗族活动之中。在一定条件下，外敌入侵也促进了宗族的形成。

庄氏宗族组织的方式，早期以阄分制为主，由各房按阄分摊费用，辅以乐捐；也有以大小男丁按名造册，每人摊分若干，凑集办祭。到了中后期则相继出现鸠集十股福、义成福、奎德福、崇德福、积美福、裕德福等不分房派、自由组成的福会，解决祭祖祠、祭祖墓的费用，有的奖励中举士子等。

龟洋庄氏大小宗祠中，也出现一祖二祠的分支祠堂多座。龟山庄三郎派下数百人先后迁台后，在台定居繁衍，也出现一批族人的集居地，建立家庙，置有公产，成立祭祀公业，开展共同的祭祀活动，形成宗族。但因台湾移民社会的特点，宗族组织出现合约式与阄分式二种类型，被称为大宗族与小宗族，前者以地缘为主，多在前期出现；后者以血缘为中心，多数是移民第二阶段的结果。由于所处条件不同，宗族的形成也十分复杂，必须作个案的深入研究，然后才有可能概括出较为客观的宗族形成的理论。

二、同安兑山李氏宗族的发展及向台湾移民

（一）兑山李氏宗族的形成及其发展

同安兑山（今厦门市集美区后溪镇兑山村）开基祖排行三十三郎，名仲文，于南宋时从同安南山迁居地山（兑山）。据明朝正德十一年丙子（1516 年）陈良策撰写的《同安地山李氏家谱引序》记载："其始光州固始县人也，同闽王王审知入闽，遂卜于县南人（仁）德里地山保家焉"[①]。清康熙六十年辛丑（1721

---

① 陈良策：《同安地山李氏家谱引序》，引自《兑山李氏烟墩兜族谱》（简称），《烟谱》，下同。

年)《重修地山李氏族谱序》亦言："惟吾地山一派,相传始自光州固始县居民,
当唐末梁初之时,随闽王王审知入闽,兄弟叔侄散处闽地,分居五山。始犹时
相往来,一二世后遂不相闻,各就所处之地建立宗词,自立谱系,后人不能稽
核古迹,各以其始至者为祖"。又言:"尝闻吾始祖之来此地山也,其始受命于
太祖贞孚公曰:惟吾始至闽中,依山立家,后世子孙分居,勿忘山字。由是言
之,凡以山为号者,皆吾宗人也"①。谱载其居同安仙店之南山者为肇南公讳谕,
有兄弟4人,曰诠、曰诚、曰谊、曰谕。谕居同安之仙店南山(今厦门市杏林
区东孚镇东坂村),生五子,君安、君怀、君博、君道、君逸,称大五山。后裔
孙在南山盖有"南山大宗"祖祠,大门联时曰:"五山分歧由周仙祖派,山灵毓
秀自唐帝王家"。谕次子君怀讳贞孚,亦生五子,长子汝谆分居南安雄山,次
于汝谨分居同安南山,三子汝海,其后后裔分居兑山,四子汝谟分居漳州渐山
(亦称已山),五子汝谦分居角尾金山,称小五山。原居南山之君怀后随五子汝
谦同住金山,以后又随长子汝谆同住雄山。清乾隆二年(1737年)其裔孙于南
安东岭(今新营朴鼎)修筑祖坟,为五山始祖君怀之祖墓。

君怀三子汝海生子致曲,致曲生二子:仲文、仲进,仲文兄弟迁兑山,后
仲进迁小东山。兑山开基祖仲文生二子,长子子祥,次子子玄(古谱亦作贤)。
子祥生二子,长汝顺,次汝长出继子玄,传西山南寮一派。汝顺生三子,长克
忠,次克敏,三克厚,称兑山大三房。自仲文开始至4世克忠,生卒年多失记,
惟记克厚生于元顺帝至正七年丁亥(1347年),卒于明洪武二十八年己亥(1395
年)。清雍正四年丙午(1726年)裔孙改筑2世子祥坟堆,凿破黄金之盖,其
内有文曰:"继嘉定十七年十二月癸巳谷旦立于震山,坐乙向辛,永安于兹,子
孙长兴"。看后堆2世祖批卢氏"坟内所记如是"。可知子祥系卒于宋宁宗嘉定
十七年癸巳(1224年)之前。2世子祥卒年与4世克厚生年相距123年,疑仲
文至4世克厚之间显有失记数代。自5世以后多明记生卒生月,世系均属可靠。
据谱载,兑山李氏自仲文以下数世"尚未有闻",至克厚始"广创基业,自盖
房屋,与诸侄同居"②。至5世光禄、光爵、光成、光荣等"始拓田产,族日以
大。经四奕叶,子姓蕃衍几百人,允为吾同一巨族"③。此后各房子孙分散开发附
近土地,并另盖新居,成为各地分支祖。长房6世普旺及其后裔为西珩、大井

①　李执中:《重修地山李氏族谱序》,引自《烟谱》。

②　见《兑山李氏垅尾井族谱》第一世至第五世行实。

③　陈良策:《同安地山李氏家谱引序》,引自《烟谱》。

祖，五房祖普兴长子庆玄为烟墩兜祖，次子庆质为垅尾井祖，三子庆禹为大学祖，四子庆让为可湖祖，五子庆郁及其裔孙为陈坂、马坂祖。二房普显为大亨泥祖①。至康熙末年，兑山李氏已传至17世，"蓄育千有余丁"，而此时散居各地的五山后裔，"丁且数万"。而兑山一支"虽未有奇材大猷之子孙能建立大功名以显祖宗之令德者，然而生聚既盛，人文自兴"②。在"耕读"家风的影响下，明代已出了一批秀才，嘉靖、隆庆年间，有李常春及其子毓华先后入贡，常春任江西浔州府通判，毓华任江西德兴县丞。万历二十八年（1600年）有8世李懋观中举，四十六年（1618年）又有李光斗中举，乾隆六年丙辰（1736年）又有李遂良中举，二十一年丙子（1756年）又有李攀龙（字公御）中举，四十八年癸卯（1783年）又有李经邦中举人第二名③。而与兑山邻近的本县南山一支君怀裔孙，则人文鼎盛，除出了一批举人、贡生外，明隆庆二年戊辰（1568年）有8世李文简（字志可）成进士，任南京户部郎中，祀乡贤祠。清顺治九年壬辰（1652年）又有李其蔚（字豹君）成进士，任汾州推官。

当仲文迁兑山之时，兑山有卢、吴、洪、蔡、汪、翁、林、许等多姓杂居。开始仲文兄弟为本乡卢员外家打杂工，至2世子祥时，向卢员外讨了一块荒地盖草屋栖身，后来改建为房屋，成为兑山李氏大三房的祖屋。至明永乐年间，5世光禄、光爵、光成、光荣等兄弟及6世普兴诸兄弟共同扩建李氏祖屋。正统十三年戊辰（1448年）本省沙县邓茂七领导的民变爆发，各地纷纷响应，拥众10多万人。是年有一支民变队伍"入县西积善里，里人刘雄率义民拒战死之"。翌年其党陈敬德率部"陷同安"。另有"其党杨福率部数万，攻陷漳浦、南靖、长泰、围漳城"④。在此次兵乱中，6世普兴于四月初一日"兵乱死于贼"。5世光荣妻龙山王氏亦于二月兵乱时自缢死。所盖李氏祖屋亦"火于兵"。至成化十九年癸卯（1483年）由7世崖叟"纠众鼎新，正坐坤艮"，成为李氏大三房的祖祠。7世庆质，"尤重祀事，作龛于祠堂，是其力也"。至嘉靖十八年己亥（1539年）闰七月，9世"族众议借银20两，买得族孙李道兄弟一厢，受种一斗、麻三升、民米一升，坐挂祠堂后，有文契，又有阄书，三房轮收，以供祀事"⑤。从此建立起较为正规的共同祭祖活动。

---

① 见《烟谱》世系图。
② 李执中：《重修地山李氏族谱序》，引自《烟谱》。
③ 民国吴锡璜总纂：《同安县志》卷之八，选举志。
④ 《同安县志》卷之三，大事记。
⑤ 李懋箕：《族谱凡例》，见光绪乙酉年编《兑山李氏垅尾井下厝二房支谱》。

为了"笃宗睦族"，李氏族人在七八代族众繁衍至七八十人之时，即已进行修谱活动，当时有 7 世崖叟于正统十四年兵乱之后，进行了第一次修谱。到了正德十一年（1516 年）族众发展到数百人时，虽"族犹未大，众犹未蕃"，8 世朝绎与 9 世职修、君佐等又进行了第二次修谱。"旁稽谱式，缵述世系"，并请陈良策、黄伟（进士，刑部员外郎）等作谱序，以"继先志而述先事"，认为这是"尊祖敬宗第一义"的大事。又经过 90 多年，于万历末年，正值明末倭寇、海盗横行的动乱年代，11 世裔孙懋箕率族人入大宗春祭之时，建议进行第三次修谱。他指出："迄今世且十三矣，亲者、疏者、尊者、卑者、存者、亡者、居者、徙者、才者、不才者，较昔不啻倍蓰，行者什佰，兹不重修，涣将孰萃"。认为"尊祖莫过于重谱"，乃嘱子侄柱臣等通文理能书者，"自七世以上，传信传疑固有差讹。下焉者各随世系名次，续汇一编"。别亲疏，等尊卑，使存不至遗亡，近不至忘远，"将使素遵礼法者有所劝，而乐于善；自外风教者有所愧，而沮于恶。……顾谱思义，人人不失为肖子，家家不失为善士，吾族燕翼之传可以无忝，虽千万世划一也"[1]

又经过百余年，至康熙末年，已传至 17 世，裔孙"蕃育千有余丁"，历经明清两朝鼎革之际，"经大兵乱之后，吾族人迁者、亡者、迁而徙者，不可胜记"。而存而得生养者，有的"颇知本宗之由来，支派之攸分"，有的"莫识祖考之世次与其生卒之日月坐处，是忘其本根而无为人之实也。然则谱系之修，顾可缓哉"[2]。经族人推举，以五经举茂才的 14 世裔孙执中，独肩修谱之责。执中虽年逾五十，却"有志于继祖承宗"之事，乃"采辑旧闻，订正前谱"。"上自仲文公起，下至本年，别其派而理其分，信者仍之，间有疑焉者、缺者，逐门挨索，或即祖以系孙，或即孙而寻祖，俾条贯详明，支分条析。而凡列祖之事迹德业，绅衿之昭昭，与夫生死卒葬，盖殚三年间，靡朝靡夕一手之经营而后成也"[3]。自康熙六十年（1721 年）开修，至雍正二年（1724 年）完成了第四次修谱任务。至乾隆二十二年丁丑（1757 年），距前次修谱又已 37 年，族人又提出修谱之议，并推举执中之子 15 世裔孙允升、允飞兄弟负责编修。允升等认为族谱是"承宗绪、绵世泽、化事迹以及卒葬传续之书也，洵其为传宗之宝也。任斯责者，宁可苟且毕乃事哉"，乃"因先公之旧传，辑现在之丁数，盖比

① 李懋箕：《续修族谱序》，引自《烟谱》。
② 李执中：《重修地山李氏族谱序》，引自《烟谱》。
③ 李允升：《重修族谱序》，引自《烟谱》。

辛丑之额则三加矣。虽云仍旧贯乎，而简秩浩繁，所费滋多，当必动经数岁而后可成"，并"著有义例，以补其缺。且编为通族字行为十六字，以绍世次"。其字行为："孝友隆芳，文章永世，懿德常怀，家声可继"。[①] 至乾隆五十九年甲寅（1794 年）春，族人春祭于太庙，行礼毕咸曰："我族之谱修自丁丑年，今已三十八年矣。族之日大、众之蕃，视前尤加数倍。且前谱虽极完备，而各房之字行犹未划一，致令阅者茫然莫知世次"。族人决定由 16 世裔孙光辉续修族谱。光辉乃"检阅旧谱，前仍其旧，后增其新。字行归于划一，支衍谨其本真，无挂漏，无溢辞，洋洋大观"。认为可以达到："睹斯谱也，不忘乎祖，并不忘乎所共出于祖，孝悌之心有不油然而生者乎"[②]。这是兑山李氏第六次修谱。

从嘉庆初至清末，未见续修兑山李氏统谱，而各分支自行修支谱者却所在多有。有的修到 18 世夫字辈，有的修到 19 世士字辈。移居海外的亦自修支谱，有的修到 20 世孝字辈，有的修至 21 世友字辈。现正编修的《兑山李氏芦洲田野美支谱》，修至 24 世文字辈。光兑山迁台后裔，已先后修支谱 20 多部。兑山祖籍 1990 年亦开始重修《陇西李氏兑山族谱》统谱一部，因修撰裔孙李清知 1994 年病逝，尚未完稿出版。

从前述可以看出，兑山李氏 1 至 4 世"尚未有闻"。从 5 世后"始拓田产，族日以大"。至 9 世，"子孙繁衍几百人"。5、6 世开始扩建祖屋，旋火于兵乱，1483 年 7 世裔孙崖叟"纠众鼎新"，后发展为李氏祖祠。1539 年开始购买族田，"三房轮收，以供祀事"，开展共同的祭祖活动。从 7 世崖叟到 8 世朝绎、9 世职修、君佐等进行了两次修谱，开展"尊祖睦族"活动。所以到 8、9 世明正德年间，兑山李氏已开始形成为宗族，所谓"允为吾同一巨族"。

地处厦门海湾的兑山李氏，历经明末倭寇、海盗的骚扰，及明清鼎革之际郑清间多年交战的冲击，族众死于兵乱或被迫流徙者不少，但在族中士绅如懋箕、执中、允升、允飞、伯兼等倡导下，在万历、康熙、乾隆年间又进行了三次修谱睦族活动，使李氏宗族在战乱中仍能得到恢复发展，至万历年间又比正德年间人口成倍增加，"虽未有显人，亦得著姓是邦以有今日"。已成为同安著名宗族之一。至康熙年间传至 17 世，"已蕃育千有余丁"，"生聚既盛，人文自兴"。自明末嘉万以后至清初，已出现了一批秀才、贡生、举人，已是同安大族之一，而且已向望族的目标迈进。

---

① 李允升：《重修族谱序》，引自《烟谱》。
② 李光辉：《续修族谱序》，引自《烟谱》。

康熙二十二年（1683 年）台湾归清，闽台地区比较安定，经济得到较快的恢复和发展，人口繁殖也较快。乾隆二十二年（1757 年）离康熙六十年丁丑（1721 年）仅 30 多年期间，"丁数盖比辛丑之额则三加矣"。又过 30 多年，至乾隆甲寅（1794 年）年间，"族之日大、众之蕃，视前尤加数倍"。由于兑山地少人多，而统一后的台湾膏腴之地正待移民开发，所以康熙末年以后兑山李氏开始成批地向台湾移民开垦。

（二）兑山李氏向台湾移民的记载

根据光绪年间编修的《兑山李氏烟墩兜族谱》（简称《烟谱》）、《兑山李氏垅尾井族谱》（简称《垅谱》）、《兑山李氏垅尾井下厝二房族谱》（简称《垅二谱》）、芦洲杨莲福先生所藏《同安地山李氏世谱》（简称《世谱》）、民国年间编的《芦洲田野美本支世系族谱》（简称《田谱》）、台湾"中央"图书馆台湾分馆所藏《同安兑山社李氏族谱》（1509 号）、《同安兑山李氏族谱》（1510 号）、《兑山三房李氏族谱》（1513 号）、《陇西堂历代祖宗族谱》（1518 号）、《李氏族谱》（1516 号）、《同安兑山李氏族谱》（1518 号）、《银同兑山李氏族谱》（1536 号）、《兑山李氏族谱》（1555 号）、《李氏族谱》（1557 号）、《兑山李氏家谱》（1519 号）、1977 年台北李其忠等主编《陇西李氏族谱》（简称《大族谱》）、1979 年台北李辉彦编辑的《陇西李氏大族谱》（简称《大谱》）、1978 年杨绪贤撰《台湾区姓氏堂号考》（简称《姓氏考》）、1980 年李开忠编《重修兑山垅尾井下厝二房李氏族谱》（简称《垅下谱》）、1990 年李鼎元主编《李氏源流》（简称《源流》）、1990 年兑山李清知初编《陇西李氏兑山族谱》草稿（简称《新谱》）、1987 年赵振绩编《台湾区族谱目录》（简称《谱录》）等有关族谱及姓氏资料的记载，现将兑山李氏族人向台湾移民的部分资料整理如下：

表 1-2 兑山李氏向台湾移民表

世次	渡台祖姓名	生卒年代或渡台时间	卒葬地点或渡台地点	资料来源
14	段布（宣）	1712—1751	葬台湾	《宗谱》
14	段伟（奇）	1686—？	葬淡水	《宗谱》
14	段显（荣）	1754—1807	葬台湾	《宗谱》
14	段助（辅）	1733—？	葬万丹墓仔埔	《世谱》
14	段求（取）	1746—1815	葬观音山石壁脚土地公仑	《世谱》

世次	渡台祖姓名	生卒年代或渡台时间	卒葬地点或渡台地点	资料来源
14	段纯（倡）	1706—1772	葬观音山	《世谱》
14	段嘉（良、叔异）	1665—1719	葬笨港	《支谱》
14	段礼（宾）	1650—1691	葬台湾	《大谱》
14	段卿（望）	1705—1747	葬台湾	《大谱》
14	段灌（本帝）	1724—1803	葬观音山坑内仑	《大谱》
14	妣林氏	1727—1811	葬观音山仑北	《大谱》
14	段合	1729—1781	往台湾	《大谱》
14	段完（补）	1694—1756	葬台湾	《大谱》
15	伯谟（典）	1701—1797	芦洲溪乾	《烟谱》
15	伯谟妣周氏	1706—1743	芦洲溪乾	《烟谱》
15	伯汉（汝）	1728—1807	葬观音山乌石仑	1519号
15	伯循（因）	1729—1807	葬观音山	1519号
15	伯循妣梁氏	1761—？	葬观音山	1519号
15	伯浓妣张氏	1728—1809	葬观音山覆鼎金	1519号
15	伯桂妣王氏	1721—1800	葬观音山大板椅	1519号
15	伯该（总）	1760—1822	葬安坑赤涂嵌田中央	《大谱》
15	妣谢氏	1761—1783	葬淡水蓝管山	《大谱》
15	伯嘉（美）	1709—？	移台湾	《大谱》
15	伯居（位）	1678—1817	葬观音山羊条仑	《大谱》
15	伯专妣郑氏	1762—1846	葬洲仔冢蜂芽	《大谱》
15	伯誉（庆）	1710—1759	葬新庄仔后壁办口尾寮珩	《大谱》
15	伯茂（苞）	1725—1772	葬台湾牛磨里	《宗谱》
15	妣林氏	1733—1782	葬台湾水吼尾	《宗谱》
15	伯伟（磊）	1727—1771	葬台湾水吼尾	《宗谱》
15	伯志（意）	1728—1788	葬万丹水泉尾	《宗谱》
15	伯基（助）	1701—1772	葬彰化打铳山	1519号
15	伯明（晓）	1713—1741	入垦台北芦洲	《姓氏考》
15	伯捷	乾隆初	入垦芦洲	《姓氏考》

续表

世次	渡台祖姓名	生卒年代或渡台时间	卒葬地点或渡台地点	资料来源
15	伯西（轩）	1721—1807	入垦芦洲	《姓氏考》
15	伯继（宗绍）	乾隆中叶	入垦芦洲	《姓氏考》
15	伯进（贡）	乾隆中叶	入垦芦洲	《姓氏考》
15	伯发（严）	1764—1837	裔孙居台北、屏东	《谱录》
15	伯唐姚卓氏	1721—1788	葬山仔崎	1557 号
15	伯合（友）	1725—1804	葬观音山	《世谱》
15	伯岩（庄）	1747—1816	葬观音山蛇仔仑	《世谱》
15	伯采（瑞）	1736—1800	葬观音山土地公仑顶	《世谱》
15	姚蔡氏	1757—1833	葬观音山平寮	《世谱》
15	伯叁（三）	1741—1789	葬观音山	《世谱》
15	伯俊（磊）	1742—1812	葬观音山	《世谱》
15	伯尝（曾）	1753—1788	葬观音山	《世谱》
15	伯乾（元）	1765—1831	葬观音山羊稠仔	《世谱》
15	姚郑氏	1766—1798	葬观音山羊稠仔	《世谱》
15	伯文（武）	1768—？	葬观音山	《世谱》
15	伯志（妈）	1755—1807	葬观音山乌石仑	《世谱》
15	有营（涛）	1718—？	卒于台湾	1513 号
15	有雍（治）	1710—？	葬万丹大众爷庙前	1513 号
15	有烨（春生）	1714—1751	葬台湾北路	1513 号
15	有志（焕）	1733—？	外出东都	1513 号
15	有兑（酉）	1732—1756	葬万丹大众爷庙边	1513 号
15	有节（义）	1703—1772	出东都	1513 号
15	有云（龙）	1694—？	全家往台湾	1513 号
15	姚陈氏	1699—？	全家往台湾	1513 号
15	伯炽（旺）	1776—1853	葬观音山	《大谱》
15	伯想姚陈氏	1750—1831	葬观音山狮子头	《大谱》
15	伯型（仪）	1746—1808	葬观音山坑顶	《大谱》
15	伯耀姚卢氏	1743—1821	葬观音山	《大谱》
15	伯肉（皮）	1733—1820	葬万丹水哮园	《大谱》

世次	渡台祖姓名	生卒年代或渡台时间	卒葬地点或渡台地点	资料来源
15	妣刘氏	1746—1787	葬万丹水泉尾	《大谱》
15	继妣吴氏	1751—1820	葬万丹水哮园	《大谱》
15	三义	？	渡台	《新谱》
15	伯益	？	渡台	《新谱》
16	寿侯（福）	1742—1817	入垦芦洲溪乾	《烟谱》
16	魁侯妣李氏	1742—1824	葬淡水	《烟谱》
16	丰侯（厚）	1768—1801	入垦芦洲溪乾	《烟谱》
16	妣康氏	1772—1828	葬观音山	《烟谱》
16	收侯① 妣陈性娘	1725—1812	葬观音山羊稠仔仑	《垅谱》
16	博侯妣王氏	1712—1808	葬观音山大板奇	《垅谱》
16	少侯（新老）	1736—1788	葬彰化深坑北势过坤	《垅谱》
16	起侯② 妣张氏	1737—1808	葬和尚洲新竹园	《垅谱》
16	腾侯（龙游）	1732—1811	葬观音山覆鼎金	《垅谱》
16	青侯（齐）	1724—1787	葬和尚洲	《垅谱》
16	至侯（极）	1729—？	葬嘉义盐水港鸟松仔脚	《垅谱》
16	静侯妣陈氏	1737—1794	葬观音山覆鼎金	《垅谱》
16	佑侯妣黄性娘	1856—1878	葬观音山大板椅	《垅谱》
16	进侯	1747—1808	葬和尚洲水湳口	《垅下谱》
16	妣蔡氏	1761—1851	葬观音山洲仔冢	《垅下谱》
16	平侯（坦）	1741—1789	入垦芦洲	《姓氏考》
16	长侯	乾隆中叶	入垦芦洲	《姓氏考》
16	亿侯	乾隆末叶	入垦芦洲、三重	《姓氏考》
16	天侯	乾隆末叶	入垦芦洲、三重	《姓氏考》
16	杉侯	乾隆初叶	入垦芦洲	《姓氏考》
16	续侯	乾隆末叶	入垦芦洲、三重	《姓氏考》
16	质侯（材）	？	葬台湾水吼	《宗谱》

---

① 杨绪贤：《台湾区姓氏堂号考》记收侯于乾隆中叶入垦芦洲。《垅谱》记收侯与夫合葬同安天马山，收侯是否渡台，待考。

② 《姓氏考》记起侯于乾隆中叶入垦芦洲。《垅谱》记起侯葬同安杜仑。起侯是否渡台，待考。

续表

世次	渡台祖姓名	生卒年代或渡台时间	卒葬地点或渡台地点	资料来源
16	浪侯（波）	1767—？	葬和尚洲	《宗谱》
16	园侯（桃）	1738—1787	葬万丹番仔厝尾	《世谱》
16	习侯（壬）	？	往台湾	《世谱》
16	挥侯（招）	1764—1810	葬观音山覆鼎金	《世谱》
16	姊何氏	1773—1807	葬溪尾墓仔埔	《世谱》
16	仁侯（宽）	1763—？	葬观音山顶牛牯岭	1519 号
16	绣侯（衮）	1761—1800	葬观音山大板椅仑	1519 号
16	卫侯（藩）	1752—1829	葬八里坌	1519 号
16	街侯（市）	1760—1830	葬观音山大寮后	1519 号
16	拔侯（超）	1751—1785	葬观音山	1519 号
16	铁侯（鞭）	1750—1811	葬观音山大石坑	1519 号
16	望侯（帐）	1762—1818	葬观音山	1519 号
16	德侯（务）	1755—1822	葬观音山大板椅前	1519 号
16	姊许氏	1771—1805	葬观音山	1519 号
16	白侯姊詹氏	1782—1840	葬观音山剌仔列	1519 号
16	建侯（迁）	1755—1798	葬淡水	1519 号
16	青侯（葱）	1764—1840	葬观音山大板椅仑	1519 号
16	继姊王氏	1770—1827	葬观音山覆鼎金	1519 号
16	表侯（著）	1767—1833	葬观音山覆鼎金	1519 号
16	姊陈氏	1771—1810	葬观音山覆鼎金	1519 号
16	浪侯（波）	1767—1793	葬和尚洲	1519 号
16	英侯（粲）	1773—1805	葬万丹	1519 号
16	近侯（远）	1760—1835	葬观音山土地仑	1519 号
16	驾侯（御）	1757—1815	葬淡水大岸	1519 号
16	慈侯（惠）	1766—1824	葬淡水	1519 号
16	玉侯（碧）	1761—1831	葬和尚洲土地公厝	1519 号
16	直侯（折）	1764—1826	葬和尚洲大旗尾	1555 号
16	姊林氏	1771—1817	葬和尚洲大旗尾	1519 号
16	蕊侯姊黄氏	1769—1851	葬观音山反经石乾湖	1519 号

世次	渡台祖姓名	生卒年代或渡台时间	卒葬地点或渡台地点	资料来源
16	话侯（词）	1775—1827	葬新庄街山水对柯冢	1519 号
16	兑侯（西）	1781—1805	葬淡水	1519 号
16	仁侯①妣余氏	1764—1864	葬观音山大板椅头	1555 号
16	彰侯（并）	1743—1788	葬台湾	《支谱》
16	显侯	1819—1871	渡台	1516 号
16	恬侯（闹）	1715—1780	葬双头窍洲仔内	《支谱》
16	妣郑氏	1725—1794	葬双头窍番东港园内	《支谱》
16	笃侯妾洪氏	1739—1821	葬观音山反经石	《支谱》
16	熙侯（泉）	1732—1780	葬观音山	《支谱》
16	畅侯（茂）	1737—1816	葬观音山牛屎坑尾	《支谱》
16	汀侯（潭）	1738—1801	葬观音山覆鼎金	《支谱》
16	咏侯（吟）	1742—?	葬彰化五条圳	《支谱》
16	妣张氏	1714—1829	葬观音山大板椅前	《支谱》
16	伟侯（廉）	1744—1797	葬观音山更寮仑	《支谱》
16	妣陈氏	1749—1830	葬观音山更寮	《支谱》
16	金侯（兰）	1754—1795	葬台湾福马李厝计	《支谱》
16	时侯	1729—1770	葬音化番仔井冢	《支谱》
16	红侯（霞）	1724—1766	葬彰化山坑内	《支谱》
16	桂侯（攀）	1713—1754	葬彰化五条圳	《支谱》
16	甘侯（樵）	1731—?	葬台湾福马同安仑	《支谱》
16	椽侯（栓）	1739—1787	葬鹿港客仔厝冢埔	《支谱》
16	济侯（骊）	1720—1774	葬彰化山南冢	《支谱》
16	妣孙氏	1725—1789	葬彰化八卦亭崩坪顶	《支谱》
16	喜侯（骅）	1718—1787	葬鹿港海埔仑	《支谱》
16	总侯（骏）	1724—1765	葬彰化八卦山后	《支谱》
16	妣黄氏	1746—1780	葬福马尾蟹后	《支谱》
16	乘侯（骑）	1734—1763	葬福马同安仑	《支谱》

---

① 《姓氏考》记仁侯于乾隆中叶入垦芦洲。现据到芦洲实地调查，仁侯于 1836 年卒于兑山，并未渡台，其骨骸由其妣余氏率子渡台时带到台湾，葬于观音山。

续表

世次	渡台祖姓名	生卒年代或渡台时间	卒葬地点或渡台地点	资料来源
16	群侯（？）	1732—1787	葬鹿港北头义冢	《支谱》
16	妣陈氏	1747—1788	葬福马李厝庄仑	《支谱》
16	逸侯（标）	1746—1811	葬观音山土地仑顶	《支谱》
16	妣康氏	1753—1819	葬八里坌街仔后	《支谱》
16	羡侯（韵）	1726—1794	南部登陆迁八里坌	《源流》
16	妣张氏缎	1729—1798	葬八里坌海墘墓仔下	《源流》
16	畅侯	1737—1816	葬观音山牛屎坑	《源流》
16	妣陈氏	1738—1844	葬观音山土地公埔	《源流》
16	华侯（清荣）	1778—1828	葬万丹土地公埔	《大谱》
16	宝侯（珩）	1759—1826	葬万丹六分庄埔	《大谱》
16	妣许氏	1775—？	葬万丹土地公埔	《大谱》
16	兴侯（旺）	1775—1842	葬万丹大埔中	《大谱》
16	妣许氏	1790—1830	葬八分埔尾	《大谱》
16	才侯（芸）	1779—1825	葬观音山狮子头仑	《大谱》
16	洋侯妣汪氏	1806—1851	葬淡水牛稠内王爷宫	《大谱》
16	意侯（味）	1760—1816	葬观音山唐湖坑顶	《大谱》
16	妣张氏	1762—1848	葬观音山覆鼎金	《大谱》
16	皎侯（月）	1768—1816	葬观音山狮子头湖	《大谱》
16	火侯（离）	1777—1799	葬观音山乌石仑	《大谱》
16	章侯（文）	1770—1822	葬观音山二湖	《大谱》
16	妣黄氏	1789—1838	葬观音山大椅仑	《大谱》
16	朝侯（庭）	1774—1848	葬观音山米仓仑	《大谱》
16	妣郭氏	1790—1850	葬观音山米仓仑	《大谱》
16	城侯（塞）	1781—1879	葬观音山大椅仑	《大谱》
16	读侯（讲）	1786—1821	葬观音山大椅仑头	《大谱》
16	田侯（亩）	1772—1836	葬观音山大椅仑	《大谱》
16	巩侯（固）	1773—1818	葬观音山麻仔仑	《大谱》
16	妣林氏	1776—1822	葬观音山麻仔仑	《大谱》
16	鹏侯（传宗）	1751—1813	葬观音山贼仔埔	《大谱》

世次	渡台祖姓名	生卒年代或渡台时间	卒葬地点或渡台地点	资料来源
16	妣陈氏	1754—1841	葬观音山中条礼	《大谱》
16	盛侯（茂）	1775—1823	葬观音山贼仔埔	《大谱》
16	妣许氏	1794—1884	葬观音山坑内李蒙正山	《大谱》
16	安侯（定）	1760—1836	葬观音山大椅仑	《大谱》
16	兰侯（香）	1780—1836	葬观音山大椅仑	《大谱》
16	盛侯（如松）	1800—1854	葬观音山牛屎坑	《大谱》
16	澄侯（漳）	1751—1838	入垦士林社仑仔顶	《大谱》
16	学侯（大学）	1747—1813	渡台祖	《大谱》
16	明乐（康老）	1746—?	葬台湾	1513 号
16	明文（林郎）	1746—?	往台湾北路	1513 号
16	明礼（习）	1764—?	往台湾	1513 号
16	妣林氏	1775—1845	全家往台湾	1513 号
16	明瑞（胎）	1750—?	往盐水港	1513 号
16	明奋	?	往台湾	1513 号
16	明植（庭槐）	1758—?	往台湾	1513 号
16	妣庄氏	?	携二子全家住台湾	1513 号
16	明实（樱桃）	1706—?	往东都	1513 号
16	明茂（森）	?	往台湾	1513 号
16	明声（赫）	?	往台湾	1513 号
16	明思（公望）	1740—?	往台湾	1513 号
16	明宗（僚老）	1750—?	往台湾	1513 号
16	明义（寅生）	1745—?	往台湾	1513 号
16	明逊（让有）	1729—?	往万丹水泉	1513 号
16	明丰（盛）	?	往台湾嵌顶社尾	1513 号
16	明泽（订）	1725—?	往万丹水泉	1513 号
16	明典（帝）	?	往万丹水泉	1513 号
16	明盛（武）	?	往台湾	1513 号
16	明起（兴）	?	往淡水	1513 号
16	明迎（天来）	?	往万丹水泉	1513 号

续表

世次	渡台祖姓名	生卒年代或渡台时间	卒葬地点或渡台地点	资料来源
16	明司（灶）	1800—？	往台湾	1513 号
17	公庇（神保）	1767—1833	葬观音山	《烟谱》
17	妣陈氏	1775—1822	葬观音山大板椅	《烟谱》
17	公期（来赴）	1792—1849	葬淡水	《烟谱》
17	公附（妈转）	1787—1832	葬淡水	《烟谱》
17	公材（贤奇）	1773—1832	葬观音山大板椅仑	《烟谱》
17	妣陈氏	1782—1813	葬观音山大板椅仑	《烟谱》
17	公式① 妣张氏	1781—1876	运夫骨骸率 6 子迁溪墘	1518 号
17	公腾（翻）	1782—？	居嘉义白沙墩	《烟谱》
17	公鸣（音）	1785—？	居嘉义白沙墩	《烟谱》
17	公培（裁）	1776—1845	葬观音山羊稠仔埔	《烟谱》
17	公谒（请）	1786—1836	葬淡水	《烟谱》
17	公布（教）	1760—1822	葬淡水	《烟谱》
17	公林（壬）	1765—1839	葬观音山大板椅	《烟谱》
17	公伟（烈）②	1771—？	卒葬失记	《烟谱》
17	妣陈氏	1783—1830	葬淡水	《烟谱》
17	公常（异）	1779—1826	葬和尚洲溪墘园	《烟谱》
17	公彰妣康氏	1769—？	居淡水	《新谱》
17	公泰（思）	1751—1825	葬观音山大板椅	《垅谱》
17	妣魏佑娘	1765—1785	葬观音山狮仔头山	《垅谱》
17	继妣林海娘	1774—1840	葬观音山中仑	《垅谱》
17	公昌（带）	1754—1833	葬八里坌	《垅谱》
17	妣施性娘	1767—1851	葬八里坌	《垅谱》
17	公均（和）	1761—1813	葬观音山大板椅	《垅谱》
17	妣魏吉娘	1768—1836	葬观音山狮仔头山	《垅谱》

---

①　有的族谱记载公式携妣张氏渡台，现据芦洲实地调查，公式于 1844 年卒于兑山，其妣张氏率六子携夫骨渡台，葬于观音山狮子头。

②　《烟谱》公伟卒葬失记，但谱记公伟生六子，第六子生于 1821 年。时公伟已 51 岁，以此推测公伟与妣一起渡台。

世次	渡台祖姓名	生卒年代或渡台时间	卒葬地点或渡台地点	资料来源
17	公理（治）	1766—1836	葬观音山覆鼎金	《垅谱》
17	公断（裁）	1734—1815	葬和尚洲水湳	《垅谱》
17	公耀（照）	1738—1800	葬观音山大板椅	《垅谱》
17	妣林氏	1745—1836	葬沪尾水枧头	《垅谱》
17	公赐妣张氏	1744—1829	葬观音山	《垅谱》
17	公宝（贝）	1754—1823	葬观音山员山仔	《垅谱》
17	公茂（桂兰）	1758—1805	葬和尚洲冢仔	《垅谱》
17	公盛（衍庆）	1763—1829	葬观音山	《垅谱》
17	公察（纯老）	1750—1817	葬观音山大板椅	《垅谱》
17	公秋（八六）	1751—1817	葬观音山大板椅	《垅谱》
17	妣张氏	1753—1832	葬观音山石头仑	《垅谱》
17	公春（二四）	1754—1817	葬观音山拔仔埔	《垅谱》
17	继妣王氏	1764—1833	葬观音山大板椅	《垅谱》
17	公正（正一）	1767—1807	葬观音山内岩坑佛祖山七嵌仔颠，改葬狮仔头	《垅谱》
17	妣石氏	1771—1804	葬观音山狮仔头	《垅谱》
17	继妣王氏	1780—1836	葬摆接嵌顶埔垯	《垅谱》
17	公永（咏）	1758—1826	葬观音山乌石仑	《垅谱》
17	公志（尚）	1762—1830	葬观音山羊稠仔	《垅谱》
17	公淡（密）	1765—1832	葬观音山大板椅	《垅谱》
17	公秦（公余、桃）	1764—1818	葬观音山乌屿寮湖仔内	《垅谱》
17	妣杨金娘	1773—1813	葬观音山羊稠仔	《垅谱》
17	公喜（雀）	1781—1806	入垦芦洲	《垅谱》
17	公郁（文）	1762—1839	葬观音山狮仔头	《垅谱》
17	妣陈氏	1771—1808	葬观音山覆鼎金	《垅谱》
17	公勉（励）	1765—1824	葬观音山米仓	《垅谱》
17	妣蔡氏	1775—1830	葬观音山鲤鱼冢土刘大墓后	《垅谱》
17	公含（御）	1762—1827	葬溪尾冢埔	《垅谱》
17	妣陈氏	1775—1794	葬观音山	《垅谱》

世次	渡台祖姓名	生卒年代或渡台时间	卒葬地点或渡台地点	资料来源
17	公山（水）	1767—1786	葬观音山	《垅谱》
17	公贵（溅）	1772—1826	葬观时山	《垅谱》
17	妣杨氏	1777—1857	葬大寮坑	《垅谱》
17	公佑（助）	1770—1853	葬溪尾冢仔埔彭厝园头	《垅谱》
17	公德（贤）	1774—1820	葬观音山反经石边	《垅谱》
17	妣黄却娘	1783—1839	葬观音山板椅	《垅谱》
17	公沛妣吴氏	1789—1842	葬观音山鲤鱼冢	《垅谱》
17	公华（皇）	1780—1834	改葬噶玛兰坑山顶内	《垅谱》
17	公仰（顿）	1776—1811	葬观音山贼仔埔	《垅谱》
17	公端（肃来）	1772—1790	葬淡水暗坑仔	《垅谱》
17	公虾（鱼）	1753—1794	葬观音山	《垅谱》
17	公卜（熊）	1759—1832	葬观音山石头仑	《垅下谱》
17	公直（谅）	1768—1823	葬三重埔陡门头冢	《垅谱》
17	妣高氏	1784—1807	葬大隆同保安宫边竹围脚	《垅谱》
17	公羽（降）	1770—1789	葬和尚洲水湳沟边	《垅谱》
17	公石（岩）	1767—1839	葬五谷坑	《垅谱》
17	公圆（团祖）	1775—？	居淡水	《垅二谱》
17	公辰（宿）	1776—1787	葬万丹冷水坑墘	《世谱》
17	公顾（諟）	1733—1791	葬台湾	《支谱》
17	公矫（强）	1731—1789	葬彰化山福马	《支谱》
17	公参（王）	？	葬盐水港菜公塘牛埔	《支谱》
17	妣叶氏	1751—1831	葬双头窍嘴口	《支谱》
17	公里（表）	？	葬双头窍庄口	《支谱》
17	公及（越）	？	葬盐水港过溪新庄仔	《支谱》
17	公庶（民）	1751—1796	葬双头窍洲仔内	《支谱》
17	妣吴氏	1757—1784	葬双头窍洲仔内	《支谱》
17	继妣陈氏	1761—1824	葬双头窍菜公堂后壁	《支谱》
17	公哲（潜）	1751—1788	葬福马李厝仑顶	《支谱》
17	公丰（注）	1768—1850	葬观音山覆鼎金	《支谱》

世次	渡台祖姓名	生卒年代或渡台时间	卒葬地点或渡台地点	资料来源
17	妣林氏	1771—1819	葬观音山覆鼎金	《支谱》
17	公（？）	1740—1797	葬观音山反经石后	《支谱》
17	妣陈氏	1739—1793	葬湖林头宅内	《支谱》
17	公洄（漩）	1743—1794	葬湖林头宅内	《支谱》
17	妣叶氏	1744—1808	葬八里坌	《支谱》
17	公云（梯）	1750—1793	葬湖林头宅内	《支谱》
17	妣叶氏	1750—1832	葬观音山大板椅头	《支谱》
17	公选（橙）	1758—1808	葬观音山	《支谱》
17	妣陈氏	1760—1783	葬湖林头牛路	《支谱》
17	继妣庄氏	1759—1842	葬八里坌	《支谱》
17	公视	1758—1810	葬观音山坑内	《支谱》
17	妣陈氏	1759—1801	葬湖林宅里	《支谱》
17	公异（奇）	1745—1788	葬福马李厝庄仑	《支谱》
17	公峰（邹）	1749—1788	葬台湾	1509号
17	公香（瑞兰）	1751—1805	葬沪尾柔山南	1509号
17	继妣柯氏	1752—1823	葬八里坌西门顶坤仔顶	1509号
17	公乜（乍）	1798—1826	葬淡水	1519号
17	公怡（情）	1796—？	葬淡水	1519号
17	公山（茂林）	1780—1836	葬观音山大板椅	1519号
17	公荐（鹏鹗）	1801—1842	葬淡水	1519号
17	公端（两）	1807—1844	葬观音山刘家墓口	1519号
17	公俭（奢）	1811—1844	葬观音山乌石仑	1519号
17	公梁（栋）	1787—1840	葬观音山员山仑	1519号
17	公恺（八）	1797—1843	葬观音山羊稠仔刘家坟边	1519号
17	公香（兰）	1797—1847	葬观音山稠仔	1519号
17	公炙（炮）	1804—1832	葬淡水冢仔埔	1519号
17	公溥（博）	1744—1828	葬淡水石角顶冢仔埔	1519号
17	公有（就）	1776—？	葬淡水	1519号
17	公科（第）	1808—1846	葬淡水溪尾	1519号

世次	渡台祖姓名	生卒年代或渡台时间	卒葬地点或渡台地点	资料来源
17	公绣（锦）	1804—1840	葬台湾	1519 号
17	公象（犀）	1792—1819	葬观音山崩山仑	1519 号
17	公正（拨）	1820—1841	葬淡水	1519 号
17	公尹（伐）	1784—1836	葬观音山大板椅脚	1555 号
17	公到（到来）	1802—1878	葬观音山外朴鼎	1555 号
17	妣吕氏	1807—1871	葬观音山二胡仔	1555 号
17	公馥（香老）	1795—1878	葬观音山坡仔堃	1555 号
17	公彭（彭来）	1807—1843	葬观音山顶	1555 号
17	公鼎妣张氏	1746—1840	葬八里坌地八埔	1510 号
17	公德（尚）	1761—1835	葬八里坌	1510 号
17	妣郑氏	1765—？	葬八里坌红坤顶	1510 号
17	公立（王官）	1735—1788	葬万丹水泉番社	1514 号
17	公望（周官）	1727—1787	居台东港	1514 号
17	公想（思）	1807—1873	葬观音山大板椅仑	《世谱》
17	妣王氏	1812—1836	葬观音山大板椅仑	《世谱》
17	大参（赞）	1746—1826	葬万丹下廊庄东南角	1513 号
17	大重（任）	1796—？	往台湾	1513 号
17	大立（狮）	1805—1840	往台湾	1513 号
17	大朕（众）	1805—？	往台湾	1513 号
17	公藉	1774—道光	入垦芦洲	《姓氏考》
17	公赞	嘉庆年间	入垦芦洲	《姓氏考》
17	公敏	嘉庆年间	入垦芦洲	《姓氏考》
17	公强	？	居彰化和美	《谱录》
17	公由	？	居彰化和美	《谱录》
17	公成（秋）	1769—？	入垦芦洲	《谱录》
17	公助	？	葬万丹	《新谱》
17	公部	？	葬万丹	《新谱》
18	飘夫（摇）	1801—1902	入垦芦洲溪堃	《大族谱》
18	宽夫（广）	1809—1885	入垦芦洲溪堃	《大族谱》

世次	渡台祖姓名	生卒年代或渡台时间	卒葬地点或渡台地点	资料来源
18	立夫（棹）	1813—1862	入垦芦洲溪墘	《大族谱》
18	介夫（炭）	1815—1558	入垦芦洲溪墘	《大族谱》
18	俭夫（奢）	1818—1859	入垦芦洲溪墘	《大族谱》
18	坦夫（坂）	1820—1844	入垦芦洲溪墘	《大族谱》
18	爱夫继姒张氏	1776—1853	葬观音山反经石	《大族谱》
18	条夫（楛）	1812—？	入垦溪墘	1518 号
18	诵夫（讽）	1815—？	入垦溪墘	1518 号
18	仁夫（恩义）	1802—1851	入垦溪墘	《烟谱》
18	心夫（愿音）	1805—1827	入垦溪墘	《烟谱》
18	德夫（振新）	1810—1850	入垦溪墘	《烟谱》
18	提夫（弁）	1790—1835	改葬八里坌牛寮仔埔	《垅谱》
18	静夫（镇）	1795—1817	改葬八里坌牛寮仔埔	《垅谱》
18	玩夫（耍来）	1795—1836	改葬八里坌牛寮仔埔	《垅谱》
18	拥夫（粪来）	1799—1817	葬和尚洲水浦大岸	《垅谱》
18	助夫（田）	1775—1801	葬观音山狮仔头	《垅谱》
18	铁夫（钳）	1808—1886	葬处失记	《垅谱》
18	姒张窗娘	1815—1836	葬观音山羊稠仔	《垅谱》
18	继姒黄氏	1809—1885	葬八里坌	《垅谱》
18	记夫（认）	1793—1864	葬洲仔塚	《垅谱》
18	姒陈　娘	1811—1888	葬溪尾	《垅谱》
18	香夫（酖釀）	1821—同治	葬溪尾	《垅谱》
18	论夫（讨）	1799—1838	葬万丹	《垅谱》
18	占夫（魁）	1797—1831	葬观音山覆鼎金	《垅下谱》
18	哀夫（秉）	1805—1884	葬观音山羊稠仔埔	《垅下谱》
18	姒吴好娘	1817—1848	葬观音山羊稠仔埔	《垅下谱》
18	进夫（锐）	1790—1852	葬淡水	《垅二谱》
18	成夫姒陈氏	1791—1851	葬淡水	《垅二谱》
18	比夫（试）	？	入垦淡水	《新谱》
18	发夫（兴）	1795—1833	葬八里大窟湖	1509 号

续表

世次	渡台祖姓名	生卒年代或渡台时间	卒葬地点或渡台地点	资料来源
18	盛夫（昌）	1772—1849	葬八里坌红坤顶	1509号
18	妣萧氏	1783—1847	葬八里坌甲仔兰坑	1509号
18	望夫（仰）	1776—1807	葬喜义埔心	1509号
18	金夫妣林氏	1798—1849	葬八里坌甲仔兰坑	1509号
18	清夫（秋月）	1768—1821	葬八里坌榕树王南	1509号
18	颖夫（聪明）	？	居五条圳	1509号
18	诚夫（送）	1756—1827	葬八里坌街后嵌顶牛埔	1509号
18	妣林氏	1770—1821	葬八里坌红坤仔	1509号
18	专夫（确）	1787—？	葬观音山牛稠埔	1509号
18	绻夫（缱）	1815—1868	葬八里坌半路店中埔	1509号
18	神夫（化龙）	1789—1837	葬八里坌甲仔兰坑	1509号
18	妣林氏	1788—1848	葬八里坌三角埔	1509号
18	启夫（沃）	1793—？	葬八里坌老阡坑	1509号
18	玄夫（泡）	1793—1842	葬八里坌	1509号
18	妣陈氏	1803—1828	葬八里坌牛寮埔	1509号
18	秀夫（聚）	1817—1864	子孙居三重、台北	1518号
18	举夫（才）	1816—1849	葬洲仔塚	1519号
18	专夫（高）	1838—1916	葬基隆虎仔山	1519号
18	妣周氏	1843—1926	葬基隆虎仔山	1519号
18	耀夫（丙丁）	1819—1899	葬观音山覆鼎金	1519号
18	款夫妣陈氏	1797—1879	葬观音山反经石	1519号
18	诣夫（品）	1810—1834	葬淡水	1519号
18	起夫（振）	1812—1836	葬观音山员山仑	1519号
18	纯夫（粹然）	1820—1846	葬万丹	1519号
18	栋夫（柱）	1819—1861	葬大坪顶旧塚	1519号
18	领夫（项）	1833—？	葬洲仔塚	1519号
18	望夫（看）	1825—1844	葬淡水	1519号
18	辑夫兄弟三人	？	入垦万丹水泉、路竹、台南	1514号
18	村夫（使成）	1781—1842	葬万丹埔	1513号

世次	渡台祖姓名	生卒年代或渡台时间	卒葬地点或渡台地点	资料来源
18	辉夫（耀光）	？	往万丹水泉	1513号
18	喜夫（欢）	1780—1824	葬万丹山帝庙口	1513号
18	莱夫（抛）	1770—？	葬万丹水泉嵌仔顶	1513号
18	饲夫（养）	生于乾隆后期	全家往台湾	1513号
18	妣张氏	生于乾隆后期	全家往台湾	1513号
18	泉夫（奉元）	1782—1822	葬台湾沙辘街边	1513号
18	荣夫（铺）	1783—1823	葬万丹水泉层	1513号
18	妣陈氏	1787—1855	葬水泉庄尾乌援埔	1513号
18	和夫（顺）	1788—1843	葬万丹水泉	1513号
18	顶夫（薛）	？	居水吼庄	1513号
19	士求（乙）	1817—1856	葬淡水	《垅二谱》
19	士担（挑）	1823—1849	葬万丹后壁埔	《垅二谱》
19	士宰（主）	1819—1871	卒葬台北	1516号
19	士雁（阵来）	1819—1886	葬八里坌车路窟	1509号
19	士贞（专利）	1800—1862	葬八里坌	1509号
19	妣？氏	1803—1822	葬八里坌三角陂顶	1509号
19	士绅（专士）	1872—？	葬在中覆鼎	1519号
19	士尾	1882—1819	葬芦州三角仔	1519号
19	士金（庚）	1822—1902	葬万丹新庄仔庄	1513号
19	妣陈氏	1825—1886	葬新庄仔北势	1513号
19	士殷（监）	1820—1852	葬水泉庄尾乌援埔	1513号
19	妣徐氏	1823—1871	葬埔仔顶	1513号
19	士极（显经）	1833—1898	葬番社口园内	1513号
19	继妣黄氏	1851—1917	葬嵌仔脚窟尾埔	1513号
19	士极（高明）	1805—？	往台湾	1513号
19	士从（命）	1808—1835	往台湾	1513号
19	士致（缴）	1811—？	往台湾	1513号
19	士齐（惜来）	1783—？	往台湾	1513号
19	士用（三财）	1805—1894	葬新庄仔牛角湾埔	1513号

世次	渡台祖姓名	生卒年代或渡台时间	卒葬地点或渡台地点	资料来源
19	士达（通）	1810—光绪	葬新庄仔田寮仔口	1513 号
19	士平（粮）	1814—？	往台湾	1513 号
19	士要（撮）	1797—1862	葬万丹水泉庄尾嵌仔脚	1513 号
19	士代（称）	1818—？	往万丹	1513 号
19	士东（西）	1813—光绪年间	父子四人往万丹新庄仔	1513 号
19	士体（四端）	1818—？	往万丹水泉	1513 号
19	士化（变）	1824—光绪年间	往万丹水泉	1513 号
19	士晚（晏来）	1824—1901	往万丹新庄仔	1513 号
19	士质（彬）	1814—？	往万丹水泉	1513 号
19	士胜（六律）	1783—？	全家往万丹	1513 号
19	妣庄氏	？	全家往万丹	1513 号
19	士声（迦来）	1814—？	往万丹街尾	1513 号
19	横来	道光末—1859	葬水泉庄尾崁仔顶	1513 号
19	士益	1803—1840	葬万丹水泉庄边	1513 号
19	士如（悴）	？	随父饲夫全家往水泉	1513 号
19	士勤（且）	？	随父饲夫全家往水泉	1513 号
19	士游（軒）	1808—？	随父饲夫全家往水泉	1513 号
19	士侯（宰）	1799—？	往万丹新庄仔	1513 号
19	士幸（頴）	1791—？	往万丹新庄仔	1513 号
20	坚孝（故）	1855—1900	葬水泉庄尾嵌仔顶	1513 号
20	租孝（过）	1860—1903	葬新庄仔	1513 号
20	妣黄氏	1866—1886	葬翻社口园内	1513 号
20	继妣陈氏	1858—1900	葬新庄仔西边	1513 号
20	连孝（仲蝉）	1831—1900	葬新庄仔西边	1513 号
20	桂孝（丹）	1828—1894	往万丹	1513 号
20	妣黄氏	道光初—1897	葬番社庄尾	1513 号
20	乐孝（友朋）	1849—？	往台湾	1513 号
20	振孝（江海）	1871—1918	葬备仔社口乌援埔	1513 号
20	开孝	？	往万丹下廊	1513 号

世次	渡台祖姓名	生卒年代或渡台时间	卒葬地点或渡台地点	资料来源
20	循孝（飏）	1845—1895	往台湾没于海	1513 号
20	庠孝（清设）	1836—1906	往台湾	1513 号

（三）兑山李氏向台湾移民的时间、地点及集居地

据前述族谱等有关资料记载，兑山李氏族人在清代渡台者多达 460 人，其中 14 世 13 人，15 世 53 人，16 世 137 人，17 世 137 人，18 世 70 人，19 世 38 人，20 世 12 人。从有记载出生时间的 420 人中，出生于顺治前期 1 人，康熙初期 2 人，中期 6 人，末期 20 人，雍正年间 39 人，乾隆初期 72 人，中期 112 人，末期 65 人，嘉庆前期 33 人，后期 40 人，道光前期 12 人，后期 7 人，咸丰年间 4 人，同治年间 3 人，光绪初期 1 人。如以 25 岁为渡台平均年龄统计，则康熙年间渡台 6 人，其中初期 1 人，中期 1 人，末期 4 人；雍正年间渡台 11 人；乾隆年间渡台 207 人，其中初期 36 人，中期 68 人，末期 103 人；嘉庆年间渡台 95 人，其中前期 60 人，后期 35 人；道光年间渡台 84 人，其中前期 43 人，后期 41 人；咸丰年间 6 人；同治年间渡台 4 人；光绪年间渡台 7 人，其中前期 4 人，后期 3 人。其他未记生卒年月的 40 人中，有 10 人记有入台年代；乾隆初期 2 人，中期 3 人，末期 3 人，嘉庆年间 2 人，尚未记出生年代和入台年代的 30 人，计 15 世 3 人，一般出生于康熙中后期和乾隆前期，其入台年代多在雍正和乾隆年间，现按雍正年间入台 1 人，乾隆初期、中期各 1 人记算。16 世 11 人，一般出生于康熙末期和乾隆年间，其入台年代多在乾隆年间或嘉庆前期，现按乾初入台 1 人，乾中 4 人，乾末 4 人，嘉庆前期 2 人计算。17 世 7 人，一般出生于乾隆年间和嘉庆前期，其入台年代多在乾隆末期或嘉庆年间，现按乾末入台 3 人，嘉庆前期 2 人，嘉庆后期 2 人计算。18 世 5 人，一般出生乾隆末期或嘉庆年间，其入台年代多在嘉道年间，现按嘉庆后期入台 2 人，道光前期 2 人，后期 1 人计算。19 世 3 人，一般出生于嘉庆年间或道光前期，其入台年代多在道光年间，现按道光前期入台 1 人，后期 2 人计算。20 世 1 人，一般出生于道光年间，其入台年代当在咸丰年间。以上入台人数综合统计，康熙年间 6 人，其中初期 1 人，中期 1 人，后期 4 人；雍正年间 12 人；乾隆年间 229 人，其中初期 40 人，中期 76 人，后期 113 人；嘉庆年间 105 人，其中前期 64 人，后期 41 人；道光年间 90 人，其中前期 46 人，后期 44 人；咸丰年间

7人；同治年间4人，光绪年间7人，其中前期4人，后期3人，共460人。

以上统计可以看出，乾隆年间是兑山李姓族人渡台的高潮期，嘉道年间仍有不少人渡台，咸同以后只有个别人渡台。在渡台总人员460人中，乾隆年间渡台229人，占渡台总数的49.78%，约占一半。嘉庆年间有105人渡台，占渡台总数的22.8%，道光年间渡台90人，占渡台总数的15.2%。乾嘉道年间渡424人，占渡台总数460人的92.17%。

前述族谱资料多数只记卒葬地点，而很少记载入垦地区。往往只笼统记载"往台湾"、"往东都"或"往台湾北路"，只有极个别记载渡台后居住地。如记16世明瑞"往盐水港"，17世公腾、公鸣兄弟"居嘉义白沙墩"（今云林县元长乡），17世公望"居台东港"，18世颖夫居"彰化五条圳"，18世辉夫"往万丹水泉"等地。所记卒葬地点中，有14世段助葬万丹，段嘉葬笨港，15世伯基葬彰化打铳山，15世伯志、伯伟等葬万丹水泉，16世少侯葬彰化深坑，16世嘉侯葬鹿港，16世济侯总侯等葬彰化山，17世公参葬盐水港，18世泉夫葬台湾沙辘等地。其中从14世至20世有80人葬万丹各村，成为兑山李氏移民的一个聚居地。但绝大多数卒葬地点均在清代淡水厅所属的八里坌、沪尾、和尚洲、三重埔、五股坑、鸡笼等地，其中卒葬观音山与和尚洲的占三分之二左右。说明兑山李氏除少部分入垦南部今彰化、云林、台南、屏东等地外，绝大多数入垦淡水河下游两岸，特别是观音山南北麓的乡村，即今八里乡、淡水镇、五股乡、三重市、芦洲乡、泰山乡等地。分别成为各地的渡台祖，形成不同的房派。如6世普旺后裔为台湾仑仔顶派，垅尾井15世伯高后裔为三重埔派，伯振后裔为八里坌派，伯意后裔为大旗尾派，伯代后裔为下寮派，伯劝长子博侯、三子审侯后裔为沪尾派，次子皎侯后裔为柑宅派，四子砥侯后裔为田野美派。

台湾南部以台南为中心的地区首先开发，台北平野自康熙末年才开始有组织、较大规模的拓垦，兑山李氏于康熙末年开始入垦，乾隆年间大批入垦淡水河两岸地区，是符合台湾开发的进程。当时移民首先从淡水港登陆，沿淡水河、观音山水陆两路南进开垦新庄等地。和尚洲（今芦洲乡）系淡水河之沙洲，常遭水灾，故开辟较迟。后来由于地势淤积，不断升高，便有大批移民入垦。乾嘉时期兑山李氏的大批移民开垦淡水河下游两岸时，就是以芦洲为开垦的中心。早在康熙末年就有14世段伟、雍正年间14世段纯、乾隆初年14世段布、段灌等入垦淡水河下游，兑山烟墩房15世伯谟即于雍正年间入垦八里坌，后率子标侯、玉侯等开垦和尚洲溪墘，伯谟三子六孙已传十代，子孙数千余人。伯谟有亲堂兄弟堂侄多人入垦溪墘，如伯真次子寿侯、伯势长子丰侯、伯环之孙公式（1844年卒于大陆）妣张氏率六子运公式遗骨，先后入垦溪墘，另有伯老曾孙条夫、诵夫、伯星曾孙心夫、仁夫、德夫等相等入垦溪墘。部分子孙后又迁居三重、台北、基隆、新竹等地。另有垅尾井房15世伯西于乾隆初入垦八里坌、和尚洲水湳等地，后子孙又迁垦中洲里、三重等地，有后裔上万人。又有15世伯捷、伯采等入垦和尚洲楼仔厝等地，有子孙数千人。伯西兄伯东次子仁侯于1836年逝世后，妣余氏率三子呈祥、公尹、到来并带夫骨骸入垦水湳，后迁垦中洲里社子，有后裔数千人。余氏生于乾隆二十九年（1764年），卒于同治二年（1864年），享寿101岁。乾隆中后期，又有垅尾井15世伯进、伯继、16世青侯、玉侯、直侯、起侯妣张氏、亿侯、天侯、杉侯等多人入垦和尚洲大旗尾、土地公厝、三重铺等地。乾隆末期、嘉庆前期又有大批17世族人入垦，如有公断、公羽等多人入垦水湳，有公蓁、公石、公成兄弟三人于嘉庆年间入垦南港仔庄，又有砥侯长子公秋（八六）、次子公春（二四）、三子公正（正一）兄弟三人于乾隆末年入垦中路村田仔尾等地。在嘉、道年间仍有部分18世、19世族人入垦，道光年间和尚洲（芦洲）地区已开发殆遍，咸同以后移民数量大大减少，光绪年间已少见移民入垦的记载。芦洲多泽地，不适于墓葬，入垦芦洲的兑山李氏族人多卒葬于观音山南麓。

兑山李氏在移民开垦芦洲的同时，也将家乡的乡土保护神分香到芦洲。如李公正渡台时即携带保生大帝（大道公）、广泽尊王二尊神像，广泽尊王供祀于田野美李氏祖屋，保生大帝亦祀于民舍，至宣统二年（1910年）由李氏七角头（楼仔厝、溪墘、土地公厝、水湳、三重埔、仑仔顶、八里坌）族人李树华（公正公孙）、李种玉等22人倡建保和宫于保和村，加以崇祀。保生大帝、广泽尊王、池府王爷等同安乡土保护神，转变为台湾移民的保护神，成为大陆移民开发台湾的见证。

兑山李氏移居台湾后，经过多代的繁衍，人口不断增加，又向周围地区或新待垦地区再迁徙，现在已遍布全省各地。但多数移民仍居住始迁地，并在这些地区人口中占较高的比例。根据陈绍馨按1956年四分之一人口卡抽查的统计资料，尚能基本反映台湾传统农业社会的基本情况，其统计数字中，兑山李氏移民集中的地区李氏人口数如下：

云林县元长乡有李姓1403人（加四倍，实际人口为5612人，其他统计数字同此），为该乡第二大姓，他们与第一大姓吴（1821人）、第三大姓陈（1256

人）等姓共同开发元长乡作出贡献。李氏 5000 多人口中，就有一批兑山李公腾、公鸣等人的后裔。

台南盐水镇有李姓 612 人（实际为 2448 人），占本村人口第二位，与占第一大姓陈（937 人）等姓共同开发盐水镇，其中也有兑山李至侯、李明瑞、李公参等后裔作出了自己的贡献。

屏东万丹乡是兑山李氏在台湾南部移民的集居地，该乡有李姓 1476 人（实际为 5904 人），为本乡第一大姓，他们与第二大姓陈（1192 人）等姓共同开发万丹乡作出了重要贡献。在李姓 5904 人中，主要是兑山 14 世段助、15 世伯茂、伯伟、伯志、有雍、有兑、伯肉、16 世质侯、英侯、华侯、宝侯、兴侯、明逊、明泽、明迎、17 世公辰、大参、公立、公助、公部、18 世论夫、纯夫、辉夫、19 世士担、士金、20 世桂孝、坚孝等近百名移民的后裔。

在兑山李氏移民集中入垦地区的淡水河下游各乡镇，按 1956 年四分之一人口卡抽查的统计资料，其人口分布列表如下：

表 1-3 兑山李氏移民人口分布

乡镇别	人口总数	李	陈	林	张	黄	王
淡水镇	8931	711	1060	625	884	326	439
八里乡	2280	161	330	208	424	94	28
三重市	18279	1573	2477	2279	1001	912	867
五股乡	2951	150	1251	319	196	52	67
芦洲乡	3315	1458	368	298	261	51	55
泰山乡	1979	415	214	154	78	165	96

以上列淡水河下游各乡镇人口统计表可看出，李氏在芦洲、泰山二乡居第一位，1956 年的实际人口分别为 5832 人、1660 人；在淡水镇、三重市居第三位，实际人口分别为 2844 人、6292 人；在八里乡、五股乡居第四位，实际人口分别为 644 人、600 人。李氏在台湾的人口居第五位，上述兑山李氏移民的乡镇，李氏人口数都超过第五位的平均数。其中尤以芦洲李氏人口最集中，占当时该乡总人口 13260 人的 43.98%。如在清末民初，芦洲大多数是李氏移民开发的地区，而且主要是同安兑山李氏的移民。可见兑山李氏移民在开发以芦洲为中心的台北地区和南部屏东县的万丹等地，作出了重大的贡献。如从兑山垅尾井迁台祖 17 世李公正所居田野美一支来看，现已繁衍到第 24 世，后裔发展

到千余人。200 年来他们筚路蓝缕开发芦洲，有的务农，有的从事工商业，对发展台湾经济作出了自己的贡献；有的行医，治病济世；有的读书任教，培育人才；有的参加抗日，为国牺牲。仁爱济世的人道主义精神、百年树人的教育精神和热爱家乡、热爱祖国的爱国主义精神，成为芦洲李氏优良的家族传统。这是一份宝贵的历史文化遗产，值得继承和发扬。

三、平和壶嗣吴姓宗族的发展及向台湾移民

（一）壶嗣吴氏的源流及宗族的发展

壶嗣吴氏系吴文应于明初从漳浦迁来，为壶嗣开基始祖。壶嗣吴氏为周太王子泰伯、仲雍之后，封于吴，传至夫差，为越王勾践所灭，子孙遂以国为氏，得姓自季札兄弟始。季札封于延陵（今江苏武进），遂以延陵为郡号。季札之兄诸樊、余祭、夷昧三人之后，其郡号则为渤海（因吴地属渤海郡）。吴氏族人自周末以降，即散居长江流域。其中一支季扎之后，自秦汉易代以后，播迁河南光州固始。唐初，已有吴氏族人随陈元光入闽漳。唐禧宗中和四年（884 年）有后裔吴偕兄弟 6 人，由光州固始随王审知入闽讨伐黄巢，兄弟 6 人分居各处，吴祭居于莆田县钱陂，是延陵吴氏肇闽之祖，其祠、墓均在莆田黄石。第 2 世烈，由钱陂分居本县澄塘。第 3 世缘、4 世詹由澄塘分居本县西屋。第 5 世资，6 世舍，7 世嗣，8 世祖富，9 世察，10 世诩（任漳州推官），11 世绛，12 世裕。13 世叔告，宋孝宗淳熙二年乙未（1175 年）状元及第，任大理寺卿，省志及莆田县志均有传。14 世起渥，任永春县令。15 世强老、讳源、字端本，生于宋孝宗乾通九年癸巳（1173 年），由西屋移居漳州城南五十里马口村、霞帐，为延陵吴氏入漳之祖，霞帐有祖祠。强老长子 16 世尚文，讳忠，居霞帐，次子尚质，讳允，居今诏安梅州，三子尚彬，讳贞（过嗣本支直系祖）。尚彬长子荣，守本户，次子福生，居甲州，三子海生，字清溪（壶嗣直系祖），居塘东，因聘从军，得功授守备，多惠政，士民爱戴。海生子 18 代监务，移居西潭（《杜浔吴氏族谱》少此代，待考）。监务生三子，长冲一，号孟汉，次仲一，号仲汉，三汉一，号季汉（壶嗣直系祖），是为 19 世。汉一原居南胜县圣宫后，因入赘西林，逆同姓林氏乔居今云霄西林内石鼻头，为西林寨长。后又移居墩上。汉

一长子 20 世伯和，讳杰，吴乾祐（壶嗣直系祖），分居漳浦陆鳌千户所之旁的海岛青山大澳之中，娶王氏，次子伯亮，系白塔、墩上、和塘之祖。伯和长子 21 世文应，次文科，三文举，明洪武四年（1371 年）抽潘、苏、吴为一军，在镇海卫，以防倭寇。吴户出身，潘、苏二户贴费。当时卫所兵源有从征、归附、谪发、垛集四种，从征，是跟随朱元璋起兵并转战南北的兵员；归附，是收容的地方武装和元朝降军；谪发，则是犯罪之人被处罚从军的军人；垛集，是按户籍征集的兵员。所有军人，均为世袭。壶嗣祖吴氏属垛集类的卫所军籍户。后文应兄弟因见边海倭寇大作，各择地隐居。文应分居中寨，后于明初移居峰山之阳的南靖县后徐（今平和壶嗣），成为壶嗣开基始祖。文应在中寨带大小麦种而种之，故号其地为麦岭。文科移居广东潮州海洋县上莆乡，亦以二麦岭为号。文举居处未详。

　　壶嗣第 1 世祖文应生 2 子，长子安，次仲录。长房子安，娶嫡余氏，庶徐氏、杨氏，生 2 子，长明参，次明命。二房仲禄，娶张氏生 2 子，长明昌，次明广，系壶嗣 3 世祖，承父当军，防守镇海卫。洪武二十四年（1391 年）改调兴化府平海卫。其后子与侄作四房轮当，一房当军，三房贴费，各银 9 钱。每房十年一轮，周而复始，后不知何时辖免。壶嗣分四房，盖始诸此。明参行居长，为长房，明昌行居二，为二房，明广行居三，为三房，明命行居四，为四房。至第 7 世时，因明命派下多单传，人丁稍乏，故合长房与四房为一房，二、三仍为二房、三房，以当民役。倘或军资与军役颇广，可以裕费，仍旧作四房轮，尚今暂作三房，此由壶嗣分作三房之所由来。第 4 世裔孙 8 丁，5 世 21 丁，6 世 48 丁，7 世 85 丁，8 世 155 丁，9 世 258 丁，10 世 279 丁，11 世 406 丁，12 世 496 丁（外迁的不计）。从明中叶 8 世到明末 12 世，已是人丁繁衍，从数百人发展到千余人，成为聚族而居的大姓了。至今居住壶嗣本村的吴氏已达 300 多户，2000 多人。至于分居附近各乡村的文应派下也有不少，本乡吴姓 9800 多人中，文应派下吴姓占了很大的数量。

　　自文应迁居壶嗣后，子孙开荒耕种稻麦，因土地肥沃，多丰收，而渐至富裕。自 5 世后开始从石鼓垅向周围高寨、石桥、黄金坑、顶楼、山布、塘仔边、霞溪、寨上、埔仔边、井头、大塘、坪尾、坞仔底、大径等地开发，有的往今云霄马铺乡开发，成为各地的分支祖。我们的调查点集中在第 5 世宗礼派下住居村中心的石鼓房。10 世以后已十分富裕，有的一个祠堂年可收租一两千石的田租。吴氏族中也流传祖先发财致富的一些传说，如说其祖先与邻村宜古田富裕的陈姓赌钱，在赌棹上方偷挂一大镜，能够清楚地看到对方的赌牌，把陈姓的田地大量赢过来而致富。又说其先人作买卖，有一次买了一大批棉花，后发现棉花中存有大量的全银财宝。这说明壶嗣吴氏除了力耕致富外，也可能还得到意外钱财而致富，或得到意外钱财而富上加富。但是壶嗣吴氏发家，主要还是靠耕田种地，勤俭致富。正如石鼓房 13 世祖祠延庆堂对联：遵祖宗二字格言曰勤曰俭，教子孙两行正道惟读惟耕，体现了壶嗣吴氏以遵循勤俭持家和"耕读家风"，作为处世的宗旨。

文应派下吴氏力耕勤俭致富后，便遵循"耕读家风"送子读书求功名，并置书田予以鼓励。至明代中叶后至明末，二房仲禄派下第 10 世道基、11 世嗣昌（字燕及讳振宗）、台商（字果）、12 世历（讳中衔）、文伟及石鼓长房 12 世文炳相继入泮为庠生，长房子安派下 12 世朝龙（讳诚谟）、朝麟（讳锡元）也入泮为庠生，13 世言为武庠生。13 世石鼓长房振斋（字鸿起、号青逵，讳誉）中岁贡生，石鼓二房 13 世豁（字汝扬，讳显）为廪生，恩岁贡生。清初，监生及文武庠生更成批出现。石鼓长房 14 世德润（讳雨，号峰阳）中雍正甲辰科（1724 年）举人，任东安县知县后，更大力倡励文风。为了鼓励吴氏子弟读书求上进，于乾隆五十年（1790 年）创立育才社，鸠族众 122 人，捐银 421 元，"捐题课金，公置敛息，悬为赏格，月率一课"。课期定每月初六日（逢考即停），已冠定赏 5 名，未冠定赏 3 名，分赏魁笔 1 枝至 4 枝，已冠着名加赏红缎，并规定赏罚办法：凡已冠连续三期无名降未冠，候取录首名不给赏，再复已冠；未冠连续三期领赏，须有首名，方升已冠；已未冠连续三期首名，加赏红缎尺二，金花一对。课文为场屋先声，提倡课文，促进了吴氏后裔多出人才。现将 14 世以后的科举功名名录胪列如下：

14 世：德润，举人；孔阳、德澡（龙春），庠生，云汉（焘）、武庠生；德浚（理）、德泮（绵、芹侯）、德涣（瑞）、秉义（迁）、秉智（迎），监生（以上石鼓长房）。道升（瑰玉、伟），监生转贡生；道粹（璋），监生（以上石鼓二房）。

15 世：开宗（快、有光）、廷槐（植三），武举人；廷耀（以诚）、廷志（追）、庠生；绍赓（拜）、开绪（衬）、廷彦（岸）、延鹤（鄂）、金范（汤）、金章（舍）、金友（权）、监生；另有国栋（录）以军功授广东崖州府守备署理虎门游击（以上石鼓长房）。捷元（希湖、子进、渐），廷猷（燕、翼夫）、庠生；朝科（鞘、君藏）、朝超（拔卿）、政开（启），政烈（佑）、政辅（统）、振扬

（凤），监生（以上石鼓二房）。

16世：良辅（剑一、雄），武举；鸣时（冲或作充）、国香（引）、联标（济、秀英）、汇秋（炳）、庠生；良弼（松）、船、登（龙）、监生（以上石鼓长房）。观澜（泱、澄江），道光乙酉（1825年）科举人；华萼（榥、少英）、元添（有敬、礼）、捷三（允喜、联甫），庠生，霸，武庠生；天奇（应瑞、尚理）、帕、任、芳、源生、学生、瑱（一作缜）、吉、泮水，监生（以上石鼓二房）。

17世：盘石（声闻），乾隆乙卯（1795年）科举人，道光丁未（1847年）钦赐太常寺博士，达溪（翔、抟九），乾隆庚申（1740年）科举人，维岳（高嵩、卓山），道光丁酉（1837年）科举人，江涛（永福、文澜），嘉庆已卯（1819年）科举人，任彬南儒学正堂；休征（降福），贡生；仕、涉川（谦山、皆吉），庠生（以上石鼓长房）。沧浪（时），仰聪（勃、少英），先甲（长庚）、沃（汝弼），庠生，迈迁（艾或作义）、王，武庠生；抢（标先），监生（以上石鼓二房）。

18世：其湛，庠生；心传，监生（以上石鼓长房）。丹梯（彩云），庠生（以上石鼓二房）。

壶嗣的庠生首先出现在文应派下二房仲禄次子明广后裔10—12世各1人，长子明昌后裔11世1人，其次是文应派下长房子安长子明参后裔12世2人，但从13世起，长房明参、明命及次房明广派下均没有再出现科举人才，而所有举人、贡生、监生、庠生都集中出现在二房仲禄长子明昌孙子第5世宗礼的石鼓长房和二房。石鼓长房12世开始出了1个庠生，13世出了一个岁贡生，石鼓二房13世了1个廪生，后转为恩岁贡生。14世后石鼓长房、二房举人、庠生、监生相继成批出现，而且长房又全部出现在10世奕山五子垂录派下，二房也集中出现在8世弥誉子明钦、明耀、8世弥香子明为派下。这是与8—10世后，弥誉、弥香、奕山等房发财致富后，对读书积极鼓励的结果。从10世至18世，壶嗣吴氏共中文举6人（其中石鼓长房5人，二房1人），武举3人（全部是石鼓长房）；入贡4人（石鼓长、二房各2人）；文庠生29人（石鼓长房12人，二房10人，其他房7人），武庠生5人（石鼓长房1人，二房3人，其他房1人）；监生33人（石鼓长房16人，二房17人）。石鼓长房德润中举后任东安知县，15世国栋以军功出身，任广东崖州府守备署理虎门游击，17世江涛中举后任彬南儒学正堂。现将壶嗣历代科举功名名录列如下：

表 1-4 壶嗣氏历代科举功名名录

功名别 世代别	举 人		贡生	监生	庠 生		其他	备注
	文	武			文	武		
10					1			
11					2			
12					5			
13			2					
14	1		1	6	2	1		
15		2		13	4		1	其他1人游击
16	1	1		12	7	1		
17	4		1	1	6	2		
18				1	2			
小计	6	3	4	33	29	5	1	81

　　壶嗣吴氏子孙繁衍、兴旺发达后,为尊宗睦族,开始兴建祖祠报本堂,祀开基祖文应,并附祀 2—5 世祖。壶嗣现存的祖祠报本堂现在的建筑系建于清初,被列为县文物保护单位。从壶嗣吴氏族谱首修于清康熙初年,修至 13 世,应系 11 世、12 世裔孙所修,修祖祠亦可能即在清初与修谱同时进行,既盖祖祠,祀 1—5 世祖先,又盖支祠,祀 6—10 世祖先。盖经过明清鼎革战乱及清初郑成功抗清斗争的影响,子孙离散,至康熙元年,郑成功东征台湾,平和秩序趋向稳定,族人中已出了 6、7 个庠生,为了尊宗睦族,开始起盖报本堂祖祠和 5—10 世支祠。如盖石鼓厅支祠,祀崇礼子 6 世志弘及石鼓长房 7 世本元、次房本雍至 10 世祖先;盖顶楼支祠祀逊华子 6 世秉亮、秉章、秉锐至 10 世祖先;盖西门支祠,祀逊茂子 6 世俊达、俊述至 10 世祖先;盖井头门支祠,祀宗泰派下 6—10 世祖先。石鼓房后裔以后又盖田荆堂(大坡岽支祠)、延庆堂(祀13 世)、南门支祠、田坑支祠、翰林支祠、顶礤房支祠等 10 多个支祠,同时还盖一些公厅。除顶楼支祠解放前已毁外,其余各祠堂都在。以后如田坑支祠毁于 60 年代,田荆堂、顶礤支祠毁于 70 年代,其他尚存在的祠堂,有的已分给个人居住,有的作为公用房,如石鼓厅作为食堂使用过,有的作为仓库使用。除祖祠及石鼓厅没有田产外,其他祠堂都有或多或少的田地,多的如延庆堂,有 2000 石的田租收入。本村族田共有多少,无准确的统计数字,3 个主要报导

人也作了各自不同的估计。有的认为占本村全部土地的三分之一，有的认为占一半，有的认为占百分之六十。总之，族田数量很大，约占全村土地的一半左右。族田主要由族长及乡绅控制，所收田租供祖祠、祖墓祭祀及书租之用。族田的田租比私田稍低一些，本地的土地多租给族人耕种，外地的土地则租给外乡人耕种。报本堂每年春秋二祭，春祭在每年旧历正月十四日，秋祭在八月中秋。春秋二祭用全猪全羊等大五牲，行三献礼，仪式很隆重。妇女不得参加祭祖，但可以旁观。大宗祠祭祖后的筵席，有文凭的妇女可以参加。新娘在婚后要到祠堂去祭拜夫家的祖先，生了男孩后也要去祭拜。由于报本堂祖祠没有土地，祭祀费用由各房分摊出资。

本地人死后，三年内牌位放在家里，但不放在厅上。房屋有余裕的人家专门腾一间房放牌位，称之为后堂。房屋不宽裕的人家，拿一张棹子，按天干地支选择方位，把牌位放在有利年的位置。三年后由孝子将牌位背到祠堂，经族长用朱笔一点，然后和祖先牌位放在一起。十五六岁以下夭折的男孩不设牌位，十七八岁死者可设牌位。入赘者改姓后，牌位可放入祠堂。本村没有在家中供奉异姓牌位的现象。未订婚就夭折的女子不设牌位，也不进行祭拜。村民在过年节时（如大年、正月十五、清明、端午、七月半、中秋、冬至等）和死者的忌辰，都在家中厅堂上祭拜自己的祖先，祭品是小三牲（肉、豆干加鱼或蛋）粿品、酒、饭、菜等。

壶嗣吴氏入漳祖强老住霞帐，有祖祠，清初倾圮，乾隆二十二年（1757年）合众房重建，霞帐也编有吴氏族谱，强老次孙分居甲州，也编有房谱。卜居白塔的文应叔父伯亮一支，也编有支谱。但壶嗣的文应派下，有明一代未见编修族谱。据乾隆二十三年（1758年）《重修族谱记》指出，壶嗣族谱"废而不修者，盖八九十年于兹矣"，按此推算，壶嗣吴氏族谱则系修于康熙十二年（1673年）前后，该谱"所修止十三代"，应系11、12世裔孙所修。首修谱"止修文应公以下各祖，自文应公以上，则概未之载焉"。经过八九十年后，14世裔孙东安知县德润年老回籍后，决定再修族谱。谱序指出："润自回籍以来，年力衰迈，诸事畏烦，独以谱本为致意者"。因思"迄今不修，后且无从考据。润盖深惮夫谱废而族乖。故因旧谱有三，而考订之，并合白塔各族之谱而修稽之。既著一经堂世谱，详辨其年代朝代，通盘打算，较核不差，盖几经费尽心力而后成也。"他认为："族之有谱，所以奠世系，明昭穆，别分派，敦一本。此尊祖敬宗之大典，仁孝至亲之至意。"该谱照依旧谱，重修文应以下之族谱，惟以大崇祠所崇祀始祖至 5 代各房之祖为准则。就此第五代各祖中，别其孰为长房，孰为次房，又别其孰为长房之长，长房之次，次房之长，次房之次，于各祖派下分为四条，照修标记。宗祠崇祠 5 世，如德润所在石鼓房崇祀 6 世至 10 世，亦共 5 世。故该谱以 5 世为限，5 世之后，周而复始。"起先分纪其谱，又合载以图，系以一脉贯通，父子相联，兄弟并列，历世虽多，而支分派别，盖不灿然列眉间。有先代遗派而中止，不得祀在祖祠者，则只存其祖先，而概削其遗派，毋使有所混淆"。至 13 世以后，支派繁衍，住在本地或约略而知者，则编入谱内，其所未详悉及散居外方者，则如阙之，候后补入。"盖如网在纲，有条而不紊，纲举而目自易张也"①。该谱中也详细记录了族人功名名录，并考订了壶嗣吴氏的源流，明确延陵之始祖及入闽、入漳祖至文应止 20 世的世系，载入谱中。过了 28 年，至乾隆五十一年（1786 年）族谱又进行了一次续修，补充记载至 19 世，个别已出现 20 世。

壶嗣吴氏通过清初修谱、盖祠，开展共同的祭祖活动，进一步团结了族众，吴氏宗族也得到进一步的发展和巩固。

（二）壶嗣吴氏向台湾及东南亚地区移民

自吴文应于明初定居壶嗣后，子孙不断繁衍，至明末清初已有子孙向广东、广西移民，如 11 世吴振衍，12 世吴修进，13 世吴隆迁移广东潮州、崩溪等地，11 世吴四，12 世吴翊迁居广东惠来，15 世吴对迁居广西横州。同时，也有吴文应派下子孙向台湾及东南亚地区移民。现根据乾隆年间编修的二部《壶嗣吴氏族谱》、坑内吴简存的《吴氏族谱》的记载，将迁居台湾的吴氏子孙姓名列下：

10 世吴公恕（缵所）往台，分派下水堀头、竹仔脚等地。

11 世吴邦瑁葬在东都。

12 世吴珠及妻蔡良惠、吴边、吴粉、吴曹渡台。

13 世吴摘、吴义、吴肯渡台，吴凤随父吴珠渡台。

14 世吴孰、吴玉、吴丕、吴劝（或作欢）之子、吴淑植、吴燕、吴张、吴应秋、吴尧、吴兴、吴改、吴段、吴台、吴猛之子、吴解、吴高、吴斜、吴敢、吴槛、吴纳之二子、吴依妻温氏、吴日、吴径、吴制、吴中渡台。

---

① 吴德润：《重修族谱记》，见乾隆二十二年修《吴氏族谱》。

15世吴交、吴抄、吴练、吴请、吴尽、吴专、吴朕、吴注、吴非、吴森、吴泉、吴篇、吴肯、吴坡、吴柯、吴凛、吴依之二子、吴象、吴食、吴局、吴霜、吴三天、吴得老、吴改、吴探、吴昼、吴昼妻、吴幼、吴初、吴然、吴粉、吴善、吴枕、吴焕、吴龙、吴伯擎（名扯，号克奋）、吴料、吴听、吴买、吴赞、吴岩、吴壮生、吴登之子、吴审之二子渡台。

16世吴灿之子、吴钟、吴衍、吴言、吴桑、吴壬、吴信、吴丹（彩山）、吴晓、吴雇、吴馔、吴南、吴龙、吴丁、吴玉、吴诵、吴桂文、吴柱、吴火成、吴蕤成、吴轻、吴蕃、吴节、吴梯（字步文，号廷珍），吴锻、吴确、吴缀、吴东（位震）、吴诧、吴提、吴盆、吴贴、吴因才、吴郁、吴离、吴续妻赖氏、吴箴、吴泉、吴石、吴前、吴坪渡台。

17世吴喊、吴酱、吴橼、吴车、吴外、吴叶、吴假、吴休、吴浮、吴研、吴钞、吴灶、吴淄、吴居、吴内、吴严、吴商、吴蔽、吴两泉、吴世、吴离、吴续子吴注、吴扶、吴三渡台。

18世吴抱渡台。

19世吴床之三子渡台。

以上有12世吴粉与15世吴粉、14世吴肯与15世吴肯、14世吴改与15世吴改等均系同名不同人。

《平和文史资料》第五辑吴谓语所撰《延陵衍派，闽台一家》一文所录去台人员名单中，尚有11世吴登高、吴九效、吴九法，12世吴家铭、吴朝称，13世吴芳、吴重浚、吴重涉、吴重浩、吴重洽、吴重演、吴重津，14世吴泰、吴长、吴茂、吴喜，15世吴波、吴暖、吴浅、吴科、吴德福，16世吴马赐、吴松、吴用、吴湿、吴德、吴致、吴佑、吴约、吴塘、吴朝、吴从、吴廷章，17世吴乌耳、吴辟、吴继能、吴象形，18世吴水养、吴红狗、吴红筛，19世吴聪明、吴都等，《壶嗣吴氏族谱》未见记载，想必另有所据，一并录此供参考。另该名录中吴登、吴审、吴灿渡台有误，族谱载系其子渡台，该名录误为本人渡台，已改正。

据上述名录，解放前壶嗣去台人员有：吴凌汉、吴在河、吴树乳、吴锦字、吴尧坤、吴尧平、吴经常、吴金上、吴色火等9人。

以上壶嗣渡台吴氏子孙，近200人之多，但在《壶嗣吴氏族谱》中，只记"往台""过台"或"过台卒""过台早卒""在台卒"，多未记渡台地点。只有10世公恕记"往台，分派下水掘头、竹仔脚"，17世吴钞"往台湾本基湖"，17

世吴休"往台湾顶县"。水掘头应系今台中市西屯区水堀头，竹仔脚应系今台中县大里乡，本基湖应系今台中县雾峰山区之粪基湖，顶县应系指台北地区。但从已知早期渡台的吴珠及子吴凤，系移居嘉义竹崎、中埔等地，壶嗣吴氏不少人亦系移居今嘉义县之嘉义市及东部山区竹崎、中埔、梅山、吴凤等乡。壶嗣吴氏所崇祀的玄天上帝，亦是这些乡所崇祀的主神，祖籍的崇祀神变成移民的保护神。据1956年的户口调查资料统计，嘉义县共有人口603004人，吴姓占49560人，占总人口8.2%，仅次于林、陈，高居第3位，比吴氏在台人口所居第6位超过不少。嘉义县的吴氏人口中，有不少即系壶嗣吴姓子孙。如梅山乡有人口22112人，吴氏占1120人，约占总人口5.1%，居本乡人口第4位。吴凤乡人口6440人，吴氏占256人，约占总人口4%，居本乡人口第2位。他如竹崎乡有吴姓1080人，中埔乡有吴姓456人，壶嗣吴姓子孙应占很大的比重。他们在开发嘉义东部山区及台中、台北等地区，都作出了自己的贡献。

特别是康熙四十二年（1703年）年仅5岁的吴凤，字元辉（1699—1769年），随父吴珠、母蔡良惠渡台后，先居今嘉义市，后移居今嘉义县竹崎乡，在当地联系团结邹族先住民方面作出了很突出的贡献。吴珠受过儒家教育，也懂得一些医理，经常渡台贸易于阿里山山区，吴凤从小随父读书，10岁时随父到阿里山与先住民贸易，给先住民治病，学会了山地语言，并通晓他们的风土人情和生活环境。康熙六十年（1721年）朱一贵反清事件被平定后，吴凤被诸罗县选任为阿里山理番通事，时年24岁。吴凤就任后以奉公、守法、爱民为处事主旨，严禁社商、社棍敲剥先住民，剔除宿弊，并制止汉移民侵占先住民土地，鼓励与教导先住民垦殖、纺织，教儿童读书识字，经常为他们看病，也督促先住民按期纳税。吴凤任通事四十多年，深受先住民尊敬。当时邹族有"出草"祭神的陋习，吴凤说服他们用朱一贵起事年间，邹族下山所杀40多个人头作为祭品，一年用一个。经过40多年，人头用光了，邹族又提出恢复"出草"风俗，经吴凤苦劝，又拖了三年，最后决定牺牲自己来阻止这一陋俗，于乾隆三十四年（1769年）旧历八月初十日，吴凤牺牲于中埔社口，先住民深受感动，从此草除"出草"陋俗，渐渐开化，以后邹汉关系比较融洽。吴凤死后数十年，到嘉庆末年，社口住民立祠奉祀，尊崇为阿里山忠王祠。光绪十八年（1892年）鸠工重修。光绪三十二年（1906年）嘉义地区大地震，祠宇倒塌。1913年，日人利用"协和民番教耕织"的吴凤这一典型，重建吴凤祠，1931年又再次重修，大力提倡吴凤精神，不断加以神化。国民党退台后，蒋介石授意重修，于1953

年举行落成典礼，并由贾景德撰《重修吴凤庙碑》，立石纪念。吴凤庙有许多歌颂吴凤事迹的楹联。如："杀身成仁至今犹蒙厥泽；舍生取义当世罕有其人"。清末澎湖人吴承庆撰："忆当年任通事，成仁取义威福异类；欣此日得胜残，安老怀少泽被同胞"。历代有不少文人名士咏诗歌颂吴凤墓或吴凤庙。早在咸丰年间，有闽侯人刘家谋咏吴凤事迹诗曰："纷纷番割总殃民，谁似吴郎泽及人；拼却头颅飞不返，社寮俎豆自千秋"。并注："凤墓在羌林社，社人春秋祀之。"于右任 1950 年亦作诗曰："酬君当奉人心果，寿世应同阿里山。仁者爱人无不爱，稀性岂止为台湾"。这些都反映了吴凤为联络汉移民与先住民关系上所作出的贡献。

吴凤于康熙五十六年（1717 年）19 岁时与陈良德结婚，生登拔、登舜 2 子。登拔早逝，多单传，人丁不旺。登舜生 2 子：奇玉、汀祖。汀祖生 1 子 7 孙，这一支人丁较旺，至 9—11 代（壶嗣 21—23 代），合共有上百人丁，数百人口，多数仍住竹崎乡，并将中埔乡的吴凤墓移葬本乡。吴凤子孙在发展台湾经济中，继续作出他们的贡献。

海峡两岸共祀先贤。1986 年 5 月，吴凤祖籍壶嗣村在吴氏祖祠创办吴凤陈列馆，陈列台湾宗亲所提供的吴凤一生事迹的资料，同年 9 月 13 日（旧历八月初十，吴凤殉职日）平和县各界人士在吴凤诞生地壶嗣村吴氏宗祠前，举行吴凤殉职成仁 217 周年祭典纪念活动，平和县党、政、人大、政协领导及平和、云霄、诏安等地群众一万多人参加，并有中央、省、市、县 10 个单位的新闻记者参加实地采访报导，大会以民间传统的风俗，举行隆重的祭典仪式，吴氏宗亲们一齐在祭坛前顶礼朝拜，深情悼念先贤。在祝文中最后指出："公乃文应公之骄子，我等吴氏子孙之先贤。公之铮躯，已化为大陆、台湾之桥梁；公之精神，已织就民族协和之纽带；公之功泽，荫庇吴氏子孙万代。我等今日以虔诚之心祭祀公之英灵，祈请先贤安息。以崇敬之情缅怀公之高风亮节，效尤公之奉献，为华夏之振兴，家乡之富裕，竭心尽力，鞠躬尽瘁"。崇祀吴凤，成为联系海峡两岸人民的纽带。

自明末清初开始，壶嗣吴氏成批向台湾移民的同时，也有不少人向东南亚地区移民。现据壶嗣吴氏族谱记载，胪列如下：

10 世吴梦麒"过番"。

13 世吴沙"往番"。

16 世吴载振"往番"。

17世吴得窑"往番"，吴服"往番"，吴宠"往番卒"，吴映高"往番卒"。

18世吴椰碈"同治辛未十年往番"，吴龟"过番卒"。

这里所指的"番"，系指东南亚地区，但何国不明。

另据平和县政协、统战部、侨办、侨联、方志办等单位调查及查阅有关史料记载所整理的《平和历代旅外华侨史略表》(《平和文史资料》第十辑)，现抄录如下：

表 1-5　平和历代旅外华侨史略

姓名	移民时间地区	原籍	国内亲属	关系
吴福星	清道光往泰国	壶嗣	吴宝通	曾祖父
吴万利	清道光往泰国	壶嗣	吴宝通	伯祖
吴梓连	清道光往泰国	壶嗣	吴宝通	伯祖
吴乔株	清道光往泰国	壶嗣	吴宝通	祖父
吴降福	清道光往泰国	壶嗣	吴水生	高祖父
吴弄璋	清道光往泰国	壶嗣	吴水生	曾伯祖
吴弄潮	清道光往泰国	壶嗣	吴水生	曾祖父
吴弄笔	清道光往泰国	壶嗣	吴水生	曾叔祖
吴吉庆	清光绪往泰国	壶嗣	吴水生	伯祖
吴乃仲	清光绪往泰国	壶嗣	吴水生	伯祖
吴乃武	清光绪往泰国	壶嗣	吴水生	祖父
吴乃通	清光绪往泰国	壶嗣	吴水生	叔祖
吴乃果	清光绪往泰国	壶嗣	吴水生	叔祖
吴乃火	清光绪往泰国	壶嗣	吴水生	叔祖
吴三阳	清光绪往泰国	壶嗣	吴宝通	伯祖
吴乾首	清光绪往泰国	壶嗣	吴宝通	伯祖
吴穿扬	清光绪往泰国	壶嗣	吴余力	伯父
吴穿阁	清光绪往泰国	壶嗣	吴宝兴	伯父
吴穿澜	清光绪往泰国	壶嗣	吴宝兴	父亲
吴穿弓	清末往泰国	壶嗣	吴徽荣	伯父
吴奇	清末往泰国	壶嗣	吴银钟	伯祖
吴肯堂	清末往泰国	壶嗣	吴银钟	祖父

续表

姓名	移民时间地区	原籍	国内亲属	关系
吴道注	清末往泰国	壶嗣	吴银钟	叔祖
吴大斛	清末往泰国	壶嗣	吴银钟	叔祖
吴卖	清末往泰国	壶嗣	吴银钟	叔祖
吴响锡	清末往泰国	壶嗣	吴银钟	父亲
吴步批	清末往泰国	壶嗣	吴森水	祖父
吴响日	清末往泰国	壶嗣	吴森水	叔祖
吴步梯	清末往泰国	壶嗣	吴开富	父亲
吴拱	清末往泰国	壶嗣	吴开富	叔父
吴凤翥	清末往泰国	壶嗣	吴元河	父亲
吴玉印	民国初往泰国	壶嗣	吴水生	堂叔
吴树探	民国初往泰国	壶嗣	吴水生	堂叔
吴阿坑	民国初往泰国	壶嗣	吴水生	父亲
吴阿陂	民国初往泰国	壶嗣	吴水生	叔父
吴学濂	民国初往泰国	壶嗣	吴徽声	伯父
吴水生	民国中往泰国	壶嗣	吴云庆	父亲
吴穿环	民国时往泰国	壶嗣	吴徽声	父亲
吴川插	民国时往泰国	壶嗣	吴徽声	叔父
吴川协	民国时往泰国	壶嗣	吴徽声	叔父
吴徽章	民国时往泰国	壶嗣	吴徽声	堂兄
吴徽喋	民国时往泰国	壶嗣	吴徽声	兄
吴宝香	民国时往泰国	壶嗣	吴奇炎	姑母
吴银钟	民国时往泰国	壶嗣		
吴国庆	民国时往泰国	壶嗣	吴江淮	兄
吴良成	民国时往泰国	壶嗣	吴国辉	父亲
吴阿行	民国时往泰国	壶嗣	吴火船	父亲
吴衣蝉	民国时往泰国	壶嗣	吴水金	兄
吴天赐	民国时往泰国	壶嗣	吴泉启	叔父
吴红塘	1929 年往泰国	壶嗣	吴地来	父亲
吴丹申	1932 年往泰国	壶嗣	吴通盘	父亲

姓名	移民时间地区	原籍	国内亲属	关系
吴水濒	1932 年往泰国	壶嗣	吴中贤	夫
吴宗容	1927 年往泰国	壶嗣	吴坤土	叔父
吴孙迩	1943 年往泰国	壶嗣	吴清照	叔父
吴汉唇	1917 年往泰国	宜盆	吴茂道	父亲
吴有会	1927 年往泰国	峰山	吴怀德	父亲
吴天赐	民国时往泰国	峰山		
吴时习	民国时往泰国	峰山		
吴山中	1917 年往泰国	峰山	吴金裕	父亲
吴水涨	1932 年往泰国	山布	吴水要	兄
吴拾壹	1935 年往泰国	山布	吴金水	叔父
吴炳汉	1936 年往泰国	山布	吴炳坤	兄
吴佛有	1934 年往泰国	山布	黄埔花	伯父
吴上海	1944 年往泰国	山布	吴芳金	父亲
吴厘力	1928 年往泰国	坪塘	吴荣坤	父亲
吴炳南	1923 年往泰国	坪塘	吴进步	父亲
吴文德	民国时往泰国	宜盆	吴阿南	兄
吴亚清	民国时往泰国	大二	吴见喜	伯父
吴水池	1934 年往泰国	大二	张市	侄

以上文应派下吴姓子孙，据族谱记载，自明末至清代"往番"者7人。据《平和文史资料》调查，从道光年间至民国三十三年（1944）间先后移民泰国者达70人，其中壶嗣本村54人，山布村5人，峰山村4人，宜盆村2人，坪塘村2人，大二村3人。族谱所记去东南亚何地不详，而《平和文史资料》所记70人却全部前往泰国。以道光年间吴福星、吴降福二家最先前往泰国北大年，然后带动壶嗣本村及附近山布、峰山等村吴姓子孙前往泰国。最初多为矿工，靠出卖劳力谋生，有了积蓄，便开始招工开矿或经商。如吴福星初在北大年开锡矿，后创办金利号，经营出入口生意，百年之金利号，成为北大年华商翘楚，同籍乡人及同姓宗亲多南渡依之。福星生3子10孙，2个孙女，其孙吴穿扬始于多罗闽开采锡矿，后与内弟曾福顺合创曾顺成号于陶公，招弟学濂前往协助经营。1938年学濂改组曾顺号及各分号为曾福顺有限公司，任董事兼总经理。

学濂生 3 男 5 女，长男徽音同挚友始创联合书局、联合印务局、联合出版社于马来西亚槟榔屿，设分行于怡保、吉隆坡，并司理曾福顺有限公司槟栈业务。次男徽容、三男徽衍均分别毕业于美国华盛顿大学和俄亥俄州大学，毕业后回泰国任职于各公司，事业兴旺发达。又如另一早期移民吴降福，先当矿工，后娶当地一富户小姐妮拉为妾，有四座矿山为嫁妆，遂招三个在祖籍的儿子前往泰国接管矿山，其孙子吴乃武开始兴办发兴公司，初期雇用 40 多名工人，后扩大到 150 多名工人，洗成矿砂运售英商，变贫侨为富商。后乃武又与其堂侄吴玉印、宗亲吴良成合股创办元发公司和元发成公司，从事开矿，也有 100 多名矿工，收入大增，便在北大年购买地皮，兴建 20 间店房，租人经商，且汇款祖籍购买 10 多亩田地，起盖 7 间楼房。其长子吴阿坑继续经营矿山，次子阿陂则到麻植岛经营杂货店。[①] 吴福星、吴降福子孙开矿，便招引更多祖籍宗亲及戚友前往当矿工。壶嗣吴氏为开发泰国北大年的经济作出了很大的贡献。现留居泰国的后裔有数百人，继续为建设泰国、繁荣居住国经济、文化作出自己的贡献。

壶嗣吴氏移民到泰国后，仍与祖籍保持密切的联系，多数人经常回祖籍探亲，并在祖籍娶妻生子，待儿子长大后再招往泰国。如吴降福一家就是典型的例子。吴降福在祖籍结婚生下 3 子。待成年后即招去泰国，降福在泰虽娶一妾，但未生育。其次子吴弄潮也回祖籍结婚，生下 5 子，待成长后相继招去泰国。其所生 5 个孙子除一个在泰国早死外，其余 4 人均回祖籍娶亲传下后代，第四代曾孙吴阿坑、吴阿陂也是在祖籍成长后再出国，第五代玄孙吴水生也是成年后带去泰国。吴阿陂虽与泰女结婚，并生下 1 子，后又回祖籍娶妻，并在祖籍逝世。吴水生于二次世界大战爆发后被送回祖籍留居至今。吴福星的情况，与此类似，其孙吴穿扬、吴学濂等都是在祖籍成年后才出国的。又如吴肯堂之兄弟移居泰国后，即在吴乃武所创办的兴发公司当矿工，肯堂 20 岁出洋，23 岁回祖籍结婚，常去常回，在祖籍生下 7 个儿子，后全部移居泰国。肯堂 7 个孙子亦成年后移民泰国，其孙响锡亦到 18 岁才往泰国当矿工，22 岁回祖籍娶亲，生子吴银钟，17 岁随其叔移居泰国，后当上为泰国宗亲送银送信回祖籍的"客头"。太平洋战争爆发后无法出国，便留居祖籍至今。由于壶嗣吴氏出国后多数回祖籍娶亲，待儿子长成后再招去泰国，所以他们经常回祖籍探亲，且每年寄回大批侨汇瞻养家属，并关心祖籍的文化事业，特联合捐款一万多银元创办壶

---

① 吴水生：《我家五代飘洋过海》，《平和文史资料》第七辑第 31—34 页。

峰小学，培养祖籍子弟。壶嗣移民经过数代后，才有一些人与当地泰人结婚，或世代定居泰国，加入泰国籍。至今壶嗣吴氏大多数家庭与泰国保留有亲戚关系。

四、平和心田赖氏宗族的发展及向台湾移民

（一）心田赖氏的源流及宗族的发展

心田赖氏开基祖赖卜隆，于元末来心田开基，迄今已 600 多年。心田赖氏的得姓祖叔颖，为周文王第 19 子，武王之弟，本姬姓，封于赖，在今河南许州、陈州、汝宁、汝州一带，秦时属颖川郡，后世子孙以国为姓，以颖川为郡号。传至赖光，任浙江监察御史，迁居浙江处州府松阳县，其裔孙赖遇于东晋安帝年间任江东知府，奏请恩准改为松阳郡，其后代子孙又以松阳为郡号。传至赖标，于唐僖宗年间以军功升直殿大将军，与弟赖极、赖枢三人由松阳移居福建汀州府，赖标居今上杭古田，赖极居今宁化县，赖枢居今清流县，为入闽开基祖。赖标传十一世，世袭将军之职。13 世孙赖朝英，任宁化知县，卜居石壁田心开基，14 世赖宁化（字万芳，讳二六），生九子，长荆，次梁，三雍，四豫，五徐，六杨，七青，八袞，九冀。长子荆迁今之平和大溪安厚，次子梁迁今之南靖葛竹，三子雍迁今之诏安下葛田心，四、五、六子往广东惠潮开基，七、八、九子留石壁守祖祠坟墓。三子雍生三子，长廷贵，次廷显，三廷举，次子廷显开发官陂，妣钟氏，生五子，长卜隆，生于元成宗大德二年（1298年），卒于明太祖洪武九年（1376 年），妣吴氏勤远，云霄人，生于元成宗大德四年（1300 年），卒于明太祖洪武二十一年（1388 年）。赖卜隆自成家立业后，于元末（1340 年左右），见平和深田"地势宽平，舟车所至，商贾多集，可以养财丁，荫科甲，毓名贤，不衰不退，历久益彰，胜于田心数倍，诚不可舍。"遂举家迁居其地，将故里田心，翻其名曰心田，以示不忘本。①

卜隆生四子，长景春，次景禄，三景文，四景贤，是为心田赖氏四大房。卜隆后来贩猪到南胜墟出卖，被该乡横石村巨富陈家的相命师看中，认为是能够传万丁的女婿，遂将卜隆所贩的猪全部买下，陈家以拖欠猪款，因路远（距

---

① 《平和县心田赖氏渊源志》第 68 页，1994 年 8 月编印。

心田 20 华里）天黑，主人又好意留宿，当晚，陈家暗中安排与其独生女儿成婚。事后卜隆感到内疚，再没有回心田见妻儿老少，卒后亦葬于横石，陈氏立有一墓碑。后卜隆子孙访知葬处，于乾隆己巳年（1749 年），心田赖氏亦于墓上立一墓碑，出现一坟立两碑，都称赖公。

自卜隆迁居心田后，四房分居浮山、大洋、石桥、庵坑等处，垦地耕种。由于土地肥沃，家渐富裕，人口也繁衍很快。长房景春生 3 子 7 孙、25 曾孙（二子贵成迁广东白茅，不计在内）；二房景禄生 3 子 5 孙 13 曾孙（三子德华移居粗坑，不计在内）；三房景文生 1 子 4 孙 9 曾孙；四房景贤生 1 子 1 孙 4 曾孙。至第 5 世除外迁不计外已发展 53 丁，至第 6 世，四房共 96 丁，第 7 世共 177 丁，第 8 世共 287 丁，第 9 世共 377 丁，第 10 世共 511 丁，已是人口达千人左右的大族了。自 8 世以后，陆续向本乡邻村、本县邻乡发展。如四房 5 世永泰、永茂、永丰后裔分别向联建、西坑、山边、五星等村发展；8 世大伦、大川后裔向本乡东坑、山边开发。二房 7 世元聪、8 世司烈、邦畿，9 世良源、联坤后裔向五星开发，8 世期旋向民主开发，9 世联坤、以进后裔向东坑开发，10 世应佐、11 世启衿后裔向梨洋开发，7 世元贡、8 世廷贯、廷爵、廷海后裔向邻乡国强延山、碧岭、乾岭开发，6 世德养后裔向邻乡安厚东川、平寨自然村开发，14 世光菊后裔开发崎岭溪头村，13 世明珠等后裔向小溪豆坪开发。一房 8 世司烈、司功、司俊等后裔分别向本乡宝南、邻乡国强碧岭开发。三房景文后裔向本乡山边开展。到明末清初，居住调查点心田村各自然村落的卜隆后裔，已全部是二房 5 世弘质、弘盼和绍隆的子孙，其中外厝廓、古林、荔枝林、云东坑、九林厝、楼脚、立新、田中央均系弘质后裔，麦高宫、下土楼、大学均系弘盼后裔，顶洋、山墩、下砡、双溪均系绍隆房 11 世启衿后裔，同时有绍隆房 11 世启衿后裔居住双溪。徐土为绍隆房 13 世恩龙后裔居住，崎沟为绍隆房 13 世基咨后裔居住，大洋为绍隆房 13 世仲春后裔居住，狮仔楼、横江头为绍隆房 13 世依衷后裔居住，白楼仔为绍隆房 12 世国琳后裔居住，并有部分居寮里，吴坑为绍隆房 10 世应佐后裔居住，寮里为绍隆房 7 世荣茂、8 世期旋后裔居住。自元末卜隆迁居心田，至今已传 27 世，分居 180 个自然村，共有 6300 多户，3 万多人口。坂仔、国强两乡镇最多。四大房人口发展不平衡，大房分住 10 个自然村，共 320 户，1482 人；二房分居 109 个自然村，共 4010 户，18606 人；三房分居 2 个自然村，共 32 户，172 人；四房分居 59 自然村，共 2033 户，9491 人。迁居外地省县包括迁居台湾及其他海外的人数，也不少于住在本县的人数。心田赖氏，已是平和县聚族而居的一个大姓。

通过农耕，种植稻谷及经济作物而发展富裕起来的心田赖氏宗族，根据中国传统的耕读家风，开始送子弟读书求功名。三房 4 世赖清于明永乐九年（1411年）登辛卯科第 10 名亚魁（举人第二名），任江西玉山教谕，继迁九江府教授，旋除潘王府长史。9 世赖文尧，明嘉靖壬子年（1552 年）授礼部儒士，10 世赖燧，明天启六年（1626 年）辛酉科 96 名举人。10 世赖玉，清康熙五年丙午（1666 年）钦命怀远将军都司签书，并任海澄军标中军副将。11 世赖绳武，明隆武二年（1646 年）已丑科进士，11 世赖履葵，明隆武元年（1645 年）戊子科举人，11 世赖胤儒，明崇祯辛未年（1631 年）太学生。11 世赖斌，清顺治乙未年（1655 年）部选江南都督签事。11 世赖麟，为儒学生员。可见卜隆心田赖氏后裔，至明末清初不但已成为平和的一个大族，而且已成为一个望族了。此后文风更盛，12 世，有赖匡玉、赖天柱、赖廷、赖堤、赖鼎煌、赖士达 6 人入泮为儒学生员，有赖天植、赖日新 2 人入监为太学生。13 世赖世福中康熙五十九年庚子科（1720 年）举人，拣选知县，分居南安。13 世，有赖莪士、赖应麟、赖其炳、赖出幌、赖吉麟、赖致远、赖河、赖振祚、赖鉴溪 9 人为儒学生员，有赖维翰、赖宏、赖志龙、赖其煜、赖志郎 5 人为太学生。另有 13 世赖勋，康熙甲子年（1684 年）加功左都督，任福建水师提督内标。14 世，有赖其昌、赖周光、赖疆仕、赖文昭、赖继辉、赖友才、赖元埠、赖萃其、赖景禧、赖开鼎、赖廷猷、赖学职、赖乃翰、赖长清、赖拔等 15 人为儒学生员，有赖宏、赖廷辉、赖文耀、赖廷显等 4 人为太学生；15 世，有赖元汉为贡生，有赖玉玷、赖仕仪、赖晖吉、赖玉格、赖廷植、赖峰、赖梦梅、赖继熹、赖如玉、赖曜、赖呈蕙、赖如圭、赖馨等 13 人为儒学生员，有赖廷贵、赖廷辉 2 人为太学生。另有 15 世赖元晋为候选州同。16 世，有赖长春为乾隆庚午年（1750 年）恩科举人，有赖国翰、赖国琨、赖云凤、赖欣奏、赖馥、赖琼、赖拔元、赖清佐等 8 人为儒学生员。

总计心田赖氏从 4 世至 16 世，成进士 1 人，中举 6 人，贡生 1 人，入庠51 人，入监 15 人。另有副将 1 人，左都督 1 人，都督签事 1 人，州同 1 人，游击 2 人。

表 1-6　心田赖氏历代科举功名统计表

世别	进士	举人	贡生	庠生	监生	其　他
4		1				
10						1（副将）
11	1	2		1	1	1（都督签事）
12				6	2	2（游击）
13		1		9	5	1（举人拣选知县）
14		1		15	5	
15			1	12	2	1（候选州同）
16		1		8		
	1	6	1	51	15	6

　　自 20 世纪 30 年代至 60 年代，心田赖氏更是人才辈出，参政官员和大学专科以上毕业生达 200 多人，他们在各个岗位上为建设祖国作出了或大或小的贡献。

　　心田赖氏到了明末，发展到 8、9、10、11 世之时，已是人财两旺，并有后裔入庠、中举、入监、成进士，在族中士绅的倡导下，于天启元年（1621 年）已开始集资建心田赖氏家庙，有二房 8 世邦畿无代价献田地供建家庙之用，家庙供奉 1 世卜隆、2 世景春、景禄、景文、景贤及 3 世 8 人、4 世 17 人共 30 对祖宗神主。赖氏家庙自明末建立后，历经清代三次重修，其中第二次重修是在乾隆五十年（1785 年），到民国六年（1917 年）由 19 世裔孙赖秉坤为首，由族人集资，进行第四次重修，并在两侧扩建护厝 12 间，于此创办心田小学。由于赖秉坤的远见，既保护了宗庙的完整，又为子孙后代提高文化素质，造就人才，一举两得。1989 年移居台湾台中的宗亲回乡谒祖，鉴于家庙年久失修，在赖朝枝、赖焕樟的倡议下，首先筹集巨额资金，于家庙右边建一座教学楼，将小学与家庙分开。然后由台湾 13 位宗亲共捐新台币 121 万元（折合人民币 30.25 万元），重修赖氏家庙，于 1991 年兴工，1992 年 11 月 23 日（阴历 10 月 29 日）举行落成庆典三天，以赖诚吉为团长率 110 位台湾宗亲组成庆典团莅临参加，广东普宁、晋江赖厝乡、诏安心田、南靖葛竹、平和安厚等赖氏宗亲赠送礼品庆贺，本村 49 户"四世同堂"也挂大红灯祝贺家庙落成。祭坛高雅，祭品丰盛，用白糖、糯米制成 124 斤重的寿龟奉敬祖先，有 140 村赖氏宰生猪来朝拜，还有二台戏连演 4 天，二台通宵电影，请道士作三朝醮，放焰火，拍录像，热闹非凡。观众约 2 万多人，盛况空前。

心田赖氏家庙中堂神龛上挂"庆衍松阳"大匾，神龛两边有"承先祖之祭祀，耸当代之人伦"对联，家庙中还有以下几副对联：

其一，耸寮崇以钟灵，水抱山朝，数百里来龙终趋虎穴；溯颍川之衍派，前开后继，亿万年种德总在心田。

其二，拥深寮以茂本枝，谱牒原由松郡；襟双水而衍世泽，宗派直接西川。

其三，周初锡姓，元末开基，历颍赣漳汀，绳绳勿替；明代始兴，清朝三葺，愿云祁罢耳，翼翼无疆。

其四，赖祖考作之先，衍系从鄢城蔡州松阳，遂称望族；大门闾贻厥后，历官有太常御史，犹记功宗。

其五，虎负南山，试观绣虎高才登虎榜；龙见心田，伫看雕龙俊士跃龙门[1]。

赖氏先贤以精美的词句作对联，描述了赖氏的源流和心田的地理状貌。

多数聚居在心田及邻近乡村的二房景禄第 5 世绍隆、绍英、弘质、弘盼、弘杰五房都有祠堂，其中绍隆、弘质、弘盼的祠堂在心田本村，绍奕、弘杰的祠堂在外村。其他各代也都有祠堂，如住心田村的绍隆房 12 世质直的祠堂建在本村顶四脚，现存。质直长子 13 世恩龙的祠堂在徐土，现存。次子仲春的祠堂在下崎沟，三子依衷的祠堂在横江头，五子其咨的祠堂在顶崎沟，质直弟国琳的祠堂在下四脚。但 12 世以后本地虽亦叫祠堂，实际是公厅。14 世以后的神主，均送公厅。

各祠堂都有或多或少的祭田，但具体数字已难于准确统计。大宗卜隆有 30 亩公田，质直有祭田 60 多亩，国琳有祭田 10 多亩。仲春有祭田 20 多亩，系其子绍云在台湾基隆开发，后回来添置的。其他恩龙、依衷、其咨等也都有少量祭田。大宗还有由房长、读书人组织的前程会，所收租供奖励读书人之用，确数不知，但赖国民之父赖秉坤中秀才，长期年收书租 40 石，可见书田数量亦不少。

祭田所收租供祭祀之用，但公田的租一般较少，1 亩 1 石 4 斗左右，最多的有 2 石。在本村的族田，一般都租给族人种，在外地的族田则租给外村人耕种。大宗一年祭三次，元宵春祭，七月半秋祭，冬至冬祭。用生全猪、全羊等大三牲加鸡、鸭、猪头、鱿鱼、香肠等小五牲为祭品。祭小宗只有鸡、鸭、鱼

---

[1] 《平和县心田赖氏渊源志》，第 64 页。

等小三牲和菜碗。另在祖先忌辰和元宵、清明、端午、七月半、中秋、冬至、过年等节日，族人都在家里祭拜祖先，一般用一碗饭、一瓶酒，几碗菜（如鸡、鸭、米粉、猪肉、冬笋等），有几个祖先，就备几份酒菜。本村妇女一般不能去祠堂参加祭拜，但横江头的质直、依衷二祠堂允许新娘元宵去祭拜，新娘拜小宗，新郎拜大宗。每年冬至前后祭祖墓，也有在清明祭祖墓的。

　　可能由于战乱的影响，心田赖氏至今未见全族编修的统谱，只见一部分支系家谱，故对通过修谱组合宗族的情况缺乏了解。但心田赖氏先祖自迁松阳、迁江西永丰、万安、迁闽西汀州后，累朝仕宦，已是当地望族，都编有族谱，宋代名流欧阳修（1007—1072年）、名宦胡诠（1102—1180年）都曾为赖氏族谱作过序，并编过《松阳郡赖氏总系廿七房历代族谱》（莆田方鼎作序）。康熙四年（1665年）、乾隆三年（1738年）、乾隆三十一年（1766年）、乾隆五十三年（1788年）分居在平和、南靖的朝英、朝美派下也都编有族谱，也都为联络靖和二县的赖氏宗族起了一定作用，其族谱内容都涉及心田赖氏的一些情况。而心田赖氏外迁台湾、海外新加坡等地赖氏也先后编修族谱，早在乾隆四十二年（1777年）迁居台湾的赖氏就编过族谱，以后心田五美派、四安派等也都修有各派支谱，为联络本族海内外宗亲都起了一定的作用。1966年台湾倡修《赖氏大族谱》，就是由心田村迁台的赖国民负责编修，谱中也都追溯到心田各房的世系。心田赖氏亦于1992年成立心田赖氏渊源志编写委员会，以赖振声为主任委员，赖群侯、赖德茂为正副主编，46位宗亲为委员，分工调查、搜集资料，并以台湾、新加坡及江西等地赖氏族谱为参考，于1994年编成《心田赖氏渊源志》（共200页），整理出心田赖氏1—15世或16世四大房的世系和概述，虽有缺漏，但粗具规模，可以看出心田赖氏发展的概貌。

　　由上述可以看出，心田赖氏主要通过修祠堂及共同开展祭祖（包括祭祖祠、祭祖墓）活动，敦族睦族，团结族人。同时以赖卜隆迁来心田时从官陂带来的保生大帝金身成为赖氏特别信仰的神，以后并起盖心田宫，为联络心田卜隆派下的赖氏，也起了很大的作用。心田赖氏发展到8、9、10、11代，到了明末，特别是天启元年（1621年）起盖大宗祠后，已形成一个宗族。由于有一批族人成进士、中举人、入监、入泮，心田赖氏开始逐渐成为平和县的一个望族。

（二）平和坂仔心田赖氏向台湾移民开发宝岛

　　平和是个山区县，居民以务农为主，但山多田少，自明中叶以后，生齿日繁，谋食维艰。加上明清鼎革，战乱频仍，连年灾歉，民乃轻去其乡，外出谋生。坂仔位于平和东半县，由于东半县紧邻靠海的漳浦、龙海，民众养成冒险犯难的精神，明末清初不少人已迁居海外。特别是土地肥沃、气候温暖、适于农耕的台湾，更成为他们迁徙的重要去处。虽然清初严禁私渡，且须横渡黑水沟湍流黑浪，存在"六死三留一回头"的风险，仍然有不少人迫于生计而偷渡台湾。他们或受海商的招引而去，或应荷兰的招垦而去，或随抗清驱荷的郑成功的队伍而去，也有于清初违法偷渡而去。早期渡台者由于有种种忌讳，清代所编的族谱中多不敢明记，或只记"外出""不知去向"等，移民的准确数字今日已难于统计。现根据原籍族谱[1]，并查对台湾地区汉人移民族谱[2]，将心田赖氏向台移民及开发台湾的情况简述如下：

心田赖氏开基祖赖卜隆，于元末（1340 年左右）从诏安官陂举家迁坂仔心田，迄今已 600 多年。卜隆生四子，长景春，次景禄，三景文，四景贤，是为心田赖氏四大房。至今已传至 27 世，分居 180 个自然村，共有 6300 户，3 万多人口。赖氏系平和第五大姓，坂仔第一大姓。心田赖氏早在明末，发展至 9、10 世时人口已逾千人，已感人满之患。除向周围乡村发展外，开始向邻省广东潮汕地区移民。如 9 世英贤、尧祝、以兴、10 世斌、统光、11 世宜章，先后迁居广东潮州绵湖、汤坑等地；10 世一相、一桧、一槐、一标兄弟迁居广东扬江；11 世一梧、孙、应山、应潮、应售，迁居广东海丰溪尾、虎陷等地。也有个别如 9 世政、贯、科等兄弟迁居广西北流县。同时期也开始不断向台湾移民。

8 世赖大辉迁台。

8 世赖司爵、赖廷洪派下迁台。

9 世赖周纯迁台。

9 世赖清渠派下迁台。

11 世赖业兴、赖宛迁台。

11 世赖惠、赖淑派下迁台。

11 世赖锭下代于雍正年间迁居彰化大村。

12 世赖君变，名天（1675—1727 年）于康熙末年迁居今台中市北屯区。

12 世赖仕荣于康熙末年迁居今彰化大村。

12 世赖福富之妻杨氏随子赖玩生（1711—1786 年）、赖利生（？—1791 年）

---

① 心田赖氏渊源志编委会：《心田赖氏渊源志》，1994 年。
② 赖国民主编：台湾《赖氏大族谱》，1966 年。

于康熙末年迁居今台中市北屯区。

12 世赖新之妻周氏（1708—1788 年）同子赖丹（1723—1805 年）、赖焰（1729—1787 年）、赖田（1735—1763 年）于乾隆中叶迁居今台中市北屯区。

12 世赖檀于康熙末迁居今台北五股乡。

12 世赖潭迁居台北五股乡，后移垦汐止，后裔移居花莲。

12 世赖奕、赖孔严、赖榕、赖宽裕、赖纯德、赖君山派下迁居台湾。

13 世赖振旺（1752—1834 年）于乾隆四十三年（1778 年）迁居今台中市北屯区。

13 世赖帝于康熙末年迁居今台中市北屯区。

13 世赖日明（1665—1743 年）于康熙末年迁居今台中市北屯区。

13 世赖栋直、赖珍明于雍正年间迁居今彰化大村。

13 世赖日墨（纯朴）妻林陶娘（1688—1762 年）同子赖凤（1707—1772 年）、赖深于雍正年间迁居今台中市北屯区。

13 世赖文艳于乾隆中叶迁居今台中市南屯区。

13 世赖朴直迁居今台北新庄。

13 世赖科于康熙末迁居今南投竹山。

13 世赖峻山迁居今台中市。

13 世赖燉朴迁居今云林古坑。

13 世赖圭玷迁居彰化。

13 世赖圭裎妻汪氏偕二孙迁居台湾。

13 世赖真、赖士荣、赖藤、赖琢（纯朴）、赖等、赖答迁居台湾。

14 世赖谈（1726—1810 年）于乾隆初迁居今台中市北屯。

14 世赖立道（1749—1800 年）于乾隆中叶迁居今台北市北投区。

14 世赖宽（1754—1810 年）于乾隆末年迁居今台中市北屯。

14 世赖继辉（朴园）于乾隆初迁居今彰化大村。

14 世赖挺于乾隆中叶迁居今云林古坑。

14 世赖继明于乾隆四十六年（1781 年）迁台。

14 世赖文昭（1725—1780 年）、赖世奇（1709—1748 年）于乾隆初迁台。

14 世赖继光（1781—1815 年）于嘉庆初迁台。

14 世赖如宾迁居台湾淡水。

14 世赖仰、赖厅、赖翰、赖曲、赖孝用、赖集成、赖绍云、赖间传、赖时正、赖廷梅、赖俊、赖艺、赖新行、赖榜、赖枞、赖时举迁居台湾。

15世赖云从（1721—1796年）于乾隆年间迁居今台中市北屯。

15世赖振渊于乾隆末年迁居今台中市北屯。

15世赖刚义迁居今彰化花坛乡，赖敬良迁居今彰化员林乡。

15世赖敦正、赖绵、赖天命、赖篆、赖恭、赖荐、赖梗（信笃）、赖敦腐、赖文炳、赖雷、赖朴园迁居台湾。

16世赖明善（1754—1807年）、赖明耀（1763—1838年）、赖明博（1767—1829年）兄弟于乾隆末年迁居今台中市西区。

16世赖全迁居今台湾桃园。

16世赖国宝、赖瀕、赖壬亭、赖怀德、赖良厚迁居台湾。

17世赖哲、赖畴迁居台湾。

18世赖井辉、赖正直、赖厚生、赖其合迁居台湾。

据以上不完全的统计，心田赖氏自明末到嘉庆年间渡台者超过100人，其中90%以上系康熙末年至乾隆末年渡台的。自康熙二十二年（1683年）统一台湾后一段时间，才出现心田赖氏渡台的高潮，当时清政府虽进行严禁私渡的政策（其间曾三次放宽对渡台人民携眷的规定），但人民仍采取了各种方式进行偷渡。有的伪造官府"路照"；有的买通船主，冒充水手、舵工；有的买通守口兵役，私放上船；有的用渔船运出港口，再上大船，到了台湾附近又用小船接送，偷偷登陆。厦门附近的曾厝垵、白石头、大担、南边山、镇海、歧尾等处，都是偷渡的据点。到了康、雍、乾时，台湾西部沿海陆续被开垦殆尽，心田赖氏移民，主要拓垦台湾中部的台中县、市及彰化、云林的山区，少数深入南投竹山的山区开垦，这里地处丘陵地带的自然环境，与原籍平和相似。也有部分拓垦台北淡水、五股、新庄等地。但赖氏移民以开发今台中市北屯区的人数最多，约占移民总数的一半左右。如12世赖天，12世赖福富妻杨氏及其子利山、玩生，12世赖新妻周氏及其子丹、焰、田，13世赖振旺、赖帝、赖日明，14世赖淡、赖宽、15世赖云从、赖振渊等都入垦北屯区。另有13世赖文艳入垦今台中市南屯，16世赖明善、明耀、明博兄弟入垦今台中市西区。据1956年户口调查资料抽样统计，台中市人口248012人中，赖姓占17467人，约占总人口7%，原居台湾人口第19位的赖氏，在台中市人口中仅次于林、陈、张而高居第4位。这些赖氏，主要是平和、南靖二县赖朝英、赖朝美派下的子孙。而在北屯区人口30164人中，赖姓占4560人，占总人口的15%，高居本区人口的第一位，其中心田赖氏占绝大多数。在台中市西区，人口计36336人，赖姓占2768人，占总人口8%，仅次于陈、林，高居第3位；北区人口计42696人，赖姓占3292人，占总人口8.9%，仅次于陈氏，高居第2位；南屯区人口计15788人，赖姓占1992人，占总人口12.6%，仅次于陈氏，高居第2位。在西区、北区、南屯区赖氏人口中，也包含了一部分心田赖氏的子孙。他们都为开发台中县、市（南屯、北屯、西屯等地原属台中县，后扩大为台中市），作出了很大的贡献。如赖云从，开发今台中北屯区的二份埔、三份埔。云从生天水、天仙、天河、天露、天在五子，称心田五美派，至1963年已发展至23代，其中21代、22代已发展到660丁，其子孙人口超过千人。起盖心田赖氏五美堂，祀赖云从。其第五子天在一支事迹尤其感人，妻廖俭16岁完婚，27岁时天在去世，遗二子，长8岁，次仅4个月，母子三人孤苦相依，衣食拮据，廖俭矢志守寡哺育二子，毅然把缠足放开，日间与其子共耕于田野，夜间继以纺织，克苦度日。后家计日饶，长子早亡，次子生男12人，孙曾或耕或读，各守乃业，置有万金之产，廖俭享寿74岁而卒。长子赖德轩入泮，曾孙孟元（应魁）入文庠，长江入武庠。现子孙传下12房，人丁数百，家产数十万，成为台中赖氏之巨族。又如13世赖振旺，开发今台中市北屯区二份埔、北区军功寮、赖厝里等地，生9子：僚、友、浮、提、添、苑、露、碧水、穆，称心田九德派，已发展至20代，裔孙数百人。在北区盖有心田九德堂，祀赖振旺。又如开发北屯区三十张犁的赖淡，生五子：最、粒、郡、必、五子未详，称四安派。开发北区赖厝里、邱厝仔的14世赖凤，生7子：等、翰、海、园、火、灶、塘，称心田七协派。14世赖深，开发北区邱厝里，生3子：汝、礼、漫，称三和派。其子孙在赖厝里盖有三和堂，祀赖深。

除台中县市外，彰化大村亦是心田赖氏的聚居地之一。有11世赖锭之子、12世赖仕荣、13世赖栋直、珍明、14世赖继辉于康熙末年至乾隆初年先后入垦该地。据1956年户口调查资料统计，大村人口21296人，赖氏占9644人，占总人口的45.3%，高居第1位。他们大多数是心田赖氏子孙，对开发彰化大村起过巨大的作用。

另有13世赖燉朴、14世赖挺先后迁居云林古坑，1956年古坑人口33200人，赖氏占1926人，占5.8%，高居第5位。赖燉朴及赖挺子孙已发展到23代，21代至23代人丁各有200人左右，约有500多人口，约占当地赖氏人口的1/3，他们为开发云林古坑地区，也作出了自己的贡献。

分居今台中市赖厝里等 17 个村庄的心田赖氏移民及其后代，早在乾隆末年就回原籍心田宫分香到赖厝里起盖元保宫崇祀。在每年保生大帝神诞（旧历三月十五日）前，从旧历三月初一日起，开始迎神游境，按 17 村依次绕境游行，至三月十五日回銮。后来缩小为游境 5 个村，时间为 6 天，从旧历三月初十日起游境，十五日回銮。心田赖氏宗族特别崇祀的保生大帝，变为台湾赖氏移民的保护神。元保宫于 1986 年成立神明会，推行大道济世，导人向善，祈安植福。同年，集资建造牌楼、钟楼、鼓楼等 15 项工程。1987—1988 年后积极对外活动，如举办民俗才艺活动，并兴建本宫七层交谊大楼，1990 年完工。除少数部分留为办公厅、会议室外，其余出租经营贯华大饭店。先后将本宫收入捐巨资修建祖籍心田宫和青礁慈济祖宫。并由赖焕樟、赖坤铺、赖朝枝、赖德顺、赖树钦等宗亲捐资人民币 28 万元，为心田元保小学新盖一座三层楼现代化的教学楼，共 12 间教室，总面积 672 平方米。1985 年以后已有多批台湾宗亲回祖籍心田谒祖祠（赖氏家庙）和祖宫（心田宫）。并有台湾 13 位乡亲捐人民币 30 多万元，重修赖氏家庙，1992 年 11 月举行落成庆典时，以赖诚吉为团长率 110 位台湾宗亲组成庆典团参加，观众约 2 万人，盛况空前。赖氏家庙和心田宫成为联系两岸赖氏宗亲的纽带。现在元保宫的香火十分旺盛，心田、台湾的赖氏子孙也兴旺发达。当年的 17 个村庄，现已成为繁荣的台中市的一部分。心田赖氏子孙为建设台湾，作出了自己积极的贡献。

总之，闽台赖氏同出一源，关系密切。可归结为：根溯颍川，枝衍闽疆，叶茂台湾，源远流长。同是炎黄子孙，应为统一祖国、振兴中华而共同努力。

五、平和埔坪林氏宗族的发展及向台湾移民

（一）埔坪林氏的源流及宗族的发展

埔坪林氏开基祖林子慕，系元末自漳浦深土鹭下迁来今平和县五寨乡埔坪村（元至正十六年即 1356 年之前称南胜县，之后称南靖县），堂号西河。其得姓始祖林坚，系商纣王叔父少师比干之子，比干以忠谏被害死，时其妻陈氏有孕三月，避祸于长林石室之中，生男名泉，周武王赐姓林氏，赐名曰坚，是为林氏得姓始祖。堂号西河。至晋代，裔孙林禄于东晋明帝三年（325 年）为晋

安太守，居侯官都西里，封普安郡王。卒葬于惠安涂岭九龙冈。是为林氏入闽始祖。十传至茂，于隋初迁居莆田。十五传至万宠，生子三，长韬，为阙下祖；次披，生9子，皆为刺史，是为九牧祖；三子昌，字茂吉，生一子萍，为州刺史。萍生子十四郎公，讳琦，字廷玉。琦生3子，长和忠，次和孝，三和义。和义字鸿虞，宋末入漳浦深土鹭下开基，生一子大用。大用生7子，子亨、子货、子贤、于慕、子华、子齐、子渊。时丁元季之乱，兄弟分散。长房子亨，分居苦竹，次房子贵，守鹭下，三房子贤，分居漳浦七都桥头，五房子华，分居饶平，子孙徙居南靖车田、攀龙（今属漳浦），六房子齐，分居今平和五寨后巷，七房子渊，分居漳浦下尾，本系直系四房子慕，分居今平和五寨埔坪社（旧名莆鹏），为埔坪开基祖。

埔坪一世祖子慕名文美，字潜庵，谥敦孝，生于元顺帝至元元年（1335年）旧历四月初七日卯时，卒于明洪武二十九年丙子（1396年）七月十五日申时，寿62岁，葬在埔坪福场埔池边井仔上。娶李氏，谥勤则（1338—1373年），享年36岁，生2子，长伯元，次伯川，是为埔坪2世祖。伯元名左乾，谥质庵，妣陈氏，谥温理，生卒未详，夫妻合葬盘陀翁也柴鸟丁脚。失祭多代，至嘉庆十九年甲戌（1814年）始恢复祭祀。无子，以弟子宗嗣为继。2世次房伯川，名右坤，生于元顺帝至元十五年乙未（1355年），卒于明永乐二十一年癸卯（1423年），寿69岁，妣杨氏，谥大姐，夫妻合葬埔坪下埔尾。生2子，长宗绍，次宗嗣，宗嗣出嗣伯元。伯川系开古慧溪之始祖，后裔迁居本县安厚乡龙头村，子孙繁衍于今安厚乡的龙头、岭顶、三合、美峰、田径等地。埔坪3世祖宗嗣名养，谥逸叟，生于明洪武五年壬子（1372年），卒于明永乐二十二年甲辰（1424年），寿53岁，妣郑氏，谥懿徽，生4子，分四大房。长房允椿（1394—1456年），妣陈氏（1396—1458年），为猴门房祖。生三子，长克明，次克聪，三克齐。二房允槐（1397—1465年），寿69岁，无子，立允椿三子克齐为嗣。为花砖大金房之祖。三房允桢（1400—1468年），寿69岁，妣陈氏（1400—1460年），为虎房之祖。生2子，长逊明，次逊畴。四房允器（1403—1469年），寿67岁，妣李氏（1412—?）。是为横街房之祖。生3子，长克显，次克伟，三克政。伯元派下在埔坪开荒耕种，勤俭持家，子孙不断繁衍，其中虎房与大金房人丁尤为兴旺。虎房5世逊明（1430—1498年）、逊畴（1440—1492年）兄弟各生4子，称顶四景和下四景。逊明4个儿子又生12个孙。其中四子6世景武（1464—1532年）又生3子（分春房和真房）7孙，景武孙8

世汝友（1526—1573 年）亦生 4 子（分严顶祖和茅仔岭祖）7 孙，汝支孙 10 世弘结（1581—1639 年）为窑内房祖，生 6 于 15 孙 36 曾孙。虎房人丁兴旺，但自 14 世林石迁台后，大金房人丁比虎房更旺。由于埔坪林氏子孙迅速繁衍，开始开发邻近东楼、侯门、新塘、前岭、横溪和溪头等村，至乾隆年间 14 世裔孙林石已迁居台湾，开始向海外发展。至今埔坪林氏已发展 24 世，住居埔坪及本乡附近各村的林氏人口已近 7000 多人，其中住居埔坪本村的林氏达 1800 多人，系单姓聚居村。

埔坪林氏繁衍昌盛后，也先后盖起了大宗祠和各房支祠。大宗祀一世祖子慕，附祀 2—3 世祖先。从现存的建筑看来，祖祠系建于清初，现为县文物保护单位。2 世次房又另建有龙头祠堂，2 世长房自 4 世起分猴门房、大金房、虎房、横街房等四房，各房也都建有祠堂。4 世以后各房，又有支祠，如小三房祠堂，虎房有培远堂，10 世弘结（1581—1639 年）、11 世奇早（1609—1694 年）、奇炅（1611—1685 年）、奇鼎（1615—1673 年）等祖祠，应系建于康熙末年以后。虎房于乾隆八年（1743 年）又起盖绥丰祠，十年（1745 年）竣工，祀本房 13 世祖林江、勤朗等。

埔坪林氏大宗贴上漳浦林氏鹭下祠堂 30 字字辈联，其内容为：祥景邦，顺长道，世学克崇，绳日志绅土；庆华国，显大谟，家修丕振，守先耀宗祊。还贴有描述林氏源流的长联：溯元鹭下迁移，由和如浦，分旗虎以及侯慧，元宵椒颂；肇基埔村建里，恭兄爱弟，鹏龙更征瓜瓞，春酒梨歌。绥丰祠也贴有这样的门联：祥开十世流光速；四房衍派裕泽长。祠堂除大宗没有公田外，其他都置有族田。绥丰楼有公田 80 多亩（一说 100 亩），年可收租 100 余石，花砖祠堂有公田 5 亩，林帝所盖思永楼三房有公田五、六十亩（一说 120 亩），可收租 80 多石，培远堂奇鼎祀田可收租 25 石 6 斗，思永楼旁的府衙，有公田 10 亩，加上寺庙也有一些公田。据报导人估计，埔坪的公田数量超过私田。但公田多在外地，有的远在漳浦县，本地只有少量。公田租农民耕种，因多在外地，多由外地农民耕种，只有少量本地公田，由本房族人耕种。公田的租比私田少一些，一亩收租石二三。祠堂公田所收的租，供祭祠、祭墓之用。如奇鼎祀田明确规定，所收租三分之二供祭祖祠，三分之一供祭祖墓。也有一部分公田作为书田，凡读书人一年可得 4 斗、1 石不等。

大宗一年春秋二祭，春祭每年旧历正月初二，秋祭每年七月十五，由族长主持，由各房房长负责收祭祀用的钱。四大房的大祠堂也举行春秋二祭。埔坪风俗，凡生男孩作新父、新公的人，要于翌年正月十五日到大祠堂去祭拜一次，并办丁棹请族亲。其他分支小祠堂，一年八祭，除夕、正月初一初二、元宵、清明、端午、七月十五、八月十五、冬至，都要祭拜。大宗祭祖用大五牲或大三牲，并举行隆重的祭拜仪式。现将埔坪大宗祠春秋二祭的唱礼词列下：

肃静无哗。执事者进庙堂行礼。宗孙就位，跪。上香，再上香，三上香。进爵，灌地。献酒，再献酒，三献酒。叩首，再叩首，三叩首。兴。官身就位，俯伏，跪。上香，再上香，三上香。献酒，再献酒，三献酒。叩首，再叩首，三叩首。兴。众孙丁各就位跪，兴。再跪，兴，三跪，兴，四跪，兴。礼毕。

祭祖时还要宣读祭文，其祭拜大宗祠1—4世祖考妣的祭文内容如下：

维某年某月朔，越日宗孙暨众裔孙等谨以牲醴、庶馐、果品、香楮之仪，致奠于1—4世祖考妣暨列祖考妣之神曰：宋朝季世，鹭下开基，迨经元末，祖乃迁移莆鹏建里，矶岳依毗，积德功累，奕世鸿禧。元旦次晨，景物和熙（或中元节届，玉露凉飔），登堂报本，献醴陈卮，衣冠俎豆，敬慎威仪。祖其降鉴，佑我孙支，家增庶富，名显丹墀。尚飨。

行礼毕，举行筵席，乡绅、读书、有功名的人可以吃"公"。

到元宵祭拜时，祠堂都贴上有关庆祝的新联。如大宗贴上：击鼓鸣金，衍我列祖；肆筵设席，燕尔新公。或贴：金声鼓荡元宵夜；烛影光昭始祖前。还加贴赏灯联文：如灯光月光，灯月交光元宵夜；神乐人乐，神人共乐太平春。以增加节日气氛。

本村风俗人死后，神主牌先放在家里，一年后，移送公厝或小祠堂。在家里祭拜祖先，主要在忌辰和节日，祭几个人就备几份饭。正月十五是大祭，供品有猪头、甜粿等，有时候供小三牲或小五牲。

除了对大祠堂春秋二祭及过年节或忌辰祭拜祖先外，清明对祖墓的祭拜也很重视。

祭祖墓时备牲醴到坟地祭拜，并向祖墓及土地宣读祭文祝文。在福场埔埋葬的一世祖子慕坟域的祝文内容为：

惟某年二月朔日，越初六日，伯元公、伯川公古慧房众裔孙等谨以牲醴庶馐果品香楮之仪，致奠于始祖考谥潜庵林公、始祖妣谥勤则李氏林妈之坟曰：由来衍派鹭下住居，迨经元末，伯仲分移，聿来胥宇，鹏社开基，传世于今二十有余，人丁错处，广哉熙熙。花朝在即，不尽心思，虔备肴酒，祭扫坟墓。祖其鉴佑，福履绥之。尚飨。

福场埔土地公祝文为：

司土之神曰：赫赫明明，惟神牧斯福峦，考妣托骸，荷蒙青眷，功德宏伟大宗，历朔难殚。踏青甫过，风露犹寒，虔备牲酒，用表寸丹。神其降鉴，累世缨冠。谨告。

据《台湾雾峰林氏族谱》记载，子慕忌辰是旧历七月十五日，祝文为二月初六日，未知何据。

从祭 2 世伯元公妈祝文，获知伯元夫妇的生卒年月不详，且长期失祭，直到嘉庆十九年（1814 年）才找到祖墓所在而恢复祭拜，其失祭原因亦不明。其祝文内容为：

伯元房众裔孙等谨以牲醴庶馐果品香楮之仪，致奠于二世显祖考谥质庵林公、祖妣谥温理陈氏林妈之坟曰：考妣存殁，不知何庚，盘陀胜地，实祖佳域。谱载寿域，翁柴鸟丁，由来失守，越世几更。幸祖灵爽，赫赫明明，托人传告，始末陈情，嘉庆甲戌，方认先茔。兹当春仲，荐酒奉牲，神其来格，鉴此微诚。子孙昌炽，科甲齐名。尚飨。

以上祭文、祝文系根据埔坪林泰山所传抄《宋朝季世鹭下开基历代祖考妣忌辰祭文》。他还传抄有 3 世祖宗嗣的浮山坟域祝文、11 世祖奇早考妣的庵猪埔及北坑埔坟域的祝文，并记旧历五月廿四日和十二月廿一日系其考妣的忌辰。据族谱记载，奇早享寿 86 岁，奇早妣享寿 98 岁，墓碑上有"百岁妣"记载，夫妇俱享耄耋之高龄。同时还抄有 13 世绥丰坟域祝文及其他各种形式的祝文，表示其对祭拜祖先的重视。

在林泰山所传抄的埔坪林氏祖先的各种祭文、祝文中，都强烈表现了其子孙求丁财、求功名的愿望，如"家增富庶，名显丹墀""子孙昌炽，科甲齐名""俾昌厥后，金榜题名""代代添丁，世世增誉，科甲联登，衣食有余""炽昌后裔，甲第联登"、"科甲联名，房房发福，代代添丁"等。自子慕迁埔坪后，经过五、六百年的发展，其派下海内外裔孙已超过万人，"子孙昌炽"已经达到，从其所置各词堂祭田数十亩、上百亩看来，"家增富庶""衣食有余"也可说已基本实现。但"甲第联登""金榜题名"的愿望，似未完满实现。从《漳州府志》《平和县志》中，未见埔坪林氏有中举、成进士的记载，由于未见到埔坪林氏的族谱（据说"文革"中已被焚毁），有多少人入庠、入监成为秀才和太学生也不知晓，只从林泰山抄填的《林氏家祖族谱来历经书》中，看到虎房有14世谥乐善的是国学生，看来埔坪林氏入泮、入监的也不会太多。只有迁台的林石派下，出过1个举人、5个文庠生、1个武庠生，并有以军功被授将军、副将、福建水陆提督、二品候选道员、陆军少将等高官和著名诗人、社会运动领袖等。从埔坪林氏子孙在富裕发达后存在有求功名的强烈愿望，并置有书田鼓励"力田读书"看来，应该会像壶嗣吴氏、心田赖氏一样，也会出现一批举人或个别进士，但埔坪却始终未见出现，未知是何原因。故埔坪林氏主要还是以农耕为主的宗族，是旺族，而在本地还够不上称为望族。现在埔坪大宗中悬挂着"四世大夫""太子少保""四代一品""武威将军"篇匾额（原匾已破坏，现为仿制品），十分显赫，但这是照搬闻名台湾的雾峰林家的匾额。可以说埔坪林氏的强烈功名愿望，在其海外移民中却得到了实现，祖籍埔坪却享受了台湾雾峰林家的余荫了。

据说埔坪也修过林氏族谱，十年动乱中被焚毁，可惜我们无法见到。即使修过，但也未见有过重修。这可能与子孙中有功名的人少，对宗族缺乏号召力所致。只有迁台后裔于本世纪30年代编有《西河林氏族谱》。因此，埔坪林氏以族谱作为联结族亲的纽带作用不明显，埔坪林氏宗族的形成和发展，主要靠建立祠堂，共同举行祭祀祖先的活动，同时也包括十分重视祭祖墓的活动，特别是在祠堂建立之前相当长的一段时间，共同祭祀祖墓的活动，对联系族人，加强凝聚力，也起过重要的作用。

自子慕迁居埔坪数百年来，外迁的子孙不少，特别是台湾，出现了著名的雾峰林家望族，为了使外来谒祖的宗亲不会认错祖先，埔坪林氏规定了一套独特的认亲方法。《寻根揽胜漳州府》一书对此作了如下的描述：

凡未曾谋面的宗亲相认，首先要对"号头"（即堂号），他们的堂号是"西河"。接着要问祖宗祠堂里有几根大柱，大柱上写什么字，祠堂后面石梯有几个坎，祖宗发祥地的那株大榕树有几根叉。埔坪祖祠里有四根大柱，大柱上分别写着"诗""书""悦""礼"四个字，称四点金。祠堂后面通往田园的石梯有四十三坎。一世祖子慕在村里种了一株榕树，由于其子分两支，一支留埔坪，一支迁安厚，所以榕树也留两根叉。后来奇昴公的后代迁台，林姓宗亲就将榕树偏生的树叉再留下粗壮的一根。三根树叉象征三支林姓宗族，在祖宗庇荫下根深叶茂，兴旺发达。认亲的最后一项内容是对辈序，他们的辈序是："祥景邦顺长道世学克崇绳日志绅士庆华国显大谟家修丕振守先耀宗祊"。[①]

与埔坪林氏大宗紧邻的寨河庄氏宗祠，亦有类似的认祖方式，除榕树有几叉外，其他台阶、柱子、四点金等形式相同，但内含不一样而已。

（二）埔坪林氏向台湾移民开发台中雾峰等地

埔坪林氏开基祖林子慕，系元末自漳浦深土鹭下迁来埔坪。至今已发展 24 世，住居埔坪及本乡附近各村林氏人口已近 7000 多人，其中住居埔坪本村的林氏达 1800 多人，系单姓聚居村。林氏系平和第一大姓，五寨乡第二大姓。有不少林氏宗亲向台湾及海外移民。

埔坪林氏 13 世林江生 3 子，长林石，次林寿，二林捻，于乾隆年间先后渡台，这是现在所知的埔坪林氏移居台湾的唯一一支。由于缺乏族谱资料，埔坪林氏其他移民情况不详。看来埔坪林氏以当地及周围乡村垦殖务农主，外出移民的后裔可能较少。

埔坪林氏 14 山林石生于雍正七年（1729 年）旧历二月十四日，10 岁父逝，12 岁母亦去世，上有庄氏祖母，下有小弟林寿（1732—1786 年）、林捻（1734—1779 年），幸"家有薄田，差供衣食"。林石"性孝友，力田读书，慨然有远大之志"。迨乾隆十一年（1746 年）年 18 岁时，"结伴渡台，阴为拓土定居计"。旋以祖母书至，"匆遽复归"。越 7 年，祖母逝世，乃令两弟守庐墓，已于乾隆十九年（1754 年），复独行至台湾，卜居彰化拣东堡大里杙庄（今台中县大里乡），"购地而耕，治沟洫，立阡陌，负耒枕戈，课晴习雨，勤劳莫敢懈。数年

---

① 刘子民著：《寻根揽胜漳州府》，华艺出版社，1990 年，第 284—285 页。

家渐裕，拓地亦愈多"。乾隆二十二年（1757年）林石回埔坪展墓，与弟商议奉父母骸骨葬于大里，偕二弟一起渡台。乾隆二十五年（1760年），林石32岁时，娶陈益娘为妻，弟林寿、林捻亦先后娶谢　娘、谢在娘为妻，兄弟"各治其业，产亦日殖，出入谷可万石"，已成为拥有四五百甲土地的大富户了。林石生6子，长逊（1762—1783年），次水（1766—1795），三濑（1767-1810），四棣（1772—1830年），五大（1775—1788年），六陆（1776—1806年）；林寿生2子，长富光（1768—1843年），次添（1778—1811年）；林捻生1子，名天厚（1767—1803年）。由于人口日增，田畴日广，长子林逊"抚字佃农，招徕商旅，首立乡约，一方赖之以安"。乾隆后期，彰化辖内漳泉械斗蔓延数十村庄，乾隆四十八年（1783年）林石乃命长子林逊携资返原籍埔坪"谋置产避患"，正在埔坪相地筑屋时病逝。乾隆五十一年（1786年）同庄天地会林爽义揭旗起事，攻陷彰化，进围诸罗，攻略淡水，南北俱动。林石乃潜匿鹿港。官军进剿，大里乡庐舍被焚，庄人多被捕，林石亦受牵累入狱。乾隆五十三年（1788年）林石与五子林大均病卒。林石妻陈氏率诸子举家东迁涂城山区，重新从事垦殖，"以光旧业"。以后一部分子孙再迁今太平乡之太平、车笼埔等地。如四子林棣及其子五香名志芳（1815—1885年）"在太平庄建设糖廊。开拓头汴坑之原野，得有田园数百甲，招佃力耕，防番设隘"。五香"平生有远识，知东大墩一带平野，可聚族数万人，将来必有振兴之一日。乃移往于东势子，率先建设店铺，指导庄民，经营各种商业，居然成一小镇矣"。林爽文起事时，林逊妻黄端娘（1762—1835年）携二子琼瑶（1780—1850年）、甲寅（1782—1838年）逃难山谷，事平回涂城依诸叔，于乾隆五十四年（1789年）前后，又率二子别居阿罩雾庄（今雾峰乡）。次子甲寅"稍长习贾，懋迁有无"，并购当地先住民之地垦殖，同时伐木烧炭，"岁可入谷四千石"。长子琼瑶则迁于邻庄柳树南庄"各建其业"。甲寅有3子，长定邦，讳开泰（1808—1850年），次奠国，讳天河（1814—1880年），三振祥（1817—1842年），另一养子四吉（1825—1863年）。道光十七年（1837年）甲寅"乃命诸子各立家业，以衍宗支"。自甲寅在雾峰奠定垦殖的基础后，林家的业产日益发展，定邦、奠国子孙奠定了雾峰顶厝和下厝的基业。特别是定邦长子文察次子文明以战功授官，不断发展家产，成立林本堂家号，大量收购土地。至同治九年（1870年）林文明被害，拖讼13年，产倾债积，家道一度中落。后有文察长子朝栋以抗法立下战功，受台湾首任巡抚刘铭传倚重，除办中路营务处外，又擢为抚垦局长，使其招抚先住民，开拓荒地。光绪十一年（1885年）刘铭传又以朝栋抚垦有功，乃给与林合垦契，许其在中部沿山之野及近海浮复地，招佃力耕，并许其专卖全台樟脑以获利。当时林合顶下厝新旧垦地岁入合计十四、五万名，下厝之地多重建于朝栋之手，其财产占下厝总额之十分之七。朝栋成为复兴雾峰林家的功臣。

光绪二十一年乙未（1895年）割台后，朝栋内渡厦门，他所主持的抚垦、制脑事业，乃由其弟朝宗字辑堂（1864—1901年）、堂弟朝斌讳秋雨（1867—1906年）及顶厝奠国之子文钦讳万安（1854—1899年）继承办理，旋命其子资铿回台治产。林家的开垦地所有权及樟脑经营权得到台湾总督府的承认，至1904年林家的脑业更发展扩大，脑灶合计达2127灶，约占全省脑灶28%，年产樟脑达90万斤，占全省产量25%，脑油年产69.3万斤，占全省产量25%。1907年后渐次减产，1919年全部由日本政府收购，改发给股券。日据时期雾峰林家之土地仍有十四、五万石租，其土地之分布区域，东自雾峰山麓起西至海口，南自乌溪起北至大甲溪，顶下厝共有土地二千多甲，仅次于板桥林家而为台湾第二富户。

日据初期，文钦、朝宗等相继逝世后，顶厝文钦长子献堂讳大椿，名朝琛，号灌国（1881—1956年）成为雾峰林家的中心人物，历任雾峰区长，台中厅参事，台湾总督府参议员，皇民奉公会大屯郡事务长，1945年被日本政府任为贵族院敕选议员。文明之孙资修，字幼春（1880年生）亦曾任雾峰区长，献堂弟阶堂名朝华（1902年生）、三子云龙（1907年生）均曾住雾峰庄长。可见雾峰林家在日据时期，有被迫与日本殖民者妥协合作的一面，但以林献堂为代表的雾峰林家又存在不满日本殖民统治，力求在体制内进行改良，改善其地位的另一面。林献堂1920年任台湾留学生在日本组织的新民会会长，1921年被推为台湾议会设置请愿运动的领袖，自1921年至1934年先后进行了15次请愿。1921年又同时被推为台湾文化协会总理，文化协会进行各种讲演会、讲习会，设立读报社，发行会报。1924年林献堂在雾峰林家莱园连续三年主办夏季讲习会，参加者共250人次。文化协会的种种活动，对促进台湾民族意识的觉醒起过很大的启蒙作用。1927年台湾文化协会分裂后，乃另组台湾民众党，以实现台湾人之政治的、经济的、社会的解放。民众党再分裂后，1930年献堂参加台湾地方自治联盟，并任顾问，要求改革台湾政治。1945年台湾光复后，献堂被选为台湾省参议会参议员，1947年又被任为台湾省政府委员，1948年台湾通志馆成立，兼任馆长，后又兼任台湾文献会主任。1949年赴日疗病，移居日本，由于对台湾当局治台方式有所不满，不愿回台。直至 1956 年 5 月逝世于日本神奈川县逗子市。

　　埔坪林氏自 14 世林石兄弟三人于乾隆年间先后渡台到清末，发展至 20 世（雾峰七世），人口增加很快，15 世计 9 丁，16 世 16 丁，17 世 52 丁，18 世 123 丁，19 世 187 丁，20 世 241 丁，人口已发展至 600 多，子孙分布在台中之大里、太平、雾峰等地。据 1956 年户口调查资料统计，雾峰乡人口 29720 人，林姓占 5728 人（包括部分异姓佃农改姓林氏），占总人口 19.3%，高居第一位。太平乡人口 16476 人，林姓占 3164 人，占总人口 19.2%，高居第一位。大里乡人口 20304 人，林姓占 5780 人，占总人口 28.5%，高居第一位。这三个乡除 164 人为广东移民外，绝大多数都是福建移民，其中林姓人口都是林姓入闽祖林禄的后裔，也有不少是埔坪子慕的后裔。林石兄弟迁居今台中县后，所居系平埔人土地，又是泰雅人活动的地区，在这里垦殖，既要防备先住民的袭击，还要对付频繁的漳泉械斗，且与周围洪姓、赖姓及他支林姓移民因争水、争地，也时常发生纠纷，甚至仇斗。其处境是"邻乡多巨族，各拥一方，非番害，则械斗。故庄人皆习武，手耒耜，腰刀枪，以相角逐"。因此林石后裔均"力田习武"，如 18 世林文察轻文尚武，不应童子试，累以战功官至福建水陆提督，林奠国亦以战功为候选知府，林志芳被授军功六品衔，林文明取县学武庠生，以战功授副将衔。台湾埔坪林氏移民后裔，成为台湾最有势力的家族，利用战功及平定戴潮春会党等机会，也乘机以廉价大量购入土地，扩大产业。但台湾埔坪林氏移民所走的道路也十分曲折、坎坷，林石垦殖有成后，又被林爽文案牵连，家产抄没，身系囹圄，旋病卒。林定邦被邻族杀害，林文察捐躯漳州万松关，尸首无存，林文明血溅彰化公堂，林奠国以涉讼老死福州省垣。雾峰林家自宦业中挫后，才改取乡绅取向，光绪年间先后有林文钦、林朝宗、林秋北、林朝雍、林朝松、林纪堂等入庠为秀才，林文钦于光绪十九年（1893 年）中举人，林幼春（资修）、林朝崧（痴仙）都是著名诗人，林献堂是社会运动领袖。但这时期仍有袭父文察世职为骑都尉的林朝栋，以抗击法人进攻基隆有功，被举为候选道员，旋钦加二品衔，赏戴花翎，后以平施九缎功，赏穿黄马褂，成为复兴雾峰林家的中兴人物，以后又有林献堂成为雾峰林家的中心人物。

　　由于台湾埔坪林氏移民处在十分复杂矛盾的境遇中从事开垦，所以族人比较团结，有事时分居各地的族人均能互相援助，渡过一个又一个险境。如同治元年股首林日成拥众三万来攻雾峰，时庄中丁壮多随林文察转战闽浙，处境十分危急。幸有涂城、太平、潭仔墘、头家寨等庄族人先后来援，众可四五百，围遂解。由于认识团结同姓乡民的重要，早在嘉庆年间，林姓族人已在大里乡内新庄建林氏家庙，名尚亲堂，大陆晋安林氏移民均参加，宗庙祀殿太师比干、得姓始祖林坚、入闽始祖晋安郡王林禄。同治末光绪初，林氏宗庙倾圮，林志芳（五香）与林文明倡议募款移建于旱溪庄（今台中市东区旱溪里）。光绪二十一年为白蚁侵蚀而倾塌，乃将神位移于太平庄（今台中县太平乡）林凤鸣家中奉祀，1919 年由林子瑾、林献堂主持重建于今台中市南区国光路，1921 年完成正殿，至 1930 年全部竣工，中部林氏族人依例举行祭典。同时倡议编修族谱，公举林烈堂、林献堂等人为董事，并推林幼春执笔，至 1934 年编成《西河林氏族谱》二部，一为公谱。自林坚至子慕为止，另一系子慕以下谓之私谱，主要详记林石派下世系。后收入《台湾文献从刊》时更名为《台湾雾峰林氏族谱》。

通过建祠、修谱，不但团结了林石派下的林姓子孙，而且扩大范围，团结了整个台中大里、太平、雾峰等乡的林姓移民。按照庄英章教授的研究结论，嘉庆年间所建林氏宗庙属于唐山祖宗族。而同治年间和光绪年间林氏宗庙的二次迁建活动，林石派下林氏起了主导作用，宗庙虽仍祀林坚、林禄等唐山祖，形式上仍是唐山祖宗族，但在本质上已是开台祖型公业，所修族谱实际是林石派下的埔坪林氏移民的族谱。同时，林石派下林氏也参加了林禄公祠与林九牧公祠二种公业的活动。建于大里乡内新庄的林禄公祠，建于清中叶以前，同治时林献堂、林耀亭曾任管理人。林九牧公祠有三处，一在大里庄凉伞树，一在雾峰庄林厝，成立年代不详，亦由林献堂、林耀亭任管理人，第三处亦位于大里庄凉伞树，乃咸丰六年（1856 年）由林志芳发起组成的。

从光绪十九年林文钦、林文荣、林朝栋为代表在祖籍埔坪置奇昴公祀田时所立题名，内有"奇昴公派下台湾培远堂置"及"台湾培远堂置以为奇昴公祀田"等字样看来，可见奇昴公派下在台湾亦有培远堂，应系祀林江及林石、林寿、林捻父子的家庙或祖屋，同时已有举行祭祀林石父子祖墓的活动。培远堂之下又分涂城、太平、雾峰几个分支，雾峰又分顶厝与下厝二小支，早在道光三十年（1850 年）至咸丰初年已成立林锦荣堂、林本堂祭祀公业，举行本分支祖的祭祀活动。下厝系长房定邦派下所居住，建于同治年间，占地二甲半，建筑分为三座五落，为官邸式的建筑，正中一座称"本堂"，即下厝的家号。左座为第一房文察派下所居，曰宫保第，今尚安奉文察神位于正厅。右座为第二房文明派下所居。顶厝系二房奠国派下所居住，占地约一甲半，分南北二座，每座四落，为普通富家式建筑，总名曰锦荣堂，即顶厝的家号。北座为文钦派下居住，门楼名曰"景薰楼"，亦同治年间所建。南座为文典派下所居。林石派下已形成包括几个分支的宗族，雾峰林家是台湾既富且贵的望族。雾峰林家的族长权力甚大，族内后辈如有不是，轻者训诫，重者在公妈牌前杖刑，此事直至日据末期尚遵行不误。如纪堂长子林魁梧行为不检，时常嫖赌，祭祖时林献堂曾惩以杖刑。雾峰尊为族长现已知者有林文察、林文钦、林朝栋、林献堂。同时雾峰林家十分重视加强与望族联姻，以壮大族势。如林文察长子朝栋迎娶比自己大三岁的望族杨志申后代杨氏萍为元配夫人，林奠国次子文典迎娶举人邱维南之长女邱彩藻为妻，林文凤娶曾君定大佬之妹雍娘为妻，林攀龙亦娶君定孙女曾氏珠为妻。又如林资彬娶吴上花之妹为续弦，而上花之母是雾峰林族之女。类此情形，甚多。同时林家女子亦有不少出嫁地方士绅或头人，如林甲寅之女出嫁新庄子（今台中市东区）头人吴景春，林奠国之次女林劝，嫁给北投（今南投县草屯镇）武举洪钟英之子洪立方。透过血亲的宗族活动与姻亲的联盟关系，雾峰林家无疑地已在台湾中部形成一势力圈，而非仅仅是一大族而已。

本节系主要根据《台湾雾峰林氏族谱》（《台湾文献丛刊》第298种）、黄富三、陈俐甫编：《雾峰林家之调查与研究》（台北林本源中华文化教育基金会1991年12月出版）、黄富三著：《雾峰林家的兴起》（台北自立晚报文化出版部1987年10月出版）、《雾峰林家的中挫》（台北自立晚报文化出版部1992年9月出版）等书的资料和研究成果写成的，引文则多引自族谱家传。

总之，闽台陈氏、李氏、庄氏、赖氏、吴氏、林氏同出一源，关系密切。可归结为：根溯中原，枝衍闽粤，叶茂台湾，源远流长。同属炎黄子孙。应为统一祖国、振兴中华而共同努力。

六、颍川陈氏开漳圣王派迁台考

陈政、陈元光父子自唐初奉命入闽后，为开辟漳州树立了殊勋。一千多年来，其子孙筚路蓝缕继续开发漳、泉，后裔繁衍播迁各地，溯自明末以后，有的陆续移居澎湖、台湾，与闽粤移民一道，为开发我国宝岛台湾又作出了巨大的贡献。

本文系根据目前见到的部分闽台陈氏族谱资料，对颍川陈氏开漳圣王派移垦台湾前的祖籍、所属系派、迁台时间、迁台后在台湾的地区分布及姓量、位次等有关问题，作一个初步的考察。

（一）闽台族谱关于开漳圣王派迁台的记载

27世（浯阳派9世），振遥，讳远，谥文公，从金门渡澎，为开澎始祖。葬在潭边（今湖西乡湖东村），子孙繁衍澎湖各岛，有的移居台湾本岛（1961年台湾陈建章等重编：《陈氏大族谱》）。

陈玉珩、和宗、道太、振遥等从金门移民澎湖沙港（今湖西乡沙港村），已传至23代。（1983年陈玉波编：《澎湖沙港陈氏族谱》，转引自1987年台湾各姓历史渊源发展研究会编：《台湾区族谱目录》，简称《谱录》，下同）。

陈政后裔从金门迁澎湖马公镇，已传至24代（1973年陈清平编：《妈汭五姓大族谱》，转引《谱录》）。

28世（浯阳派10世），8世治明孙住澎湖蒔里乡（今马公镇蒔里里）地方（《陈氏大族谱》）。

28世弘意，讳喜，振遥长子，公妣合葬在东石（今嘉义县东石乡）后（同上）。

28世弘德，讳仁，振遥次子，葬在台湾府城西南喜树仔（今台南市南区喜东里），妣杨氏，葬在蚱脚屿（今马公镇安宅里）东（同上）。

28世弘助，讳赞，振遥三子。公妣合葬大城（今彰化大城乡）北（同上）。

黄帝141世，陈一贵迁台（乾隆20年陈鼎丕编：《银同碧湖陈氏族谱》，转引《谱录》）。

34世（银同碧湖派12世），课，字应略，从金门渡澎，葬良文港（今湖西乡龙门村）地方（《陈氏大族谱》）。

38世（银同碧湖派16世），陈志篇、鼎调移民台中、台北等地，渡台7世（1977年陈亭卿编：《银同碧湖陈氏族谱》，转引《谱录》）。

振遥后裔移居台北市（陈瑞德等编：《陈氏族谱》，转引《谱录》）。

40世（银同碧湖派18世）后裔移居澎湖，42世后裔迁居台中（1961、1971年陈宗炯重修《金门碧湖颖川陈氏族谱》，《金门浯江湖前碧湖颖川陈氏族谱》，转引《谱录》）。

陈一贵后裔移居台东，已传至22世（1970年陈仁德编：《金门碧湖分支台湾中洲陈氏族谱》，转引《谱录》）。

41世（赤湖派17世），士灶，渡台始祖（《陈氏大族谱》）。士灶从漳浦迁居南投、名间、田间，为渡台始祖，后裔迁居全省（1936 年陈丹响编：《漳浦锦湖陈氏族谱》、1979 年陈玫吟编：《赤湖迁台陈氏宗谱》，转引《谱录》）。

陈政后裔从漳州迁居澎湖马公，已传 11 世（陈清俊编：《陈氏宗谱（长房）》，无年代，转引《谱录》）。

陈政后裔，祖籍长泰，迁马公，已传 10 世（1961 年陈保利序，《陈氏族谱》，转引《谱录》）。

陈元光后裔宗桦，初，骞从漳浦迁居台中大肚，来台已 9 传（1977 年陈达生编：《颖川陈氏族谱》，转引《谱录》）。

37 世（赤湖派 13 世）陈声扬后裔迁居彰化田中（1980 年陈景三编：《陈氏声扬公派下族谱》、1979 年陈玉振等编：《陈氏赤湖分派族谱》，转引《谱录》）。

43 世（赤湖派 19 世），瑞兴、谥仁详，生乾隆己亥年（49 年，1779 年），卒咸丰 7 年（1857 年），葬彰化东螺东堡二八水庄（今彰化县二水乡），妣黄氏（《陈氏大族谱》）

44 世松贺（赤湖派 20 世），谥世忠，生嘉庆乙丑年（10 年，1805 年），卒光绪癸未年（9 年，1883 年），葬二八水（同上）。

44 世（赤湖派 20 世），辉煌、辉豹等于咸丰 11 年迁噶玛兰（今宜兰县）罗东，后开发三星乡（《宜兰文献》第 3 卷第 2 期）。

44 世天泽，生于清嘉庆己巳年（14 年，1809 年），卒于光绪九年癸未（1883 年），道光十二六年与父瑞伙渡台考察，回乡后正准备渡台定居，而父染疾身亡，遵父志于咸丰辛亥年（元年，1851 年）携眷渡台，居彰化大武郡东螺东堡（今彰化二水、社头二乡及田中、田尾、北斗、溪洲、永靖等乡部分村庄属之）地方（同上）。

天泽后裔迁居台北景美（陈正宗编：《赤湖迁台陈天泽派下宗谱》，转引《谱录》）。

陈道明后裔迁居台东县等地（陈氏世系图，转引《谱录》）。

35 世游、瀛、攀、善等兄弟俱渡台（《陈氏大族谱》）。

35 世鞍，台湾龙井祖，子五，权、梗、昶、管、钟（同上）。

鞍，迁居台湾茄投（今台中县龙井乡），开基祖（1982 年陈庆余编：《南陈侯亭五大派宗谱》引将军派源流之分派系图）。

35 世元利，渡台（《陈氏大宗谱》）。

36 世殿伟、殿朝、殿招、殿友兄弟俱渡台，殿坤渡台（同上）。

36世智勇，22岁移民彰化布屿堡等地（黄师樵：《台湾陈氏世系源流》）。

40世德贺，迁居彰化县东螺麻园寮（《南陈侯亭大宗谱》）。

41世语、坤，住彰化竹塘乡（《陈氏大宗谱》）。

5世传至岩公派下迁居台湾竹山社寮庄（今南投县竹山镇社寮里）。又一派迁居集集林尾庄（今集集镇林尾里）等地（《南陈侯亭大宗谱》）。

陈元光后裔移居云林斗六（《陈氏族谱》，转引《谱录》）。

陈政后裔移居嘉义下坑（今番路乡）地方（1977年陈棋头修：《下坑陈氏续修谱志》，转引《谱录》）。

陈克耕后裔移居南投（《陈氏大宗谱》，转引《谱录》）。

陈政后裔移居新竹北埔乡（《族谱颍川堂》，转引《谱录》）。

27世（大溪分派3世），巨振第四子从平和大溪移居铜山、台湾等处（陈冬青编：大溪《陈氏世系》）。

33世（大溪分派9世），和友、乳名劳，生于康熙乙亥（三十四年，1695年），于康熙丙申（五十五年，1716年）卒于台湾，乾隆庚申（五年，1740年）骨骸迁归（同上）。

36世陈推，原籍平和，迁居台中大坑墘住（陈万年：《漳浦陈氏家族渊源、世系及分布》）。

41世（东槐派8世）朝，迁台（道光十九年陈腾奎编：《和邑东槐陈氏宗谱》）。

43世（芦溪13世），孔月姚馀氏，带次子玉居与媳涂氏从平和芦溪迁往台湾诸罗山打猫东顶保梅仔坑大坪（今嘉义县梅山乡太平村）等地（1988年重修：平和芦溪《陈氏家谱》）。

45世（东槐派12世），儒生，读书功名不就，往台湾，亦卒于台湾，无归葬（《东槐陈氏宗谱》）。

45世眼、密，生于乾隆年间，兄弟俱往台湾南路冷水坑居住（同上）。

45世绒、妲、森、泥兄弟俱往冷水坑居住（同上）。

46世（东槐派13世），出、荣兄弟俱往台湾（同上）。

46世贰，字步中，少往台湾，早卒。道光癸未年（三年，1823年）骸骨载归（同上）。

46世床，字希东，谥英杨，生于乾隆甲子（九年，1744年），自少往台湾，卒于乾隆某年，后骸骨载归（同上）。

46世仰，字景云，谥敦成，生于雍正辛亥年（九年，1731年），卒于嘉庆乙丑年（十年，1805年），葬在许坑。尝往台湾两次，意欲迁居，自成一家。在许坑建置大厦，在本乡广立田地，建立学馆，富而好学（同上）。

46世波，字荣清，谥贤德，生于乾隆丙寅年（十一年，1746年），自少往台湾冷水坑住，心常无定，晚年回家一二年，至嘉庆癸酉（十八年，1813年）又往台湾，卒于嘉庆丙子年（二十一年，1816年），葬在冷水坑，至道光元年（1821年）赅骨同丘氏载归（同上）。

46世金章，乳名宜，祖父先专，曾任凤山县儒学教谕，金章嘉义县庠生，后补禀于台湾（同上）。

47世（东槐派14世），受峡，受元兄弟均在台湾住，系荣清子（同上）。

48世（东槐15世），抄（一作水抄），未（一作和味）兄弟均往台湾（同上）。

19世景肃后裔从平和迁居台中龙井（《陈石盾家族世系表》，转引《谱录》）。

陈元光后裔从平和迁居台湾嘉义（《陈氏族谱》，转引《谱录》）。

陈政后裔从平和移居新竹湖口（《陈氏家谱》，转引《谱录》）。

陈君用后裔从平和宜古田（今大溪乡宜盆村）迁居噶玛兰五里鼎敢埔（今宜兰县五结乡协和村）地方（据大溪乡陈云汉解放前听其曾孙茂荣、茂审面告）。

梅林分派14世正直于乾隆五十一年（1786年）游幕台湾府，嘉庆十年（1805年）回籍携眷卜居噶玛兰员山堡（今员山乡）地方（陈长城：《介绍宜兰复兴庄梅林陈氏》）。

梅林分派14世，蝉，从漳浦梅林迁台，卒于淡水庄（今台北县淡水镇）地方（光绪34年陈锦澜重修《梅林陈氏族谱》，转引自1988年重录增补本）。

梅林分派15世，天应、贼、窥渡台（同上）。

梅林分派16世，川、容、城、汉臣、林仔、红若、枣世荡、继嗣、继因、光辉等渡台（同上）。

梅林分派17世，红菲、红圣渡台（同上）。

梅林社于嘉庆末有30余户迁居噶玛兰员山堡复兴庄，后移五结庄（陈长城：《介绍前清梅林陈氏》，《台湾文献》，第33卷第2期）。

28世（霞宅派一世）后裔迁居台湾地区（1961年陈建章：《霞宅陈氏族谱》抄本，转引《谱录》）。

36世（霞宅派9世），孟康，讳天寿，生顺治十四年（1657年），卒康熙五十八年（1719年）。葬台湾南路（《武荣诗山霞宅陈氏族谱》，转引庄为玑、王连茂编：《闽台关系族谱资料选编》，1984年福建人民出版社出版）。

36世孟燕、讳窦、生康熙二十六年（1687年），卒康熙五十一年（1712年），葬台湾田厝庄（今屏东县万丹乡田厝村）尾（同上）。

36世孟角，讳天麟，生康熙二十三年（1684年），葬在台湾（同上）。

37世（霞宅派10世），仲先，仲怀等15人居台（其中1人系随父住台、1人系渡台第二代），其中卒葬台湾者7人，卒葬万丹埔者5人，卒葬南路淡水者1人，卒葬本山者1人，往台失船者1人。[1]

38世（霞宅派11世），国旺、国书等44人居台（其中有5人系渡台所生第二代，1人生卒在台，但未见其父渡台记载），其中仅记往台或卒台者15人，卒葬万丹埔者21人，卒葬台湾府城者3人，卒葬台湾南路1人，卒葬台北外快官山1人，通顶营1人，往台湾海失船2人（同上）。

39世（霞宅派12世）。家继等85人居台（其中31人系渡台后生第二代），其中仅记往台或卒于台者37人，卒葬万丹埔者30人，东港2人，台湾南路2人，琅峤（今恒春镇）1人，笨港（云林北港一带）1人，鹿港2人，顶淡水1人，……（同上）。

40世（霞宅13世），熙敬等98人居台，其中明确记往台者28人，住台者14人，只记卒于台者56人。除卒葬万丹埔30人外，余散居琅峤1人，台湾府2人，台南市2人，鹿港1人，番仔厝（屏东内埔乡）1人……（同上）。

41世（霞宅14世），醇吉等131人往台。其中明确记往台者33人，住台者35人，只记卒台者63人。除卒葬万丹埔11人外。余散居万峦1人，下淡水1人，梓官庄2人，观音山1人，凤山4人，台湾府2人，东都3人，彰化2人，嘉义9人，北路2人。暖暖（属基隆市）1人，台东1人，……（同上）。

42世（霞宅派15世），祖标等136人居台，其中明确记往台23人，住台21人，只记卒于台者92人。卒葬万丹埔6人外，余散居东港5人，梓官5人，凤山县1人，东都或承天府（今台南市）3人，斗六（今云林县斗六镇）1人，嘉义县4人，彰化县3人，石龟溪4人，他里雾1人（均云林斗南镇），茄冬脚

---

[1] 作者未见到《武荣诗山陈氏族谱》，此处移民资料根据庄为玑等编：《闽台关系族谱资料选编》。文中指出："该族从清初至民国的三百年中，前后移民台湾人数约近二千。"作者认为实际移民人数并没有那样多，该谱所列资料包括一批生长在台湾的移民后裔，而且均记卒于台、往台、住台，关于卒台记载中，不少往台移民，关于住台记载中，不少系生长于台，也有一些系往台移民，很难准确计算出移民的实际人数，是否夫妇同往，有的亦难区别。只好往台、卒台、住台分别统计。

（云林大坤乡）2人，淡水（台北县淡水镇）2人，金包里（台北县金山乡）1人，基隆1人，……（同上）。

43世（霞宅16世），宗述等299人居台，其中明确记往台者35人，住台者98人，卒于台者166人。散居万丹埔5人，赤山埔（屏东县万峦乡）1人，潮州庄（屏东县潮州镇）5人，东港（屏东县东港镇）4人，阿猴厅（屏东县屏东市）1人，涂库（屏东县里港乡）3人，打狗山（高雄市盐埕区）1人，台南府1人，消垅（台南县佳里镇）1人，石龟溪9人，嘉义县8人，彰化3人，新竹2人，竹堑（新竹县）1人，大稻埕（台北市区）2人，三貂（台北县贡寮乡）1人，宜兰2人，淡人2人，……（同上）。

44世（霞宅派17世），创书等261人居台，其中明确记往台者37人，住台者105人，卒台者120人。散居万丹埔5人，潮州庄5人，东港1人，梓官2人，凤山1人，新竹人，嘉义县11人，朱罗门（彰化县）1人，石龟溪3人，中坜（桃园县中坜镇）3人，三貂1人，台北县3人，台湾府（此时的台湾府系今台中市）1人，宜兰4人，……（同上）。

45世（霞宅派18世），垂晓等141人居台，其中明确记往台者9人，住台者70人，卒于台者62人。散居台湾南府城（台南市）1人，盐水港（台南县盐水镇）1人，嘉义县5人，石龟溪2人，三貂1人，中坜3人，……（同上）。

46世（霞宅派19世），植隆等36人居台（其中有12人系渡台者所生第二代），记卒葬台者11人，住台者25人。散居中坜、三朝等地（同上）。

47世（霞宅派20世），翼泉等8人居台（其中有3人系渡台者所生第二代）。分别出生于光绪十九年（1893年）至民国元年（1912年），其中有2人卒于民国二十二年（1933年），其他只记住台，可能仍健在（同上）。

霞宅派另一分支，据陈金章1961年编：《陈氏大族谱》人事录记载，有一批后裔光绪年间以后陆续渡台，现胪列如下：

宗赏，字赐谋，光绪二十三年（1897年）携眷及9岁子创河渡台，卜居中坜镇。

宗租，现年78岁（指1961年，下同），宜兰人，16岁来台。

宗坚，现年70岁，桃园县人，12岁随叔祖教公来台。

宗幼，68岁，台南县人，12岁只身来台。

恁，现年63岁，新竹市人，8岁随父垂总来台。

定言，新竹县人，自幼携眷来台，1958年逝世，享年53岁。

恭，现年64岁，台北市人，11岁随继父宗杭来台。

宏图，现年 58 岁，12 岁随父宗浸来台，卜居冈山，台湾光复，举家迁回霞宅原籍，44 岁再渡台，居苗栗。

叫，现年 68 岁，弱冠只身渡台创业。

燕联，现年 58 岁，新竹县人，年十四随父垂课渡台，卜居现址。

麒麟，现年 54 岁，台北市人，年 10 岁随父宗杭渡台经商。

燕川，现年 52 年，12 岁来台。

锦枝，现年 54 岁，桃园县人，14 岁随父创蛏渡台。

创交，1921 年只身渡台。

金慧，现年 47 岁，22 岁渡台，初居嘉义，现居高雄市经商。

（按年龄推算，上列移民多在日本统治时期渡台）

31 世（沪江后山派 18 世），勋教，生乾隆乙巳年（五十年，1785 年），咸丰甲寅年（四年，1854 年）卒于台湾府（《陈氏大族谱》）。

31 世勋沉，生嘉庆辛未年（十六年，1811 年），于道光壬辰年（十二年，1832 年）卒于台湾府西定下坊，光绪元年（1875 年）归葬深沪（同上）。

陈政后裔从广东海丰移居新竹新埔（陈霖海编:《陈氏族谱》，转引《谱录》）。

（二）开漳圣王派迁台有关问题的初步考察

1. 迁台前的祖籍及其系派

从前列族谱资料可以看出，圣王派迁台前的祖籍，集中于同安、金门、漳州、漳浦、诏安、平和、南安、晋江等县，除居住州治漳州原地后裔外，包括浯阳、银同碧湖、赤湖、溪南、芦溪秀芦与东槐、霞宅、梅林、沪江后山等各个系派。除沪江派外，分属酆、子咏、谟、訏的后裔。

浯阳、银同、赤湖等派均系谟之后裔，谟兄咏以迁恩州录事参军返居河南，由谟袭漳州刺史，唐德宗贞元二年（公元 786 年），随州治迁徙而定居龙溪。后裔迁居，又分出几个分派。

浯阳派　一世祖丙，据《陈氏大族谱》载，系政 14 世后裔“鉴湖公之五世孙，自长泰东门内迁居浯州金门前水头乡”，生卒不详。据此，浯阳派应系圣王派的 19 世后裔。关于浯阳派的来源，族谱记载不一，有称“始祖五代时，从王潮入闽”之说，据明神宗万历三十三年（1605 年）所修族谱记载，系“元光之后，来自唐初”。[①] 现从是说，列为圣王派之一支派。9 世（总 27 世）后裔开始

① 康熙九年陈观泰:《浯阳陈氏重修世系谱序》，转引自《陈氏大族谱》。

迁澎湖。

银同碧湖派　一世祖一郎，系圣王派的 23 世裔孙，从龙溪播迁银同浯岛，住居碧湖。至雍正十一年（1733 年）已传 17 世，"其子孙移住外郡州邑者甚众。[1]" 12 世（总 34 世）始迁澎湖。

赤湖派　一世祖道明，系圣王派的 25 世裔孙，于南宋理宗景定年间（1260—1264 年）从龙溪迁漳浦赤湖定居，17 世（总 41 世）开始迁居台湾。

直浦派　咏迁返河南后，12 传至 17 世汤征，又从光州谪知潮阳。汤征生宋神宗熙宁三年庚戌（1070 年），卒徽宗宣和五年癸卯（1123 年），葬潮阳直浦，后裔定居，为潮阳开基祖。但《颖川陈氏开漳族谱》[2] 的世系表中，却把汤征归为太傅派第三世的夷行，从夷行以下各代两派世系雷同。南陈族谱有虞派陈氏世系太傅派世系亦相同，至汤征以下缺记。该谱记 3 世夷行于唐文宗开成二年（837 年）丁巳由进士官工部侍郎，而其父邕生唐高宗麟德二年（665 年）乙丑。[3] 父子相差一百余年，显误。据《陈氏大族谱》记载，圣王派 9 世彝行生于唐昭宗大顺二年（891 年），与始祖政相差 275 年，相距 9 世相符。该谱所录不少谱序及墓志铭，亦证明咏后裔汤征，系圣王派后裔无疑。

诏安溪南、云霄陈岱、平和大溪与宜古田、芦溪秀芦与东槐、漳浦梅林、南安霞宅等分派，均咏派汤征后裔。

溪南派　一世祖景雍，祖汤征，父文晦。晦有五子，称"五景"。雍为长子，从潮阳迁诏安溪南，为开基祖，诏安成为圣王派咏房的主要住居地。35 世始迁台湾。

大溪派　分自陈岱，系文晦三子景肃后裔分派于此。四传至 25 世肇基迁平和大溪，为一世祖。3 世（部 27 世）移居台湾。

芦溪派　开基祖仲贤，系景肃的 13 世孙，迁居芦溪秀芦，为秀芦派的一世祖（总 31 世）。至曾孙大梁迁东槐，为东槐一世祖（34 世）。生于明成祖永乐十五年（1417 年），卒于孝宗弘治五年（1492 年）。秀芦派 13 世（总 43 世）开始渡台，东槐派 8 世（总 41 世）开始渡台。

梅林派　开基祖陈永兴（讳顺夫），于明洪武五年（1372 年）偕弟永庆（讳顺卿），从兴化迁浦西九婿桥，洪武十四年（1381 年）迁梅林，为一世祖。据

---

① 雍正十一年陈鼎亿：《银同碧湖陈氏族谱序》，转引自《陈氏大族谱》。
② 陈祯祥编：《颖川陈氏开漳族谱》，存厦门市图书馆。
③ 1982 年陈庆余编：《台湾侯亭五大派大宗谱》。

漳浦陈万年先生考证,"梅林陈姓为圣王派中的景肃派。"景肃孙概(21世)因战乱迁白叶(诏安山区),四传至光禄(25世)迁莆田,[①]宜兰复兴庄梅林陈氏祠堂祖先牌位中,立有漳州开基祖元光神位,亦可证明梅林派系圣王派之支派。14世开始迁台。

霞宅派　迁台人数最多的霞宅派陈姓,现存族谱只记开基祖为一郎公,始自何时其源何自已失传。据康熙二十八年(1689年)陈奕光所撰谱序称:"我祖自颍川分派于河南光州固始,以抵入闽,至一郎公遂卜居武荣诗山霞宅,先世集有全谱,迨嘉靖壬戌(41年,1562年)间遭氛乱,而谱付之祝融回禄,其由来细微之事,世远代湮,无从可考矣"。[②]现据《颍川陈氏开漳族谱》(云霄山美藏本)记载,霞宅始祖一郎,其父安保,字伯嵩,生于元顺帝至正甲辰(24年,1364年),生五子,一郎号梅山,二郎号梅崇,三郎号梅嵩,四郎号梅祐,五郎号梅安。系从光州谪居潮阳之汤征的后裔,其世系顺次是:17世汤征,18世文晦,19世景肃,20世肇,21世暨(《陈氏大族谱》作概),22世泰典,23世子成,24世君用,25世崇源,26世福孙(《陈氏大族谱》作福生),福孙生二子,长安保,次得保(字伯强),安保后迁居龙岩上杭,[③]其子一郎迁南安霞宅。台湾陈建章等主编的《陈氏大族谱》亦有相同的记载,并在一郎处旁注"霞宅派"。该谱所列霞宅派一郎以下世系,昭穆相同,名字不符,系另一分支宗谱,陈金章先生即系霞宅派的18纪裔孙,父创河幼年随父宗赏于光绪年间渡台。据此,霞宅一世祖一郎系圣王派的28世孙,9世(总36世)后陆续渡台。

沪江后山派　据《陈氏大族谱》记载,系陈政二子元勋后裔13世开基沪江,一世祖应恺,号皆元,18世(总30世)开始迁台。陈政携二子入闽,为他谱所未载,待考。

2. 迁台时间及移民浪潮

明末出现的移民浪潮　现在看到的最早移民记载,是浯阳派9世(总27世)的陈振遥从金门移居澎湖,由于族谱缺生卒年代,迁澎的时间不明。如按一代平均28年计算,加上616年(政出生年间),则为1372年,系出生于明初洪武年间。另据1983年编的《沙港陈氏族谱》记载,振遥、玉衍、和宗、道太渡澎已传23代,亦按28年一代计算,则为1339年,系出生于元末。比照山美

---

① 陈万年:《漳浦陈氏家族渊源、世系及分布》,《漳浦文史资料》,第8辑。
② 转引自庄为玑、王连茂编:《闽台关系族谱资料选编》,第179页。
③ 云霄县陈政陵园整修董事会誉印:《颍川陈氏开漳族谱》(云霄山美藏本)。

本开漳陈氏族谱。27 代亦系出生在 1364—1367 年的元末年间。大溪分派渡台的巨振子亦为 27 世。同派 33 世出生于康熙三十四年（1695 年），同样推算亦系出生于明代前期的弘治年间。澎湖开发最早，元置巡检司，汪大渊《岛夷志略》记载，已有"泉人结茅为屋居之"。移民近千人。明初虽徙其民，墟其地，但"内地苦徭役，往往逃于其中，而同安，漳州之民为多"。[1]被称"开澎始祖"的振遥等人，于元末明初入垦澎湖，已有可能，但尚有待可靠资料证实。考虑到浯阳派世系有缺漏，振遥的世代并不十分准确，加上移澎后世系未见被徙而中断，子孙继续在澎湖繁衍，其三子且已分徙台南沿海等地。明万历二十三年（1595 年）澎湖开禁之后，移民又大增，明末约达五六千人，认定此时移居澎湖并转徙台湾更为可能。关于振遥的移民时间，现仍采用"万历年间入垦澎湖各地"之说[2]。

银同碧湖派最早移民的是 12 世（叫 34 世）课。按前推算，系出生于明末隆庆年间，应系万历年间入垦澎湖，后裔转徙台中、台北等地。

天启年间，颜思齐，郑芝龙等开始有组织地入垦北港一带。崇祯年间又广招饥民渡台开垦，荷兰统治时期（1624—1661 年）亦采取奖励大陆移民入垦的政策，因此明末出现了大陆移民前往台湾的一次浪潮。圣王派一批移民入澎、渡台，正与此移民潮相适应。

明郑时期移台的记载很少　碧湖陈氏族谱记载，陈一贵系黄帝 141 代后裔，迁台年代不详。另据《台湾省通志》记载一贵妻系延平王堂姑，随郑入台，由台南市入麻豆镇，移住学甲乡。[3]东槐派最早迁台的 8 世朝，缺生卒年代，其祖父生于嘉靖四十二年（1563 年），按前推算，系生于明天启年间（1621—1627 年），应系明末或明郑时期入台。

明郑时期（1661—1683 年）有许多漳、泉籍官兵及移民入台，据陈绍馨氏估计，当时在台汉人应在 12 万人左右，曹永和氏估计则在 15 万至 20 万之间，[4]出现了又一次移民浪潮。但族谱中关于这个时期移民的记载很少，可能与清朝统一台湾后，郑氏官兵及部分移民返回大陆，有些地区移民开垦中断或族谱散失有关。

① 林衡道主编：《台湾史》第四章第一节，1989 年，台北出版。
② 林再复：《闽南人》附录一，1989 年增订五版，台北出版。
③ 李汝和主修：《台湾省通志》，卷二，人民志氏族篇，第五章，1970 年，台北出版。
④ 黄典权：《郑延平台湾世业》，载《台湾史论丛》第一辑。1970 年，台北出版。

康雍乾时期的移民高潮 前列各系派迁台族谱资料,迁台人数最多的是康熙二十二年(1683年)统一台湾之后至乾隆年间。霞宅派9-10世入台的17人中,出生于顺治14—17年的3人,康熙16—43年的11人,雍正年间3人,除1人卒于乾末,其余均卒于康熙年间至乾隆初年,他们多是康熙统一台湾之后入垦台湾的。11世入台的38人中,除个别出生于乾隆初年外,均出生于康熙18年以后至雍正年间,他们多数是康熙末年至乾隆前期入台的。12—13世入台的127人中,记有出生时间的120人,其出生时间分别是:康熙30—35年5人,46—61年17人,雍正年间14人,乾隆前期(30年以前)46人,后期29人,嘉庆年间8人,道光年间1人。有卒年记载的68人中,卒于雍正至乾隆年间的52人,少数人可能于康熙末年入台外,大多数是雍、乾时间入台的。14世仍有一些是乾隆前期出生的,亦可能系乾隆后期入台。

大溪派9世和友生于康熙34年,卒于康熙55年,应系康熙后期入台的。东槐派12—13世入台的14人,均出生于乾隆初年,他们多数是在乾隆中叶以后入台的。诏安溪南派35世元利、鞍等6人移居台湾,据《闽南人》一书记载,元利、鞍系康熙末年渡台的。梅林派14世2人,亦系乾隆年间渡台的。

以上资料说明,从康熙末年至乾隆年间,出现了圣王派的移民高潮,这一移民高潮,是与这个时期漳、泉、粤移民开垦台湾的高潮相适应的。

嘉庆至清末移民仍有增无减 东槐派15世抄、味兄弟2人去台,缺生卒年月,其父生于乾隆四十年(1775年),应系嘉庆以后入台的,16世以后没有移台的记载。梅林派15—16世16人入台,亦系嘉庆以后至清末入台的。陈长城文亦称,嘉庆末年梅林社有30余户迁宜兰。赤湖派的瑞兴出生于乾隆后期,天泽出生于嘉庆年间,分别于嘉庆、道光年间入台。这些分派嘉庆以后入台的记载较少,但从霞宅派的族谱记载来看,14世列往台、住台、卒于台者131人,其中明确记载往台者33人,多数出生于乾隆后期与嘉庆年间,多系嘉道年间入台。15世共列136人,明确记载往台23人,多数出生于嘉道年间,多系道光、咸丰年间入台。16世共列299人,明确记载往台35人,以出生于道光年间为最多,多数系咸同年间入台。17世共列262人,明确记载往台37人,一半以上出生于道咸同年间,不少人系光绪二十年(1894年)以前入台的。18世共列141人,明确记往台9人,有30余人出生于同治年间以前,有的亦系光绪20年以前入台的。该族谱记载卒于台者,亦有不少是往台移民。可见霞宅派嘉庆以后移民人数仍有增无减,特别是16—17世人数猛增,其中很多人应系光绪年间入台的。同治十三年12月（1875年1月）沈葆桢奏："际此开山伊始，招垦方兴"，恳将"严禁内地民人渡台"、"严禁台民私入番界"等"一切旧禁尽行开豁，以广招徕"①。光绪元年正月谕内阁，"着悉与开除"。此后移民人数急增，霞宅派16—17世移民人数猛增，似与开禁有关。

日本统治时期移民并未中断　据《陈氏大族谱》记载，日本占领台湾后的光绪二十五年至三十四年（1899—1908年）有11人渡台，1915至1936年有12人渡台。另据霞宅派族谱记载，15世至20世所列在台人员，光绪五年以后出生的有254人，其中明确注明往台者12人，他们是17世的创迎（光19年生，后列括号内均系出生年间）、创狮（光6）、宏恬（光7）、宏茂（光15）、宏时（光6）、创滥（光27）、创注（光29）、宏耀（宣2）、创财（光7）、创伙（光10）；18世的垂思（光24）、垂团（宣1），按他们的年龄，多数应系日本统治时期（1895—1945年）渡台的，也有个别可能抗战胜利、台湾光复后渡台的。

可见，日本占领台湾后，虽实行警察统治，严查出入，仍无法割断海峡两岸人民之间的联系和移民往来。

3. 迁台后的地区分布及集居地

地区分布　从前列族谱资料可以看出，圣王派先后移民今澎湖湖西乡、马公镇，台南市及台南县的学甲镇、佳里镇、盐水镇、大埤乡，高雄市的盐埕区，高雄县的凤山市、梓官乡，屏东县的九如乡、万丹乡、东港镇、内埔乡、万峦乡、恒春镇、里港乡、潮州镇、彰化县的彰化市、鹿港镇、二水乡、田中镇、杜头乡、竹塘乡、田尾乡，南投县的南投镇、名间乡、集集镇、水里乡、竹山镇，嘉义县的嘉义市、东石乡、梅山乡、番路乡，云林县的斗南镇、斗六镇、北港镇，台中市及台中县的龙井乡、大肚乡、大安乡，基隆市、台北市及台北县的三重市、淡水镇、贡寮乡，桃园县的中坜镇，新竹县的新竹市、北埔乡，宜兰县的五结乡、员山乡、三星乡及台东县等地。包括除苗栗、花莲二县以外的台湾21个县市中的19个县市。这是移民初期的情况，后来又辗转迁徙，更遍及各县市的各乡镇。

集中居住地　从前列族谱资料还可看出，圣王派迁台后，有几个比较集中的住地。

明末开始迁台的浯阳派及银同碧湖派，最先迁居今澎湖湖西乡的沙港村、

---

① 沈葆桢：《台地后山请开旧禁折》，载《沈文肃公政书》，卷五。

龙门村、喜东村，后又迁今马公镇等地。其后裔繁衍澎湖各岛，并移徙台南、台北等地。

康熙年间开始移民的霞宅派，初期几乎全部集中居住今屏东县的万丹乡，有明确记载卒葬此地的有 9 世 1 人，10 世 5 人，11 世 21 人，12 世 30 人，13 世 30 人，14 世 14 人，15 世 6 人，16 世 3 人，17 世 3 人，先后计 112 人。14 世以后迁万丹乡的人数逐渐减少，但又出现了几个新集居地。如今高雄县的梓官乡，嘉义县的嘉义市，云林县的斗南镇、斗六镇，彰化县的彰化市、鹿港镇。16 世以后不少人移居台北。并有一些人移垦宜兰。

乾隆年间迁台的东槐派，有明确记载地点的几乎全部居住"台湾南路冷水坑"。台湾名冷水坑的地方不止一个，但南路冷水坑疑指今屏东县的九如乡，该乡玉水村清代名下冷水，日据时期名下冷水坑，东宁村清代名中冷庄。地居下淡水溪东岸，里港南面，清代属港西里，系康熙中叶后陆续开发的地区。

赤湖派迁台始祖士灶迁居南投的名间、田间，瑞兴、松贺迁彰化的二水乡，天泽迁东螺东堡，即今二水、社头、田中、田尾、北斗、溪洲一带。这一派集中住居浊水溪中游北岸南投与彰化二县交界地区，系漳、泉移民乾隆年间集中开发的地区之一。

4. 台湾颍川陈氏的姓量、比重、位次及圣王派开发台湾的贡献

陈氏本支繁盛，计有陈国、齐国、户牖、山阳、颍川等衍派。以陈政、陈元光父子为入闽始祖的开漳圣王派，以陈忠、陈邕父子为入闽始祖的太傅派，以陈伯宣为始祖的南朝派的江州义门派迁居华南的后裔，都是颍川派始祖陈实的后代，系闽、粤陈氏的三大源流。台湾移民祖籍主要来自闽、粤二省，开漳圣王、太傅、南朝三派亦是台湾陈氏的三大主流。

姓量、比重及位次 据 1930 年日据时期台湾 31003 户调查资料表明，共有 193 种不同的姓氏，陈姓占 12%，居首位。另据 1953—1954 年台湾省文献会在 18 个县、市、区（不包括云林、台东、高雄、桃园四县）的调查资料，计有住 828804 户，有 737 种不同姓氏，陈氏共 91375 户，点 11% 强，仍居全省首位。陈姓在 18 个县市中，除台中市及花莲县居第二位，彰化居第 7 位外，其余各县市均居首位，现列表如下：[①]

---

① 《台湾省通志》，卷二，第四章。

表 1-7　陈姓在 18 个县市的姓量及位次表（1953—1954 年）

县市别	户数	位次	县市别	户数	位次
台北县	13331	1	南投县	7035	1
台北市	3860	1	彰化县	2985	7
基隆市	4624	1	嘉义县	10050	1
阳明山特别区	2077	1	台南县	16100	1
宜兰县	994	1	台南市	5200	1
新竹县	6235	1	高雄市	1234	1
苗县	4460	1	屏东县	2029	1
台中县	2698	1	花莲县	836	2
台中市	4049	2	澎湖县	3514	1

另据 1956 年台湾第一次全省户口普查，利用户口普查口卡系统抽样四分之一统计结果。共有样本 2318574 人，扣除姓氏不详者外，有效样本 2316401 人，陈姓占 11.3%，居第一位，其在各个县市的位次及所占百分比列表如下：[①]

表 1-8　陈姓在 22 个县市的位次及所占比例表（1956 年）

县市别	位次	百分比	县市别	位次	百分比
澎湖县	1	16.8%	台东县	1	11.2%
阳明山管理局	1	16%	台南市	1	10.8%
南投县	1	13.6%	基隆市	1	10.7%
台中县	1	13.6%	花莲县	1	10.1%
彰化县	1	12.9%	新竹县	1	9.5%
台南县	1	12.5%	苗栗县	1	9.5%
屏东县	1	12%	高雄县	1	9.1%
高雄市	1	11.8%	桃园县	1	8.4%
台北市	1	11.6%	宜兰县	2	10.9%
台北县	1	11.5%	台中市	2	10.5%
嘉义县	1	11.5%	云林县	2	8.8%

①　李栋明:《台湾大姓人口县市分布特点研究》，载《台北文献》直字第 44 期，1978 年 6 月出版。

陈姓在 19 个县市均占第一位，在 3 个县市居第二位。其分布特点是，凡福佬人所占比例高的地区，陈氏的占有比例也较高；都市、东部及客家人集居区陈姓比例较低。最高的澎湖比最低的桃园刚好高一位。宜兰县、台中市虽居第二位，但其比重也超过 10% 以上。与其他姓氏比较，陈姓人口分布的普遍性及稳定性在各姓中自属最高，分布的差异程度因而最少。

圣王派开发台湾的贡献　族谱中关于开发台湾的记载很少，只能从集居地人口结构等情况进行粗浅的考察。陈姓一直是台湾的第一大姓，约占全省汉人九分之一左右，开发台湾的巨大贡献可想而知。目前还难于统计出圣王派陈姓的姓量，但本派是台湾陈姓三大主流之一，同样为开发台湾也作出了很大的贡献。特别是圣王派集中居住的地区，其贡献尤大。如陈姓是澎湖十大姓中的第一大姓，占澎湖人口的六分之一。因地近金门，有七成以上移民来自金门，浯阳派及银同碧湖派首先开发今湖西乡，陈振遥被称为"开澎始祖"，子孙繁衍各地，在开发湖西乡、马公镇等地作出了很大的贡献。

赤湖派集居地的彰化、南投等县一些乡镇，据 1956 年调查资料，陈姓住户很多，二水有 1141 户。田中有 2105 户，田尾有 979 户，永靖有 969 户，北斗有 901 户，社头有 727 户。① 南投县的名间陈姓的比重高达 41.5%，他如台中县的大肚，亦占 24%。② 这些台湾中部东南平原及丘陵地带，主要是漳州移民开发的，如二水、社头、永靖、南投、名间等乡镇，田中、田尾、溪州、大肚等乡镇，也主要由漳州移民所开发，以圣王派为主的颖川陈氏与漳州移民一道，为共同开发这些地区立下了功勋。

霞宅派初期集居地是万丹乡，东槐派集居地是九如乡，圣王派更与客家人一道，为开发屏东下淡水溪沿岸地区，作出了贡献。

三重自清初以来，共有陈姓移民 1340 户，其中一半左右来自泉州，以圣王派为主体的颖川陈氏，在开发三重及台北地区也作出了很大的贡献。清末进士陈登元，系赤湖派后裔，台北士林一带陈氏多赤湖派③，他们为开发士林也作出了出色的贡献。

漳浦梅林派 30 余户后裔在陈正直领导下，于嘉道年间，开垦宜兰员山复兴

---

①　吴荣兴监修:《漳化县志稿》，卷三，居民志。
②　《闽南人》，第三章，表三。
③　盛清沂总纂:《台北县志》，卷六，氏族志。

庄土地一百余甲，并经营金漳兴水郊行①，为开发宜兰作出了贡献。漳浦赤湖派的陈辉煌，于咸丰十一年迁居宜兰后，领导当地先住民，组织 19 个结首，开辟三星乡，作出很大贡献。还先后配合沈葆桢、刘铭传进行"开山抚番"事业，并参加抗法保台斗争②，为开发宜兰，保卫台湾建立了功勋。

圣王派訏房后裔岩公派下，迁台开垦竹山社寮及集集林尾，也为开发南投县作出了自己的贡献。

还应指出，圣王派迁台人员中也有一些文人，如梅林陈正直以游幕台湾府而定居宜兰，东槐陈儒生以"读书功名不就，往台湾"，霞宅派 17 世的宏棋、宏笃，亦以"累困场屋""未获见售宗匠"，而"功名念急，遂买棹东游"。他们迁台后为传播中华文化，起了一定的作用。圣王派迁台后裔中，更涌现出一批文人学士。如霞宅派 11 世至 17 世出了九个秀才，二个贡生，东槐派也出了一个秀才。特别值得指出的是，赤湖派后裔还出了两名进士。一是陈望曾，同治 13 年成进士，任广东雷州、韶州、广州知府多年，后擢广东劝业道，为振兴实业，不遗余力，尝密助民党革命。一是陈登元，光绪 16 年成进士，任山东知县，后致仕家居，光绪二十一年日军犯台时，曾纠集义勇 500 名抗日，失败后内渡③。他们或为传播祖国文化，或为保卫台湾，或为振兴大陆的实业，分别贡献了自己的力量。

七、济阳丁姓迁闽入台考

（一）台湾的丁姓

台湾省汉族人民有 700 余种不同的姓氏，据台湾省文献委员会于 1953—1954 年对五市一区十一县（缺桃园、云林、台东、高雄四县）的不完全统计，丁姓共 798 户④，列全省第 88 位。未列入统计的云林县，据 1960 年调查，有丁姓 1080 户，列全县第 16 大姓；高雄县凤山镇等地是丁姓早期移民聚居之地，

---

① 陈长城：《介绍宜兰复兴庄梅林陈氏》，载《台北文献》直字第 69 期，1984 年 9 月出版。
② 《宜兰文献》，第三卷，第二期，《陈协台辉煌特辑》，1969 年 1 月出版。
③ 陈望曾传、陈登元传，均见《台湾省通志稿》，卷七，人物篇。
④ 台湾省文献委员会：《台湾省通志》卷二，人民志氏族篇，第 34 页，第 184 页，1971 年6 月。

虽无统计数字，户数也必定不少；桃园县据调查有丁姓住居 1143 人，列全县第 84 位，以一户 5.5 人折算，约 200 户。上列总计，全省丁姓户数当在 2000 户以上。丁姓居民散居台湾各地，其中以台南县、台南市、云林县、嘉义县、彰化县、高雄县、基隆市、台北县、台北市等地所居尤众。

台湾的丁姓究系何时迁居台湾的呢？《台湾省通志》的结论是："丁姓之入台，始自清代中叶。"其依据是嘉庆年间以后的碑记中，出现过 6 位丁姓捐修庙宇、桥梁的名字，即凤山县丁霸（嘉庆四年）、丁泉珍（嘉庆十二年）、丁泉盛、丁泰山（均嘉庆二十三年）、台南县丁寿昌、桃园县丁文开（均嘉庆二十一年），又依据道光十一年至光绪年间有嘉义县丁捷三、丁自来、彰化县丁金城、丁嘉泉 4 人中文、武举人，便得出前述丁姓入台年代的结论[①]。

据作者查阅台湾南部碑记加以统计，嘉庆年间丁姓捐银修庙宇、桥梁的有丁合春等 13 人次，其中 2 人重复，实际为 11 人；道光年间有丁元观等 22 人次，其中重复 4 人，实际为 18 人；咸丰年间有丁舜后等 2 人；同治年间有丁焕彩等 12 人，其中重复 2 人，实际为 10 人；光绪年间有丁义 1 人。以上共计 50 人次，除去重复者外，实际为 42 人[②]。同时查阅科举名单，除省通志所列 4 人外，发现有彰化县丁寿泉，于光绪六年成进士[③]。以上 47 位丁姓人物的分布是：高雄县 26 人（占总数 62%）、台南县市 11 人（占 26%）、屏东县 4 人、彰化县 3 人、嘉义县 2 人、台东县 1 人。可见省通志的统计是不够全面的。

特别值得注目的是，作者发现碑记中亦有乾隆年间 3 个丁姓人士，一是乾隆三十三年《重建烽火馆碑记》中，有信士丁文敬捐银二钱；二是乾隆四十三年《重新虞朝庄关帝庙碑记》中，有丁容观捐银一大圆；三是乾隆六十年《重兴护庇宫碑记》中，有丁顺昌捐银八元[④]。由此可见，嘉庆年间以前，大陆丁姓早已开始移居台南县、市，台湾省通志关于丁姓之入台，始自嘉庆年间以后的"清代中叶"的说法是不准确的。

台湾的丁姓究从何时、何地迁入台湾的呢？丁姓的姓源又出自何处呢？因台湾丁姓宗谱等史料湮失，已难于查考，但台湾各地丁姓普遍流传着这样相同的口碑传说："先世济阳人，唐末五代间入闽，居泉州"[⑤]。究竟这些传说是否符

① 同上
② 《台湾省南部碑文集成》，台湾文献史料丛刊第九辑。
③ 《台湾省通志稿》卷七，人物志，林再复：《闽南人》附录四。
④ 《台湾省南部碑文集成》，台湾文献史料丛刊第九辑。
⑤ 《高雄县志稿》（二），第 58 页。

合历史真实？如果属实，济阳丁姓确于何时入闽？又于何时迁入台湾呢？这就是本文着重要考证的问题。

（二）济阳丁姓迁闽祖及其后裔

据《闽书》记载："唐代有丁儒者，通经术，喜吟咏，练达世务，陈政引为军咨祭酒。元光代政，引儒佐郡，与元光驱盗贼，剪荆棘，营置漳郡，劝农重本，国用以周。负固不服者，率轻锐捣之。漳人颂元光父子，则辄称佐郡丁承事"[①]。由于丁儒的业绩与元光父子的开漳事业相始终(丁儒比元光早一年去世)，有的记述则认为丁儒与陈政均河南光州固始人，系唐高宗总章二年（公元669年）随政同时入闽。近查阅《白石丁氏古谱》（简称《古谱》，下同）[②]，有关丁儒的祖籍及入闽时间均得到准确的回答。《古谱·懿迹纪》始祖丁儒条款：

> 始祖唐开漳名宦、军咨祭酒、佐郡别驾、九承事郎丁府君，讳儒，字学道，一字维贤，先济阳人，徙光州固始。府君童岁举进士于乡未第，曾镇府以女许之，高宗麟德间甲子，曾以诸卫将军镇闽，府君就闽赘焉。总章二年戊辰，天子遣将军陈政与曾镇府更代，而曾遂留寓龙江。府君通经术，喜吟咏，练达世务，将军政与语慕焉，引为军咨祭酒，有所注措，悉与筹划，为莫逆交。政没，子元光代，府君复佐元光平寇开郡，功专帏幄，置郡治漳浦，垂拱间承诏任佐郡承事郎[③]。

《古谱·年月纪》第一世开基始姐条载：

> 开基始祖唐开漳名宦别驾、九承事郎，讳儒，字学道，一字维贤，河南光州固始人。唐初举进士于乡未第，为曾镇府婿。高宗麟德元年甲子，从镇府戍闽，开屯九龙江，后与陈将军为莫逆交，共平潮寇。同政子元光开创漳郡，为本州左承事郎，其行九，故称九承事郎云。卜居江东象山之原，为丁氏肇世祖焉。生年月日未详，卒于唐睿宗景云元年庚戌十月初日，娶曾氏，……合葬本

---

①　何乔远：《闽书》，卷之四十一，君长。

②　《白石丁氏古谱》（影印本），分上下两册，蒙漳州市地方志办公室苏炳堃副主任的帮助，查阅古谱，特表感谢。

③　《古谱·懿迹纪》，第31—32页。

地丁坑源。……崇祀郡庠名宦祠①。

从上述有关记载,可以看出:

(1)丁儒祖籍系济阳,后徙光州固始。

(2)丁儒于唐高宗麟德元年(664年)从固始随其岳父曾镇府戍闽。比陈政于唐高宗总章二年入闽的时间早五年。

(3)总章二年陈政代曾镇府,丁儒被政引为军咨祭酒,佐政开屯、平乱。政殁,又佐政子元光平乱、开郡,任漳州左承事郎。其一生业绩与元光父子的开漳事业密切结合在一起。《古谱》中保存了丁儒佐元光父子开漳的具体事迹,非本书重点,不赘。

(4)丁儒生年未详,卒于唐睿宗景云元年(710年)十月。死后与妻曾氏合葬于本地丁坑源。

(5)丁儒入闽后定居龙溪江东象山,该地系丁儒开屯旧地,卜居后"府君募民障海为田,泻卤成淡,而沿江上下暂有耕地,为吾乡永世之利。……而龙溪为漳负郭县,此江东丁氏所由始也"②。丁儒系漳州丁氏的肇基祖。

可见,丁儒的身世与台湾丁姓的口碑传说基本吻合:先世系济阳人,唐代入闽(丁儒系唐初入闽,口碑系唐末、五代入闽,时间有出入),居泉州。查丁儒入闽时,龙溪为泉州属邑,至丁儒死后31年,即唐玄宗开元二十九年(711年),才改割泉州龙溪县属漳州。

丁姓的源流多歧,据有关记载,有丁侯、丁伋、孙匡、于庆之后及西域改姓等说,关于丁儒的姓源出自何处,古谱《姓氏源流》序一文中也有明确记述:

丁之姓起于齐太公望之子丁公及者也。……吕尚佐周封于齐,复古姓为姜氏,其子伋入典兵权,世济其美号丁公。丁公宗子袭侯爵,仍姜姓如故,而分邑之支,念其出于丁也,遂因丁之号以为姓。故姜之分姓不一,而以地姓者,人得而参之,惟姓出于名,则一人之私也,丁之姓所以不多见于天下也。③

按此,迁居漳州的济阳丁姓,系齐太公子丁伋之后裔,丁与姜同出一源。

---

① 《古谱·年月纪》,第10—11页。
② 《古谱·懿迹纪》,第33—34页。
③ 丁太莹:《姓氏源流序》,《古谱》上册,第10—13页。

丁儒自入闽定居象山至去世，在漳 47 年，死后子孙世守其业，历五代、宋、元、明迄清初，千余年来其后裔"簪缨相替，代不乏人"，以宋中叶最为鼎盛。如第 9 世①丁邦友登宋孝宗隆兴元年（1163 年）进士，丁知微中乾道四年（1168 年）戊子科乡贡第一名，丁知几于宋宁宗庆元五年（1199 年）以特奏优等赐同进士出身，或以理学著，或以宦绩称，兄弟"齐声艺苑"。其子孙有十余人，或中举人，或以文行、明经、茂才荐辟为大理寺丞、光禄寺丞、宣德郎、迪功郎、承事郎②。至元代，其子孙尤多气节林下之士。入明稍衰，然而笃学励行之士，比比皆是。如 22 世之丁玉明弃举子业，闭户著书，其理学文章为何乔远、黄道周所推许。其后裔经历代变乱，子孙"逃散外郡者，比比皆是"。见于《古谱》记载者，有 6 世丁孟孙移居文山亩中，10 世丁端明以朝奉大夫知潮州军事而立籍潮州仙田乡，14 世丁君益分居漳浦何衙白石仔内，17 世丁长宁后裔分居诏安，18 世丁君和移居平和，后裔又有再移居海澄港尾墩仔头及山柄。可见，济阳丁姓迁闽又散居闽南各地及广东潮州。也有一部分后裔前往海外经商，有的定居东南亚等地。明清鼎革之际及清初，也有一部分后裔迁居台湾。

（三）闽南丁姓后裔迁移台湾

现存《白石丁氏古谱》为济阳丁儒后裔迁移台湾，提供了宝贵的资料，该古谱始修于宋季，续修于明嘉靖、崇祯年间，至清乾嘉时仍不断增补。作者见到的影印本分上下两册，上册所存唯谱序、叙、引、宗祠记、懿迹纪、节孝纪等，下册所存主要是君益派宗禹长、次房的年月纪及世系图，其他各房均残缺不全。加上清代前期严禁渡台，有的赴台后裔，谱中并不明记，所以现在能查到的只是丁姓赴台后裔的一小部分。

现将《古谱》所列赴台丁氏后裔分述如下：

1. 24 世丁世勋，明郑时期入台。

《古谱》载，24 世丁东海，讳世勋，字古臣，郡庠生。明隆武二年（1646 年，丙戌）储贤馆特简文贤。自述称："丙戌之役，余侧储贤，奉旨扈驾，驻跸瓯宁，屡上言书不能自达，乃造马还。"③说明他一度参加了南明的抗清斗争。

---

① 自唐麟德元年（664 年）丁儒入闽至宋绍兴十四年（1144 年）丁知几生，历 480 年，至少已传 16 代以上，证之《陈氏开漳族谱》，至绍兴二后子传 19 代，《古谱》记知几为第 9 代，显误，至少漏记七、八代。现为行文方便，仍沿用之。

② 《漳州府志》（光绪），卷之十六，选举。

③ 丁世勋：文峰丁氏宗史叙，《古谱》上册第 18 页。

《古谱》记其赴台与冤案有关。因康熙四年（1665年）有富商徐跃乘清廷厉行迁海之际，厚赂防守，越界占葬丁氏祖祠，世勋率族中叔侄屡控不决，族人反受棰楚，几毙杖下，"贫儒饮恨，义不共戴，惨被荼毒，奇冤莫伸"①。当康熙十年（1671年）又一次控案败诉后不久，世勋愤而入台。族侄丁春芳所撰传记称："叔台素有文学，厥后郁郁不得志，往台湾，竟殒其躯，二子亦无所传，惜哉"。②

按：康熙十三年（1674年）郑经乘"三藩之乱"出兵进攻闽粤沿海，一度攻下漳、泉等七府之地，至康熙十九年（1680年）败退台湾，其间郑军多次屯兵漳州城外的江东桥一带，世勋与抗清力量有历史渊源，在败诉愤恨之余，通过郑军关系入台也是很自然的，其赴台时间应系康熙十三年至十九年之间，即系明郑时期入台。"往台湾，竟殒其躯"，未知所指是殒于途中或殒于台湾，"二子亦无所传"，可能由于定居台湾之故，族谱阙记。这是《古谱》所记最早入台的丁姓后裔。

2.25世丁松，清初入台。

《古谱》世系图载："长安七世孙宝山，子名松，往台湾"③。

按：长安系君益派16世宗禹之四子，其七世孙宝山系24世，子丁松系25世。宗禹四房宗谱缺年月纪卷，其生卒年月缺详。与他房25世比照，约系生于顺治、康熙年间，入台时间当在清初。

3.25世丁品石，清初入台经商，创造基业以遗子侄。

《古谱·懿迹纪》载："二十五世捐资光裕名仁，讳锡靖，字品石，……以乐善好施为心，遂弃举子业，经营于东宁，克勤克俭，创造基业以遗子侄，毫不为私。族人来投，皆善遇之，故族人皆称其德。归来家置蒸尝以供祭祀，乡有义举皆乐成之"④。

按：生卒年月缺，比照他房25世，应系生于顺治、康熙年间，入台时间当在清初。

4.27世丁玉玑，品石孙，清代前期在台继承祖业。

《古谱·懿迹纪》载："二十七世乡大宾讳上林，字玉玑，乳名攀，清馥公长

① 丁世勋：奸商徐跃占葬贤宦祠地冤揭，《古谱》上册，第41-42页。
② 《古谱·懿迹纪》，第112页。
③ 《古谱·世系图》，第3页。
④ 《古谱·懿迹纪》，第117页。

114

子。品石公孙也。自品石公往贩东宁，建基贻谟，至上林，少有壮志，经营辛苦而光大之。笃实待人，忠厚交易，四方远近皆乐交焉，而利泽遂广矣。族人有到东宁相投者，皆善遇之，有能者因材任之。归家建置……小宗一座，以祀请馥公，置祀田，春秋祭祀。又建书田，以鼓励子孙读书，……乡有义举皆乐成之"①。

按：丁品石生当明清鼎革之际，遂弃举子业经营东宁，创基业以遗子侄，孙玉玑经营辛苦而光大之，祖孙三代在台经商，并先后接纳一批来投族人，品石、玉玑晚年虽归居故里，但定有一些后裔及族人定居台湾。

5. 27 世丁盈，乾隆初年入台。

《古谱·年月纪》卷载："田之次子名盈，外出台湾"。世系图载：丁田"次子名盈，外出"。

按：丁田生于康熙十六年（1677 年）四月十八日，卒于乾隆十四年（1749年）九月初一日，其三子丁华（盈胞弟）生于康熙四十九年（1710 年），丁盈系生于康熙四十九年之前，其入台时间当在乾隆初年或雍正末年的青壮年时期。

6. 27 世丁怀，乾隆中叶入台。

《古谱·年月纪》卷载：让之三子名怀，生乾隆戊午年五月初五日寅时，卒乾隆辛丑年八月十六日辰时，葬台湾，娶江氏，改适。

按：乾隆戊午年系乾隆三年（1738 年），辛丑年系乾隆四十六年（1781 年），丁怀生卒于乾隆年间，其入台时间当在乾隆中叶。

7. 27 世丁天，乾隆年间入台。

《古谱·年月纪》卷载："探之子名天，往台"；世系图载："娲之次子名探，长子名天，往台湾"。

按：26 世丁探生于康熙四十二年（1703 年），天为长子，应系生于雍正年间，其入台时间当在乾隆年间。

8. 28 世丁邦，乾隆年间入台。

《古谱·年月纪》卷载："荐之次子名邦，外出台湾"。世系图未载外出或往台。

按：27 世丁荐之长子丁寻，生于乾隆三年六月，卒于乾隆五十三年（1788年）三月，荐之四子生于乾隆二十年（1755 年）九月。据此，次子邦系生于乾隆四年至十八年之间。其入台时间当在乾隆年间。

---

① 同上书，第 122 页。

《古谱》中尚载有 26 世丁活、丁报、27 世丁勤、丁祐、丁熊、28 世丁道、丁祯、丁应祖等 8 人"外出",其中必有偷渡台湾而不敢明记者①。

《古谱》所载的上述资料说明,白石丁姓在明郑时期及清治后前期(康雍乾年间),有一批后裔先后渡台,有的因反对清朝的统治或对现实不满而前往台湾,有的因前往台湾经商,经营数代,创建基业,并招留一些往投族人,其中有的遂定居台湾;有的自台湾归清,大陆与台湾统一之后,前往开发台湾。郑成功入台及康熙统一台湾后,有大批漳、泉先民移居台湾,出现了移民入台的二次热潮,他们为开发台湾作出了巨大贡献,其中也包括丁氏后裔。这些史实更有力证明了《台湾省通志》关于"丁氏之入台,始自清代中叶"的说法是不准确的,错误的。

《古谱》均未记载丁姓后裔入台的地点,但据碑记等所提供的资料,清代台湾丁姓均集居于沿海港口及其附近平原,即今之台南市及嘉义县沿海地区,台南县的盐水镇、麻豆镇、仁德乡、归仁乡,屏东县的万丹乡,彰化县的鹿港镇,云林县的台西乡、麦寮乡,桃园县的芦竹乡、龟山乡,这与清代漳、泉移民开发的地区相符,加上台湾丁姓的口碑传说与丁儒的经历基本相符,因此有理由认为,由济阳而固始、由固始而入闽的丁儒后裔,是今天台湾丁姓的重要族源之一。正如《高雄县志稿》指出的:"本县多漳、泉丁姓,臆应有其(按:指丁儒)后裔"②。白石丁氏古谱对这一推断给予了证实。

台湾丁姓的另一重要族源则是泉州府之晋江县,道光年间台湾举人丁捷三、光绪年间进士丁寿泉、举人丁嘉泉三人的祖籍均系晋江县。查晋江县陈江乡(即陈埭乡)丁姓在明末已是望族,嘉靖、万历年间有丁自申一家三代连登三进士③,其后裔于清代迁台者不少。据仅《陈江分派东石丁氏族谱》记载,自康熙末年至光绪年间,有丁肇禄等 40 余人先后迁往嘉义县城及后镇村、东石寮等地(其中丁肇禄、丁禄完、丁禄牟三户先后迁台者占 17 人),在嘉庆以前迁台者约占一斗④。进士丁寿泉的祖父丁朴实,即于嘉庆年间由陈埭江头乡迁居台湾的⑤。据庄为玑教授等调查研究,认为晋江陈江丁氏的祖先系阿拉伯人,开基祖丁节

---

① 丁怀、丁盈、丁天、丁邦 4 人入台及丁活等 8 人外出,出处均见《古谱》世系图及年月纪卷第 27 世、28 世条。

② 《高雄县志稿》(二),第 58 页。

③ 怀荫布:《泉州府志》,卷之三十四,选举一。

④ 庄为玑、王连茂:《闽台关系族谱资料选编》,第 146—148 页。

⑤ 《汉声》第 19 期,1988 年 12 月台北出版。

斋于元初自苏州行贾泉州,遂卜居郡城。元明易代,三世硕德携子仁庵避居晋南陈江乡。该族祖先信仰伊斯兰教,现族人还保留一些回族的风俗习惯[①]。可见,泉州陈江丁姓与漳州白石丁姓的族源是不相同的。

此外,福建莆田、闽侯、建阳、建瓯、崇安等各县亦有一些丁姓住民[②],他们的后裔是否迁台,福建以外的其他省、市的丁姓后裔是否迁台,均因文献无征,待考。所以,有关台湾丁姓迁台前的祖籍及其不同族源,尚有待进一步发掘宗谱、族谱等史料,加以考订、证实。

八、台湾雾峰林祖密一家与祖籍漳州的密切关系

林祖密,原名资铿,别字季商,清光绪四年四月十四日(1878年5月15日)出生于今台湾省台中县雾峰乡。其祖籍系福建漳州平和五寨埔坪村,迁台祖系埔坪14世林石(1729—1788年),迁台的林石及其在台后裔始终与祖籍保持经常的来往和联系。

林石于清乾隆十一年(1746年)18岁时首次“结伴渡台,阴为拓土定居计”。旋以祖母书至,“匆遽复归”。越七年,祖母逝世,乃令两弟林寿(1732—1786年)、林捻(1734—1779年)守庐墓,己于乾隆十九年(1754年)复独行至台湾,卜居今台中县大里乡,“购地而耕,治沟洫,立阡陌,负耒枕戈,课晴习雨,勤劳莫敢懈。数年家渐裕,拓地亦愈多”。乾隆二十二年(1757年)林石在台湾垦殖有成后,便回埔坪展墓,与弟商议奉父林江(1708—1738年)及母曾氏骸骨移葬于大里,偕二弟一起渡台。至乾隆二十五(1760年)时,林石兄弟已成为拥有四五百甲土地的大富户了。乾隆后期,大里附近“漳泉械斗蔓延数十村庄”,林石“念此非乐土,议复故里”。于乾隆四十八年(1783年)乃命长子15代林逊(1762—1783年)“携资赴平和,谋置产避患”。林逊既回埔坪,“方相地筑屋,得病遽逝,遂不果”。(《台湾雾峰林氏族谱》,林献堂撰:太高祖石公家传)乾隆五十三年(1788年)埔坪迁台祖林石逝世后,其迁台后裔一度与祖籍关系较为疏远,但仍不时派人回埔坪参加正月祭祖、办丁或清明扫祖墓活动。为了使祭祖、祭墓活动“永垂久远”,于光绪十九年(1893年)台

---

① 《闽台关系族谱资料选编》,第145页,《陈江分派东石丁氏族谱》按语。
② 参见《八闽通志》(万历)、《万姓统谱》(明凌迪知撰)、《福建通志》等书。

湾林氏培远堂以 18 世林文荣、林文钦（祖密叔祖）、19 世林朝栋（祖密之父）为代表在埔坪购置虎房 11 世奇昴公祀田，并立碑于埔坪绥丰培远堂家庙。碑中记载购置祀田三片，共花银 509 元，其田受种 7 斗，赋税 25 石 6 斗。规定将"该祖拢作三分，祭祖应得二分，祭墓应得一分。每遇祭祀，筵席必邀请同事及与祭者，以昭一脉和气，庶可永垂久远"。经县正堂桂批："准如所请在案"。（附注 1）这从物质上保证了每年祭祖、祭墓活动的正常进行，对团结闽台林氏宗族起了重要的纽带作用。

林祖密的祖父 18 世林文察（1828—1864 年）以带领台勇助剿闽浙太平军，曾转战闽浙数年，并以军功官至福建水陆提督，文察是否回过埔坪祭祖未见记载。但他于同治三年（1864 年）被太平军击毙于祖籍漳州万松关瑞香亭，时年 37 岁。死后清廷追赠太子少保，谥刚愍，入祀京师、本籍及建功殉难地昭忠祠，赏骑都尉世职，兼一等云骑尉世职。（林幼春撰：先伯祖刚愍公家传）后在漳州祖籍建宫保第，地址在今漳州新华西路人委巷，现为漳州市文物保护单位。也可算是叶落归根，死于祖籍，虽尸骨无存，却有宫保第长留人间，供后人瞻仰。

林祖密的父亲 19 世林朝栋（1851—1904 年）以世袭骑都尉，光绪十年（1884 年）率乡勇与法国侵略军战于三貂岭、八堵等处，以参加基隆保卫战有功，被举为候选道员，旋钦加二品衔，赏戴花翎。台湾巡抚刘铭传委为中路营务处兼抚垦局局长。以抚垦及平乱功，先后赐劲勇巴图鲁徽号，得旨赏穿黄马褂。前已提及，他曾于光绪十九年回祖籍建置奇昴公祀田，并立碑宗庙。光绪二十一年（1895 年）"割台议成，挈眷内渡"，居厦门鼓浪屿，后转寓上海而终。据家人回忆，"他临终前，对儿孙执手相告，台湾是在我任内丢掉的，望你们日后一定要收复这千古汉土之邦"。卒年 54 岁，其诸子扶榇归祖籍，卒葬于漳州香亭坂。（林资镬撰：先考荫堂公家传）同样是叶落归根，白骨长埋祖籍青山之丘。

20 世林祖密于 1895 年 18 岁时随父内渡，旋奉父命"回台治产"。1904 年父殁，乘为父奔丧，举家从台湾迁回厦门鼓浪屿，并于 1913 年向日本驻厦领事署申请退出日本籍，是冬由中华民国政府内政部发给恢复国籍第一号执照。祖密回大陆定居不久，1907 年漳州一带遭受特大洪水灾害，"饿死者累累"，林祖密闻讯"由鼓浪屿以小火轮运米入漳散赈，并施衣施棺，糜金数万元不稍吝"。祖籍人民交口称赞。据 50 多年前报上曾登有一篇文章叙述祖密如何从捐官改良吏治到从事实业建设的转变。该文记载祖密自割台后"见于敌人在台所施残酷手段，异常痛愤。同时见于国家积弱，端在吏治不良，"他1904年返闽后不久，便"纳赀为广东候补道，思有所补救"。当他首次衙参两广总督岑春煊时，岑即诚之曰："汝年纪尚轻，何必作官，古人说，学而优则仕，汝盖归去求学？"祖密"热望而来，浇了一背冷水，只得乞假而归。那时有识之士，主张振兴实业，为富国强兵第一条件，先生遂转移目标，从事实业。先后在南靖径口（今属龙海程溪乡）、漳浦杜浔及漳州马肚底地方，投资收买土地，聘请技师，招雇工人，着手开垦。不数年间，均具有相当规模，而成绩最著的，当算北溪的疏河公司"（陈师石：《林季商先生》，《直报》，1941年）。祖密创办地方事业，所费不赀。径口等地垦牧公司，置田900亩，创办后港农场，耗资6万，开采漳平梅花坑煤矿，耗资7万，而组建华崶疏河公司，聘请香港冯竹溪工程师指导，为疏浚河道，费时二年，耗资20万元。

林祖密在热心祖籍地方建设的同时，以极大的热情支持孙中山领导的民主革命事业。他于1915年参加中华革命党，积极参加反袁、护法斗争。1916年组织收编闽南靖国、护法两派队伍，并捐资数十万元作为军需之用，建立起一支革命军。1918年1月6日孙中山委任林祖密为闽南军司令，他即部署赵光、王荣光在德化、永春二县起事，继而率部转战闽中，先后收复德化、永春、永安、大田、仙游、莆田等县；同时筹集资金，于1918年10月在漳州文昌宫（今漳州市东铺头小学）办起闽南军随营学校，聘请能干的军官曹锡龄、潘澄峨、陈寿西为教官，聘请知名学者陈鉴修、黄仲琴、陈家瑞为国文教员，培养军事骨干人才。1919年陆军部授予祖密陆军少将军衔。1920年任粤军第九支队司令，后改任汕头警备司令，1921年又调任大元帅府参军兼侍从武官，旋兼任广九铁路局监督。孙中山率军入桂，又调为大本营参议，共同参赞戎机。1922年北伐军入福州，林森任省长，敦请祖密为水利局长。翌年孙传芳部入闽，去职返回鼓浪屿。于是着手整顿所倡办的地方实业。1925年躬至华安疏河公司，擘划指导一切。是年七月初六夜（8月24日）突被北洋军阀驻漳州师长张毅派人暗杀于华安和尚山附近的店仔墟，时年仅48岁。其遗体则葬于径口垦牧公司之观音亭左近。（以上参考《雾峰林家调查与研究》第161—163页，《漳州历史名人传略》第94—98页，新编《平和县志》第888—889页，黄季陆主编：《革命人物志》，第418—419页）。

综其一生，林祖密不愧是一位爱国、爱乡的杰出的民主革命志士。

据陈师石《林季商先生》一文记载："先生性刚强，喜怒形于词色，但外严内宽，部属有过，痛责如雷霆，时过辄解。事母尽孝，家居琐屑必请示。友人某公，主张非孝，谓父母养育子女，乃系应尽义务。先生厉声与辩，不终席而散，后且绝来往。平日喜奖励后进，贫乏青年，帮其津贴求学的指不胜屈。"祖密推其对父母的孝心和对部属和青年的爱心，对原籍祖先亦十分崇敬，对原籍宗亲亦关怀备至。他在参加祖籍地方建设和革命斗争的时间，曾多次回埔坪参加每年正月初二、正月十五的祭祖、办丁活动，并探望宗亲，有时也参加清明节的扫祖墓活动。由于他系朝栋第三子，村里人都亲昵地称呼他为三少爷。埔坪林氏大宗（现为县文物保护单位）及第四世四大房大祠堂每年举行春秋二祭（正月初二、七月十五），祭祀用大五牲或大三牲，并举行隆重的祭拜仪式，宣读祭拜 1—4 世祖孝妣的祭文（附注 2）。行礼祭祀毕，举行筵席，乡绅、读书有功名的可以吃"公"。元宵节日，前一年作新父、新公的人要办丁棹请乡亲，并举办赏灯活动。祠堂都换贴庆祝的新联。如大宗贴上：击鼓鸣金衍我列祖，肆筵设席燕尔新公；金声鼓烫元宵夜，烛影光昭始祖前。还有贴赏灯内容的联文：灯光月光灯月交光元宵夜，神乐人乐神人共乐太平春，以增加节日气氛。祖密除了参加对祠堂的春秋二祭和正月办丁外，对清明节的扫祖墓也很重视。届时虔备牲礼果品到祖坟宣读祭文致祭，首先要到迁埔坪一世祖林子慕的福场埔祖坟祭拜，同样要向祖坟宣读祭文，并向土地宣读祝文（附注 3）。除了祭拜大宗、一世祖坟外，还要祭拜虎房的培远堂和绥丰堂祖先及其祖坟。

在埔坪林氏各种祭祖、祭墓的祭文和祝文中，都表现了其子孙求丁财、求功名的强烈愿望。如"家增庶富，名显丹墀""庶代代添丁，世世增誉，科甲联登，衣食有余""子孙昌炽，科甲齐名""俾昌厥后，金榜题目"……等等。自林子慕元末迁埔坪后，经过五六百年，其派下海内外裔孙超过万人，"子孙昌炽"已经达到。从其所置各祠堂祭田数十亩、上百亩，"家增庶富""衣食有余"也已大体实现。"甲第联登""金榜题名"的愿望也开始实现。林氏族人在日益富裕的基础上，开始鼓励族人读书求功名，子慕派下从明初、清初开始，先后出现了一批秀才，埔坪伯元派下有 14 世长蕃、光玉中举，14 世永遇登乾隆甲子科殿试第 36 名进士，龙头伯川派下也有 15 世金桂、16 世镇荆、峥嵘成进士，埔坪林氏开始成为本县的旺族和望族。只有迁台的林石派下，出过 1 个举人：18 世林文钦（1854—1899 年）；1 个武庠生：18 世林文明（1833—1870 年）；5 个文庠生：19 世林朝雍（1862—1908 年）、林朝宗（1864—1901 年）、林朝崧（1875—1915 年）、林秋北（1869～1887 年）、林纪堂（1874—1922 年）。同时有以军功被授福建水陆提督的林文察、候选知府林奠国（1814—1880 年）、授副将衔林文明、钦加二品顶戴候选道员林朝栋、妻杨氏萍（1848—1930 年）受封一品夫人、陆军少将林祖密等，另有著名诗人林幼春、著名社会运动领袖林献堂等。成为台湾既富且贵的望族。现在埔坪大宗中高悬着"四世大夫""太子少保""四代一品""振威将军"等匾额（原匾已破坏，现系仿制品），十分显赫。但这是照搬台湾雾峰林家的匾额，可以说埔坪林氏的强烈功名愿望，在海外移民中却得到了更充分的实现，祖籍则享受了雾峰林家的余荫。

从热心祖籍的地方建设、积极参加祖籍的反袁、护法的民主革命斗争及多次回祖籍埔坪参加祭祖、办丁和扫墓等活动看来，林祖密是台湾雾峰林家与漳州祖籍关系最密切的一个代表人物。从他 1904 年离开日本殖民统治的台湾举家迁回大陆，1913 年正式退出日本国籍而为台胞第一个恢复中国国籍的情况看来，他不仅是台湾雾峰林家的杰出后裔，而且是埔坪林氏家族的一个重要成员。他的革命精神和建设闽南的业绩将永远留在祖籍漳州人民心中，他是一位海峡两岸共同敬仰的值得后人纪念的人物。

祖密身后遗下九子：正熊、正传、正乾、正元、正亨、正利、正恭、正宽、正信，现其子孙繁衍，散居五洲四海。近年也相继有其后裔回祖籍探亲、谒祖，与祖籍漳州继续保持一定的联系。

附注1：建立奇昴公祀田详请存案致祭条款

一、买过埔坪蛤仔殿墓后水田一段，计五丘，带水二寸，受种二斗，赋税七石二斗，价银一百三十六员，纳亩五合，配佃完清，带红白契二纸照。

一、买过埔坪后笼仔底田一段，二丘，带坡水灌溉，受种一斗，赋税四石，价银八十五员，纳亩七合，配佃完清，带印契一纸照。

一、买过埔坪底林白山里一段，计十五丘，带坡水灌溉，受种四斗，赋税十四石四斗，价银二百八十八员，纳亩五合，配佃完清，带印契一纸照。

以上三条实税二十五石六斗，系台湾培远堂置以为奇昴公祀田，议举宗亲兆祥掇芹作潘左泉等代理收租，仍旧致祭。凡有招耕定税更改章程，宜会同家长二采至公商办，不得擅挟己见，将业私索人财，私厚绥丰亲派耕种，以致祭祀有亏。倘有不善办理，听培远堂另派公正接办，毋得倨占生端。此田白佃无费，该租摊作三分，祭祖应得二分，祭墓应得一分。每遇祭祀，筵席必邀同事及与祭者，以昭一脉和气，庶可永垂久远云尔。

县正堂桂批职员林文钦、文荣、朝栋事笔批：建置祭田，原备历世祖考蒸尝之需，准如所请存案。至立碑宗庙，应由奇昴公派下台湾培远堂置。代办裔孙毓奇题石。

光绪十九年岁次祭巳六月□日。

附注2：祭1—4世祖考妣年节祭文

维某年某月朔，越日宗孙暨众裔孙等谨以牲礼庶馐果品香楮之仪，致奠于1—4世祖考妣之神曰：宋朝季世，鹭下开基。迨经元末，祖乃迁移埔鹏建里，矾岳依毗。积德功累，奕世鸿禧。

元旦次晨景物和熙中元节届玉露凉□，登堂报本，献礼陈卮。衣冠俎豆，敬慎威仪。祖其降鉴，佑我孙支。家增庶富，名显丹墀。尚飨。

附注3：福场埔子慕祖坟域祝文（二月初六日）

维某年二月朔，越初六日，伯元公、伯川公古慧房众裔孙等谨以牲礼庶馐果品香楮之仪，致奠于始祖考谥潜林公、始祖妣谥勤则李氏林妈之坟曰：由来衍派，鹭下住居。迨经元末，伯仲分移，聿来胥宇，鹏社开基。传世于今，二十有余，人丁错处，广哉熙熙。花朝在即，不尽心思，虔备肴酒，祭扫坟墓。祖其鉴佑，福履绥之。尚飨。

福场埔土地公祝文

司土之神曰：赫赫明明，惟神牧斯福峦。考妣托骸，荷蒙青眷。功德宏伟大宗，历溯难殚。踏青甫过，风露犹寒，虔备牲酒，用表寸丹。神其降鉴，累世缨冠。谨告。

以上祭文引自埔坪林泰山：《宋朝季世鹭下开基历代祖考妣忌辰祭文》。据《雾峰林氏族谱》记载，林子慕生于元至元元年（1335 年）四月初七日，卒于明洪武二十九年（1396 年）七月十五日，祭文中记忌辰为二月初六日，未知何据。

第二篇　大陆移民与台湾民间信仰研究

一、从碑记看台南贸易商与开基武庙

位于今天台南市中区三义街 26 号的开基武庙，俗称小关帝庙，是台湾最早创建的关帝庙。据康熙五十九年陈文达编纂的《台湾县志》记载：在西定坊，"小关帝庙，伪时建，五十八年里人同修，在小关帝庙巷内。"[①] 乾隆十七年王必昌编纂的《重修台湾县志》、嘉庆十二年谢金銮编纂的《续修台湾县志》亦均记载："关帝庙，在西定坊港口，俗称小关帝庙，伪时建"[②]。台湾有的学者认为，该庙"建于明永历二十三年，比大关帝庙还早"[③]。此说疑有误。据台南石万寿教授考订："南市最早的关帝庙，相传是建于荷兰时代的开基武庙，位于赤嵌西南方港口"[④]。而大关帝庙即祀典武庙。据连横《台湾通史》记载：系"永历二十二年郑氏建"[⑤]。1980 年 5 月出版的《台湾古迹全集》，亦记小关帝庙创建年代系"明永历初期"[⑥]。按永历元年系顺治四年（1647 年），永历十五年（顺治十八年，1661 年）郑成功东征台湾，十二月十三日（1662 年 2 月 1 日）荷兰投降，结束在台湾长达 38 年之统治。据此，开基武庙应系建于清顺治年间即荷兰统治台湾的年代。该庙现存前殿的关帝金身，相传系郑成功所部自大陆恭请来台奉祀的。

开基武庙创建后，历次修建的情况不详。据前引陈志、王志记载，康熙五十八年（1719 年）"里人同修""里众重修"，这是关于该庙重修的最早记载，

---

① 陈文达编纂：《台湾县志》，卷九，杂记志，古迹；卷一，舆地志，海通。
② 王必昌：《重修台湾县志》卷六，祠宇志；谢志卷二，政志·坛庙。
③ 林衡道：《鲲岛探源》，第 1017 页。
④ 石万寿：《台南市寺庙的建置》，《台南文化》新第 11 期，1981 年 6 月出版。
⑤ 连横：《台湾通史》，卷十，典礼志，第 173 页，商务印书馆，1983 年 10 月。
⑥ 关山情主编：《台湾古迹全集》，第三册，第 160 页。

但这次重修的碑记、匾、联今已不见。留存至今最古的"衡文天阙"匾额，则系"乾隆丙申年阳月吉旦众弟子同敬立"，即乾隆四十一年（1776年）十月所立，是否再次重修时所立未详。另存"行大道"匾一个，系"嘉庆庚申年葭月重兴首事同立"①。说明嘉庆五年（1800年）十一月又进行了一次重修，碑记亦未见。现留下嘉庆二十三年（1818年）二月的《重修开基武庙碑记》（甲）、（乙）二块，及殿前花岗石刻的石柱联一副，柱联内容为"汉代精忠耿耿日星焕，台城肇祀巍巍宫阙重新"，末署"嘉庆戊寅花月优贡生黄本渊敬识"。按戊寅年花月即嘉庆二十三年二月。又经五十八年后，即到了光绪二年（丙子，1876年）再次重修，并留下《重兴开基武庙碑记》（甲）、（乙）二块及"立人极"匾一个，署光绪丙子孟秋之月重兴首事义芳号、鼎联隆、苏玉兴、吴万泉、吴鼎泰同立②。日据时期（1895—1945年）又进行了重修，并留下碑记，但笔者未见其内容。近年又进行了改建，正殿庙貌宏伟，色彩华丽，占地约比前殿大四倍左右，金身、建材皆属新物，看不出此二落单间的庙宇已有三百多年的历史。

从现存四块碑记所列内外境郊、铺、绅士捐金名单，可以看出开基武庙的兴修，与台南商人，特别是对外贸易商有密切的关系，现将上引四碑记按郊、铺号或个人的捐银数加以统计，列表如下：

表2-1　1818年、1876年开基武庙重修捐金统计表③

时间	碑号	捐银总数（元）	商　号			个　人			备注
			家数	银数（元）	占总数%	人数	银数（元）	占总数%	
1818年	（甲）	808.75	33	650.75	80.5	47	158	19.5	台郡
	（乙）	1206	67	869.5	72.1	52	336.5	27.9	本境
1876年	（甲）	387	23	317	81.9	13	70	18.1	外境
	（乙）	941	23	440	46.8	33	501	53.2	内境
小　计		3342.75	146	2277.25	68.13	145	1065.5	31.87	

从上表可以看出，嘉庆二十三年（1818年）重修时，商号、店主捐金合计1520.25元，占捐金总数2014.75元的75.46%。其中台郡商号、店主捐金

---

① 何培夫：《台南市寺庙清代匾联等》，《台湾文献》，第35卷，第243-245页。

② 同上。

③ 黄典权：《台湾南部碑文集成》，第572-575页。

650.75 元，占台郡捐金总数 808.75 元的 80.5%；本境商号捐金 869.5 元，占本境捐金总数 1206 元的 72.1%。光绪二年（1876 年）重修时，商号、店主捐金合计 757 元，占捐金总数 1328 元的 57%。其中外境商号、店主捐金 317 元，占外境捐金总数 387 元的 81.91%，内境商号捐金 440 元，占内境捐金总数 941 元的 46.76%。两次重修开基武庙捐金总数 3342.75 元中，明确标明店号或店主的捐金数达 2277.25 元，占总数 68.13%，商号、店主捐金超过半数以上。但以个人名义捐金者中，不少也是商人，有的也实际是店号。如朱甘霖、许钟云都是"职员"，系带有九品以上职衔的商店头家，是郊行中的头面人物。在嘉庆二十三年重修时，朱、许共捐银 52.5 元。光绪二年苏玉兴、吴万泉各捐银 100 元，苏玉山捐银 50 元，共捐银数有的比三郊苏万利、金永顺、李胜兴高一倍，有的与三郊相等，他们应都是大商人。同时，凡独资经营的商店，多在商号上加上店主的姓氏，如在嘉庆二十三年捐银 10 元的林元美，实际是店号。在列入个人名义捐金名单中，此类情况不少，因掌握的资料不足，无法加以区别。如把以个人名义实际是商人或店号的捐金数加起来统计，可以肯定两次重修中，郊、铺商人捐金占绝大多数。

值得指出的是，郊商，即与大陆或南洋等地经商的对外贸易商的捐金数，十分引人瞩目。嘉庆二十三年重修时，三郊苏万利、金永顺、李胜兴共捐银 300 元，烟敢郊金合顺捐银 16 元，药材郊、丝线郊、茶郊共捐银 27.5 元，加上职员朱甘霖、许钟云所捐 44 元，其金额占台郡捐金总数约 48%。光绪二年重修时，三郊又捐银 150 元，芙蓉郊及糖间共捐 70 元，占外境捐金总数约 57%。盖台湾自康熙中叶后，与大陆间的贸易迅速发展，台南成为台湾商业的中心，有一批闽南等地的批发商人先后来台经商或定居，为了避免竞争，团结同业，组织商团，划地贸易，各安其利，台南三郊就是最早出现的贸易商集团。乾隆二十年代，以苏万利为首的 20 多家店号首先组成北郊，经营上海、宁波、天津、烟台、牛庄、大连各港口的贸易，由台湾输出白糖、龙眼、樟脑、硫磺、煤炭等，由大陆输入绸缎、罗布、绢布、棉花、药材及杂货等；未几又出现了以金永顺为首的 30 余家商号组成南郊，经营金、厦、漳、泉、汕头、香港及南洋各地港口的贸易，由台湾输出糖、米、苧、豆、鱼胶、鱼翅、牛角骨、笋干等，进口漳州之生厚烟、药材、丝线、泉州瓷器、永春葛、漳泉砖瓦、福州漳州杉木及土产、杂货等；此后不久，又出现以李胜兴为首的 50 多家商号组成糖郊，主要经营糖、米及其他农产品的出口贸易。三郊的行址及仓库多在台南大西门外的五条港区。乾隆末年，北、南、糖三大郊为求共同利益，加强联络，乃在南势港的水仙宫三益堂设联络办事处，负责处理三郊各商号共同的商务，仲裁各店间的纠纷。嘉庆元年（1796年），北郊、南郊、糖郊正式合称为三郊，并以三郊苏万利、金永顺、李胜兴的名义对外行文，成为台南郊行的领袖，台湾规模最大的进口贸易商集团①。除三郊外，台南又先后出现了规模较小的药材郊、烟敢郊、丝线郊、布郊、米郊、绸缎郊、纸郊、杉郊、香铺郊、苎麻郊、油钉铁郊、磁仔郊等贸易商集团。在前述嘉庆、光绪年间两次重修开基武庙时，烟敢郊、药材郊、丝线郊、茶郊、芙蓉郊、糖间等贸易商都踊跃捐款，说明他们对关帝的崇祀。

　　商人，特别是进出口贸易商，崇祀关帝是有原因的。由于关羽生前义气千秋的凛然精神，为后人所敬仰。商人及商业活动重视守信用、重义气，对关帝尤为信仰。加上相传商业上通行的帐簿是关羽发明的，所以历来关帝被商人尊为商业保护神。甚至新年正月商店"开张大吉"之日，都要备牲醴、鸣爆竹，祭祀关帝。因此，凡是商人聚居的港口，其关帝庙也多由商人集资修建。开基武庙位于赤嵌西南方港口，早在明末荷兰人统治时期，这里就是大陆漳、泉商贾的聚居地，开基武庙就是大陆移民和商人创建的。康熙二十二年（1683年）台湾归清后，翌年解除闽粤各地与台湾之间通商的禁令，开放厦门与鹿耳门之间的对口贸易，台湾与大陆的通商贸易进入了新的历史时期。康熙末年修的县志记载："开辟以来，生聚日繁，商贾日盛，填海为宅，市街纷错"②。当时"来往商艘，岁殆以数千计"③。连横《台湾通史》对此也有记载："洎乾隆间，贸易甚盛，出入之货，岁率数百万元，而三郊为之主。……各拥巨资，以操胜算，南至南洋，北及天津、牛庄、烟台、上海，舳舻相望，络绎于途，皆以安平为往来之港。"④ 所以开基武庙所在地的安平台江五条港，万商云集，境内所居多数是商人。开基武庙于康熙五十八年即是由以商人为主的"里人同修"的。至嘉庆二十三年、光绪二年的两次重修，从捐资碑记可看出，主要是商人，特别是进出口贸易商捐资修建的。贸易商渡海贸易，历经波涛风险，他们对商业保护神

---

　　①　关于台南三郊的名称有不同的记载，台湾举人蔡国琳《台南三郊由来》称北郊、南郊、港郊为三郊；刘家谋：《海音诗》注，称"商户曰郊，南郊、北郊、糖郊曰三郊"，见《台湾文献丛刊》第28种，《台湾杂咏合刻》。
　　②　陈文达编纂：《台湾县志》，卷九，杂记志，古迹；卷一，舆地志，海通。
　　③　同上。
　　④　连横：《台湾通史》，卷二十五，商务志，第443—444页。

关帝、航海保护神妈祖及与航海有关的风神、水仙尊王等神，都十分崇信。与开基武庙紧邻的大天后宫，道光十年（1830）重修碑记刻有"总事三郊苏万利、金永顺、李胜兴"捐银 15000 元，并列一百多条行郊、市街捐银名单①。他如台南盐水港的关帝庙，亦为鹿港郊商林元品于嘉庆八年（1803）捐银 4100 元所创建②。道光八年（1828）重修时，有 80 多家商号踊跃捐资③。但位于台南乡村的关帝庙，则主要由乡民捐资修建，而列入祀典的武庙如与开基武庙紧邻的大关帝庙，主要由官府兴建，或由官府出面官绅合资修建。关帝信仰在不同信徒中，起着并不相同甚至相反的作用。清政府及其官吏在台湾崇祀武庙，竭力褒扬其忠义，是企图利用民众的信仰，"改效忠于清廷，以杜绝人民因抗清而生民变，并编造神佑奇迹，以拉拢威胁并鼓舞士气"。而人民之崇祀关帝与清廷之崇祀"实牛马不相关"，对一般民众而言，特别是妇女，关帝是"万能之神"；对拓荒移民而言，关帝是"对抗番害的武力象征"；对不满时政的人而言，关帝是"歃血为盟、团结以赴，成为民变主力构成的方法"；而对商人而言，关帝则"是同业者信用、合作之象征"④。因此，在商特别是贸易商聚居的港口，关帝庙主要由他们捐资修建，而位在台江五条港商业区的开基武庙，历来是台南商民的崇祀对象，所以历史上庙宇的命运与台南商业的盛衰密切攸关。

二、台南大小上帝庙的建立年代考

——明遗臣王忠孝《东宁上帝序》读后感

王忠孝，宁长儒，号愧两，惠安沙格人。明万历二十一年（1593 年）六月二十三日生（阴历，下同），清康熙五年（1666 年）四月二十八日卒于台湾，享寿 74 岁⑤。遗有《惠安王忠孝全集》十二卷（手抄本），该集保存有许多关于郑成功抗清和复台的重要史料，其中忠孝渡台后所写的《东宁上帝序》，对台南市大小上帝庙的建立年代及建立经过，留下了具体的论述，可纠正现有论述的

---

① 黄典权：《台湾南部碑文集成》，第 592—594 页。
② 关山情主编：《台湾古迹全集》，第三册，第 342—345 页。
③ 黄典权：《台湾南部碑文集成》，第 243—245 页。
④ 洪敏麟：《清代关圣帝庙对台湾政治社会之影响》，《台湾文献》第 16 卷，第 2 期。
⑤ 洪旭：《王忠孝传》，见《惠安王忠孝全集》（抄本）卷十二。另蒋毓英：《台湾府志》卷九记："丁未（康熙六年）十一月卒"，高拱乾：《台湾府志》卷八记："岁在丁未，卒于台"，而范咸：《重修台湾府志》卷十二则记，康熙"四年卒"。此处卒年根据与忠孝关系密切的洪旭的记载。

错误，现将《东宁上帝序》全文转录如下：

东宁上帝序

孔子曰：鬼神之为德，其盛乎矣。又曰：务民之义，敬鬼神而远之。盖先王以神道设教，事涉玄幻，义则昭著。是故惠迪吉，从逆凶，福善祸淫之理，应若桴鼓，则务民义者，乃所以敬鬼神，是则设教者意也，岂世俗徼福之见哉。

东宁僻处海东，向为红夷所据，土夷杂处，散地华人莫肯措止矣，间有至者，多荷锄逐什一之利，衣冠之侣未闻也。

赐姓抚兹土，华人遂接踵而来，安平东宁，所见所闻，无非华者，人为中国之人，土则为中国之土，风气且因之而转矣。是以向者地屡震，而今宁谧；向者春无雨，而今沾濡。天心之明，示人以意也，而况于神乎。

迩者总戎林君，提兵入内地，舟泊铜陵，见荒庙中有真武尊像在焉，遂奉以东。其同事黄君者，铜人也，曰：此吾里夙所敬者，神与人若相巧然，遂有建庙之募，属余为之引。余从不能作募，言以自家力不能舍，未有劝人舍者，独以东宁庙宇绝稀，偶有庄严显设，殊足起人敬畏，则此举亦创见也。

语曰：黍稷非馨，明德惟馨。旦晚鼎构一新，凡莅土者，与夫协建者，骏奔者，洋洋如在上，在左右焉，而又绎不可度，矧可射之旨，敦务义之实修，尊尊长之风，将见神人允洽，民物安阜，宁翳东土磐石，骎骎乎式廓旧疆，兴复始基之矣。于是为引①。

上引《东宁上帝序》（简称《序》，下同），指出了荷兰殖民者占据台湾及荷据时期台湾的基本状况："东宁偏处海东，向为红夷所据，土夷杂处，散地华人莫肯措止矣，间有至者，多荷锄逐什一之利，衣冠之侣未闻也"。不但揭露了荷兰殖民者对我国领土台湾的占领，而且所述先住民与汉移民的情况，也符合当时台湾的实际。并歌颂了郑成功收复台湾及郑氏对台湾的开发："赐姓抚兹土，华人遂接踵而来，安平东宁，所见所闻，无非华者，人为中国之人，土则为中国之土。"同时，指出郑氏在台湾推广中华文化，移风易俗。郑成功光复台湾后，随着大量军队和移民的渡台，中华文化中的通俗文化和民间信仰首先在台湾传播开来。移民不但带去了风俗习惯等大陆民俗文化，也带去了大陆的民间

---

① 《惠安王忠孝全集》卷二，文类。

信仰，在台湾盖起一批寺庙。郑氏时期在安平地区就先后建起土地庙、天后宫、慈济宫、关帝庙、龙山寺、灵祐宫等30多处庙宇，崇祀土地公、妈祖、保生大帝、关公、观音等民间信仰的神祇。特别是郑氏抱有抗清复明的宗旨，对明朝的保护神玄天上帝尤其崇祀，先后在台南盖起灵祐宫（小上帝庙）、北极殿（大上帝庙）等数座上帝庙，王忠孝特为其作《东宁上帝序》。《台湾县志》载："郑氏踞台，因多建真武庙，以为此邦之镇云。"① 因此中华文化，首先随着民间风俗和民间信仰而在台湾传播开来。同时，一批不愿归顺清朝的南明文人士子随郑氏入台，更大大提高了台湾社会崇尚中华文化的风气。著名的有王忠孝、辜朝荐、沈佺期、郭贞一、李茂春、许吉燝及较早渡台的沈光文等人。据连横记载："延平入台后，士大夫之东渡者，盖八百余人。"② 他们将中华文化的种子播散在台湾土地上，并以传统的诗文形式写下了台湾第一批的文学作品。当时富有远见的咨议参军陈永华，即由王忠孝推荐而被郑成功任用，后成为郑经的得力辅佐。康熙四年（1665年）永华向郑经建议："建圣庙，立学校，以收人材，庶国有贤士，邦本自固"。同时推行科举制度，积极促进中华文化在台湾的传播，改变了台湾的风俗、文化，移风易俗，加上风调雨顺，连年丰收，社会出现一片升平景象。当时王忠孝曾赋《东宁风土沃美急需开济诗勖同人》，对郑氏开发台湾加以歌颂。诗曰："巨手劈洪濛，光华暖海东。耕耘师后稷，弦诵尊姬公。风俗凭徐化，语音以渐通。年来喜丰稔，开济藉文翁③。"《序》文亦有"风气且因之而转矣，是以向者地屡震，而今宁谧；向者春无雨，而今沾濡。天心之明，示人以意也，而况于神乎"的记载。在传播中华文化时，"文翁"即士子起了重要的作用。

此外，《东宁上帝序》为郑氏在台湾特别崇祀的台南玄天上帝庙的建立年代及建立的过程，留下了珍贵的记载，可补充台湾府县志记载的不详，并可纠正其他有关文献记载的错误。如蒋毓英的第一部《台湾府志》载："上帝庙在府治东安坊，伪时建，祀北极大帝，内有明宁靖王楷书匾额：威灵赫奕四字。④ 高拱乾《台湾府志》记："上帝庙一在府治东安坊，最为久远，郡守蒋毓英捐俸重修,庙宇焕然"⑤。二书均未记建庙的具体年代。范咸《台湾府志》载："元帝庙，

① 王必昌：《重修台湾县志》，卷六，祠宇，乾隆十七年刊本。
② 连横：《台湾通史》，卷二十九，外传一，商务印书馆，1983年10月。
③ 《惠安王忠孝全集》卷十一，诗类。
④ 蒋毓英：《台湾府志》，卷六，庙宇，见《台湾府志》三种，中华书局，1985年5月。
⑤ 高拱乾：《台湾府志》，卷之九，寺观，同上书。

即真武庙,康熙二十四年知府蒋毓英修,高耸甲于他庙。一在镇北坊,总镇张玉麟渡台遭风,梦神披发跣足自樯而降,风恬抵岸,因重新之,后为知府蒋毓英祠。"又《附考》记:"元帝庙在东安坊者,称大上帝庙,郑氏所建,康熙年间重修。在镇北坊者称小上帝庙,郑氏所建,康熙三十七年重修"[①]。直至道光十八年(1838年)四月《大上帝庙四条街桐山营公众合约》碑仍记:"本庙之建,不知始自何时?"[②]但1971年6月出版的《台湾省通志》却明确记载北极殿、灵祐宫均建于永历二十五年,即康熙十年(1671年)[③],70年代发表的其他论文亦多沿此说,记康熙十年建。但根据王忠孝《东宁上帝序》,可证实上述记载都是错误的。忠孝系于康熙三年(1664年)四月渡台,康熙五年(1666年)四月去世,而上帝庙系忠孝到台后才开始兴建的,并为之作序。"迩者,……遂有建庙之募,属余为之引"。故建庙时间肯定在康熙三年四月之后,康熙五年四月之前,即在康熙四年(1665年)前后建成,《台湾省通志》等书记载康熙十年建,显误。

台南上帝庙是怎样建立起来的呢?道光十八年(1838年)五月所立《大上帝庙四条街桐山营公众合约》碑内记:"询诸父老,或云有桐[铜]山人携带神袋到此灵感,里众乃为建庙;或云明裔朱氏名懋收来其地祀神灵感,里众乃以其地建庙,兼塑其像于西廊。二说未知孰是?"[④]但《东宁上帝序》对此已作了明确回答:"迩者,总戎林君,提兵入内地,舟泊铜陵,见荒庙中有真武尊像在焉,遂奉以东。其同事黄君者,铜人也,曰:此吾里夙所敬者,神与人若相巧然,遂有建庙之募,属余为之引。余从不能作募,言以自家力不能舍,未有劝人舍者。独以东宁庙宇绝稀,偶有尊严显设,殊足起人敬畏,则此举亦创见也。"可见系郑氏军官林某及其部属铜人黄某到铜山铜陵(今东山县铜陵镇),从迁海后已荒芜的东山上帝庙中,将上帝神像接奉到台南镇北坊建庙崇祀,即今台南市民族路208巷31号的开基灵祐宫(小上帝庙),郑氏政权见玄天上帝系明朝的保护神,旋于东安坊建北极殿(大上帝庙)崇祀(今台南市民权路89号)。《序》中所言总戎林君,应系指郑氏镇将林陞,他于康熙四年负责镇守澎湖等岛屿,时常到沿海铜山等处侦察,经部属铜人黄某介绍上帝的灵验,遂有将上帝

① 范咸:《重修台湾府志》,卷十九,杂记,同上书。

② 何培夫主编:《台湾地区现存碑碣图志》,台南市上篇,177页,台湾"中央"图书馆台湾分馆发行,1992年6月。

③ 台湾省文献委员会:《台湾省通志》,卷二,人民志,宗教篇,1971年6月。

④ 何培夫主编:《台湾地区现存碑碣图志》,台南市上篇,179页。

神像移祀台南之举动。查铜陵大庙头，明成化四年（1468 年），由总兵黄廷标倡建北极殿，祀玄天上帝①。林陞即将此庙的上帝神像移祀台湾。可见，台南的上帝庙并非由铜山民众携神袋来台崇祀，亦与明裔朱氏无关。

大小上帝庙建立后，历经多次重修，小上帝庙于康熙三十七年（1698 年）经总镇张玉麟重修。大上帝庙于康熙二十四年（1685 年）经知府蒋毓英重修，康熙四十八年（1709 年）由里众重建，雍正八年（1730 年）知县唐孝本勘断庙左旷地一所起盖店屋 20 间，将年纳地税银供该庙香灯费之用②。咸丰四年（1854 年）、同治二年（1863 年）、1927 年、1947 年、1960 年又经多次重修③，崇祀不衰。

现存大上帝庙中的"威灵赫奕"匾，系明永历二十三年（康熙八年，1669 年）由宁靖王朱术桂所题，乃台南市最古最具历史价值的匾额。另有康熙五十二年（1713 年）由福建分巡台湾厦门道陈瑸所题"辰居星拱"匾。小上帝庙存有道光十五年，（1835 年）由贵州陈炳极所书"赫声濯灵"匾，另有总理职员詹廷贵之"天枢北极"匾④。不但郑氏时期对上帝十分崇祀，以后历代亦崇祀不衰。不但台南市建有多个上帝庙，全台湾各地亦纷纷建庙崇祀。据统计：1918 年全台湾有 172 座上帝庙，1930 年有 197 座，1960 年有 267 座，1966 年有 270 座，1975 年有 375 座，1981 年有 397 座，庙宇数目不断增加，至今崇祀不衰。⑤

最后，从《东宁上帝序》可看出，王忠孝的鬼神观是完全接受儒家宗师孔子的观点。《序》中引用了孔子答复弟子樊迟的问话："务民之义，敬鬼神而远之，可谓知矣。"⑥孔子还说过"祭如在，敬神如神在"。⑦据此，王忠孝指出："盖先王以神道设教，事涉玄幻，义则昭著。是故惠迪吉，从逆凶，福善祸淫之理，应若桴鼓，则务民之义者，乃所以敬鬼神，是则设教者意也，岂世俗徼福之见哉。"他并不盲目迷信，而是相信神道设教有益于社会的治理和安宁。这样，"将见神人允洽，民物安阜，宁謐东土磐石，骎骎乎式廓旧疆，兴复始基之矣，于是为引"。王忠孝早年寓居厦门曾厝垵时，也曾为当地保生大帝庙撰过祭

---

① 《东山县志》，卷三十一，文物名胜，第 662 页，中华书局，1994 年 9 月。
② 王必昌：《重修台湾县志》，卷六，祠宇。
③ 何培夫主编：《台湾地区现存碑碣图志》，台南市上篇，第 180—185 页。
④ 桐峰：《台南市庙宇的匾额调查》，《台南文化》，新六期，第 153 页，1979 年 1 月。
⑤ 台湾省文献委员会：《重修台湾省通志》，卷三，住民志宗教篇，第二册，第 1061—1062 页，1991 年 4 月出版。
⑥ 《论语》，雍也篇第六。
⑦ 《论语》，八佾第三。

文，持的是同样观点。文中指出："夫某学孔孟者也，孔子曰：非其鬼而祭之，
谄也。见义不为，无勇也。又曰：务民之义，敬鬼神而远之。明乎义可力行，
神宜敬而勿谄也。"[①]对鬼神同样抱敬而远之、"敬而勿谄"的观点，可见这是他
一贯的观点，并非盲目迷信，有其进步性，值得肯定。

三、漳泉移民开发台湾的乡土保护神
——保生大帝

为了纪念北宋民间名医吴夲（从大从十，音滔）真人诞生一千一百周年，
福建省漳州市、厦门市于1989年4月份分别举办了学术讨论会，这不仅对弘扬
祖国医学遗产，而且对研究闽台民间信仰都有着积极意义。在台湾，被神化后
的吴真人（保生大帝）拥有众多的信徒，对其信仰、崇祀活动，今天在海峡两
岸之间仍起着联络、认同的纽带作用。

（一）从漳泉地方神演变为移民的乡土保护神

吴夲字华基，号云冲，宋太宗太平兴国四年（979年）三月十五日（阴历，
下同）出生于漳泉交界之同安县白礁村，死于宋仁宗景佑三年（1036年）五月
二日。由于他医术精湛，生前已被称为神医，死后复被乡民奉为医神，先后在
青礁村（原属龙溪县，现属厦门市海沧镇）、白礁村（原属同安县，现属龙海
县角尾镇）兴建慈济祖宫崇祀，民间称吴真人、大道公、保生大帝，屡受宋朝、
明朝皇帝追封谥号，香火鼎盛，闽南漳泉各地也纷纷分香建庙，"庙宇遍于漳泉
之间"[②]，成为漳泉乡民普遍信仰的地方神明，这是保生大帝信仰的第一个时期。

随着漳泉移民向海外发展，是保生大帝信仰发展的又一个崭新时期。特别
值得研究的是保生大帝信仰在台湾的广泛传播，成为漳泉移民开发台湾的乡土
保护神。早在明末，漳泉移民开始成批进入台湾西部沿海平原地区，辟草莱、
斩荆棘，开垦荒地，时台湾系瘴疠之乡，犯病者众多，作为医神的保生大帝，
被移祀台湾，深受移民的崇拜。开始多从祖籍随身携带分香、分灵奉祀于草寮、
茅屋，随着垦务的发展，乃建小庙供奉，随着开发事业的进一步扩大，庙宇也

---

① 《祭大道公文》,《惠安王忠孝全集》,卷一,文类。
② 陈文达:《台湾县志》,卷九,杂记志,康熙五十九年。

不断扩建，终成大庙。每一庙宇，往往成为一乡一镇的传统信仰中心，垦民团结的纽带，台湾许多村落都是以庙宇为中心而发展起来的。后来漳泉移民成为台湾占绝大多数的住民，作为其乡土保护神的保生大帝信仰，也在台湾岛上得到大批信徒。光绪初年，一位在台湾住了半年多的大陆文人写道："吴真人者，以神医祀也。按此庙最多，台湾十二，它县亦非一所。……台多漳泉人，故祀事独盛"①。可见，台湾对保生大帝的信仰是与开发事业密切联系在一起，可以说保生大帝是漳泉移民开发台湾的见证神，是有"功德在民"之神。

作为漳泉移民，尤其是同安籍移民保护神的保生大帝信仰的发展，及庙宇的增建，是与漳泉移民开发台湾的历程基本相一致的。澎湖是漳泉移民最早到达的地区，元朝已置巡检司，属同安县，故"漳泉人多聚渔于此"②。因此，澎湖也是保生大帝信仰最早移祀的地区，至今仍保留有明末创建屡经重修的保生大帝庙。在台湾本岛，旧志书有明确记载建庙年代的古庙，要算台南县新化镇（古属广储东里）丰荣里的保生大帝庙最早，当荷据时期"与漳泉人贸易时，已建庙广储东里"③。不但是台湾本岛第一座保生大帝庙，也是全岛最古老的一座庙宇。清顺治十八年（1661 年），郑成功出兵收复台湾，亦以今天的台南市为基地，向南北屯田开垦，保生大帝信仰也首先在台南县、市及其周围发展起来。"郑氏及诸将士皆漳泉人，故庙祀真人甚盛"④。所以明郑时期兴建的保生大帝庙，都集中在今天的台南、高雄县市。康熙二十二年（1683 年）台湾与大陆重归统一之后，进一步向南北沿海开发，移民台湾最多的还是漳泉人民，广东次之。保生大帝的信仰也随着漳泉移民开发新地区而扩大，凡漳泉籍移民聚居的地区，也先后新建庙宇，崇祀保生大帝。由于历史的原因，据 1928 年日台湾总督府调查，在台湾的 375 万的汉族人口中，福建祖籍占有 311 万多，占全台人口的百分之八十三以上，其中漳泉人 300 万人，占百分之八十。如台南州（等于今台南县、市及云林、嘉义二县）人口 101 万多，福建籍有近 98 万，占全州人口的百分之九十七左右，其中漳泉籍占百分之九十五强。在高雄州（等于今高雄县、市及屏东县）48 万多人口中，福建籍占 38 万多，占百分之七十九，其中漳泉籍也占百分之七十五以上⑤。在台湾，保生大帝的信仰，与漳泉人口的分布是吻

---

① 蒋师辙：《台游日记》，卷三。
② 郁永河：《裨海纪游》。
③ 谢金銮：《续修台湾县志》，卷五，外编。
④ 同上。
⑤ 《台湾省通志》，卷二，人民志，氏族篇。

合的。前述台南州、高雄州所包括的七个县市，仅占全省二十一个县的三分之一，所建保生大帝庙却占全省总数的百分之八十多，其中仅台南县的保生大帝庙，就占全省总数的百分之三十七多。其庙宇遍布台南的四个区，台南县的二十一个乡镇，嘉义县的十三个乡镇，高雄市的八个区，高雄县的十二个乡镇。其它沿海漳泉移民开发的地区，亦多信仰保生大帝，在台湾全省，除花莲县外，各县地均建有保生大帝庙，但在主要由粤人开发的苗栗等县，及晚开发的高山族聚居的台东等山地，保生大帝庙就很少。经过历代的扩建，今天台湾保存有许多宏伟壮观、金碧辉煌的保生大帝庙。如台北市哈密街的大龙峒保安宫，被列为台湾二级文物保护单位，台南县学甲慈济宫、台南市兴济宫、妙寿宫，被列为三级文物保护单位，有不少外国的学者、专家前来参观研究。

（二）移祀台湾后保生大帝的社会职能

1. 从医神到保平安、免灾祸的万能之神

保生大帝信仰在台湾大发展后，其主神的社会职能有没有发生变化呢？最近有人对台湾部分保生大帝庙的匾、联、碑记进行了分析研究，[①]认为在台湾，保生大帝的最主要职能仍然是治病的医神。台湾学者的文章也指出，信徒祈求大帝以医药为主，由于昔日药方适合漳泉水土生活条件，又偏重固本保健，有一般成药的作用，加上虔诚信仰的心理作用，也颇多发生预期的疗效。如有病情较重者，则请用花轿抬大帝往药铺问取药材，谓之"讨药"[②]。但既已神化了的保生大帝，不仅仅作为医神，而是被认为神力广大的万能之神，不论天灾人祸，信徒都到庙祈求大帝庇佑。据文献记载，道光年间有一年台北大旱，乡民到大龙峒保安宫祷雨，炷香未烬，浓云密布下起大雨来，举人陈维英为此写了一首"万民相告眉开展"的贺诗[③]。陈维英的祖先早年入垦大龙峒，后来富甲一方，且陈家科举之盛甲于淡水厅，自道光元年至光绪二十年，举人中式三人，采芹入泮者十六人，他们都把自己能获得功名或进入仕途，归功于保安宫保生大帝的保佑，因此信仰十分虔诚。可见，保生大帝不但是医神，而且成为保平安、免灾祸、致富贵的万能之神，被认为是"东南峤外的福神"。

---

① 张文绮：从寺庙匾联碑记看台湾对保生大帝的信仰，《吴真人学术研究文集》，厦门大学出版社，1990 年 10 月。

② 陈三井总纂：《台北市发展史》，第 26 章，宗教。

③ 《台北文物》，第 3 卷，第 1 期。

2. 从漳泉移民的乡土保护神到被外地居民信仰

保生大帝原是作为漳泉籍居民的乡土保护神，但由于虔诚信徒的鼓吹，许多人也都相信保生大帝十分灵验，因此住在大帝祭祀圈内或附近地区的外地、外省居民，包括部分客家人及两湖、江浙等外省人，也信仰起保生大帝来。据王世庆先生研究，台北县树林镇济安宫自乾隆年间创建后，"二百年来融合所有各时代不同籍贯之信仰，成为树林之传统的唯一信仰中心"，其信仰范围也包括树林十七里中之潭底、树东等十二里及板桥镇崐岢里之部分居民，有信徒三万多人。信徒不是老树林人，就是迁入未久之客家，或中部迁来者也信奉大帝，而且台湾光复后从大陆迁台者，亦有信仰与朝拜者[1]。同治年间举人张书绅所撰的一副大龙峒保安宫楹联反映了这一情况，其下联曰："神固籍于同安，然俎豆遍十闽之地，声灵周四海之天，自非同安一邑所得而私"[2]。可见，作为漳泉移民保护神的保生大帝，也得到一批外地居民的信仰。

3. 从民间信仰对象到逐步向官民共祀发展

保生大帝移祀台湾之时，纯属民间通俗信仰，初期所建庙宇，旧志书均记由"乡人同建""里人同建""乡人募建"，都是由民间集资兴建起来的。但保生大帝得到台湾大多数居民的崇祀，也引起地方官员的重视，加以支持，甚至自己也开始信仰。如提督王得禄曾于嘉庆二十年（1815年）捐佛番二千大元修建白礁慈济宫祖庙，并于道光十五年（1835年）给台南市兴济宫敬献"保爱生民"匾。同时，也有不少地方官员向保生大帝庙敬献匾联。嘉庆二年（1797年）重修兴济宫时，捐资二千一百零四元中，满汉文武官员捐资一千四百一十元，占捐款总数的百分之六十七。到同光之际，台湾"开山抚番"之役期间，被认为由于兴济宫保生大帝庇佑，使"疫不为厉"，为酬报保生大帝"功德在民"的神恩，台湾知府周懋琦（杭州人）乃"详奉钦差抚部批饬地方官朔望拈香，春秋致祭，以答鸿庥，用申虔敬，顺舆情焉"，并敬献"医药神灵"匾于兴济宫[3]。可见，原为民间信仰的保生大帝，嘉道以后已开始发展为官民共祀，其中台南市兴济宫，地方官"朔望拈香，春秋致祭"，已与台南的妈祖庙、武庙一样，由于"福国佑民"有功，而升格为官祀地位。

① 王世庆：《民间信仰在不同祖籍移民的乡村之历史》，《台北文献》，第23卷，第3期。
② 《台北市志》，卷一，土地篇，胜迹志。
③ 何培夫：《台南市寺庙清代匾联集》，《台湾文献》，第35卷，第1期。

（三）隆重的祭典活动寓含着认同祖籍认同祖国的爱乡爱国精神

据 1930 年日台湾总督府寺庙台帐统计，台湾有保生大帝庙 117 座，据 1960 年台湾省文献委员会的宗教调查资料统计，保生大帝庙计有 142 座，最近笔者根据新旧志书、采访册、史籍、碑记、庙鉴等文献资料，参考台湾学者的调查资料，加以考订补充，初步得出自明末至 1987 年的三百多年中，台湾先后共建保生大帝庙 214 座，扣除四、五座古庙已废外，现存的保生大帝庙超过二百座，在台湾的二百五十种左右的主神中，保生大帝高居第八位，其信仰的普遍由此可知。

在台湾民众信仰中，越是地方性、乡土性的神明，如保生大帝，对民间的影响也愈大，其祭典也很隆盛，终年供祀不绝。所以每逢农历三月十五日保生大帝圣诞日，假庙宫演戏，举行迎神赛会，抬着神像绕境游行，隆重致祭，以庆祝大帝千秋。如原由台中市赖厝廍等十七庄漳泉籍人士，于乾隆年间迎平和心田宫保生大帝香火来台奉祀，倡建元保宫后，每年农历三月初一日起，以乾沟庄为首，由各庄恭请大帝神像绕境游行，十五日回銮。以后可能由于游行时间太久，人、神俱乏，决议缩小范围，以后坲仔等五庄为限，每年农历三月初十日起恭迎大帝绕境游行，同样至十五日回銮。[①] 在保生大帝的祭典中，最著名的要算台南县学甲慈济宫上白礁谒祖的祭典活动，该庙系于清初由白礁慈济宫祖庙分香兴建的，建庙后代代相传，于每年农历三月十一日上白礁谒祖祭典，送神回乡祭祖。学甲到白礁需四天行程，十一日出发，十五日前可至祖庙。这一谒祖活动一直维持到 1920 年，日本人断绝海峡两岸的交通才停止。此后改在台湾本土举行，同样于三月十一日在学甲镇头前寮将军溪畔恭送保生大帝，举行谒祖祭拜仪式，各地数万信徒也向大陆祖庙遥拜。在异族统治下的台湾漳泉籍居民的这些行动，显然具有认同祖籍的爱国爱乡意义。到日本统治后期，日本人深恐道教富国家观念和民族意识，不利其殖民政策之推行，对道教备加摧残。1937 年中日战争爆发后，又大举推行"皇民化运动"，焚毁道教神像，美其名曰"神升天"，不许新建道教庙宇，没收道教财产，移作他神社会基金。与道教有关联的保生大帝庙也受到歧视，有些庙宇被占用。但值得注意的是，在日本统治台湾的五十年间，新建保生大帝庙 37 座，比荷郑、康雍、乾隆等时期发展更快。过去各历史时期增建新庙，最主要的原因是由于移民的增加，日据

---

① 《台中市志》，卷一，土地篇，胜迹志。

时期大陆移民几乎断绝，而新庙反而增加很多，这不能不认为与台湾人民反对异族统治，保护民族信仰，保持民族意识有密切联系，具有认同祖籍，认同祖国，反对殖民主义统治的爱国主义精神。

台湾学者在有关宗教信仰的文章中说，由于今天医药卫生业的发展，民间医药卫生知识的提高，对含有浓厚迷信色彩的宗教信仰，特别是对医药之神的保生大帝的信仰，开始淡薄，由于交通的发达，社会联系的加强，对地方性神明的信仰也逐渐被对全国性神明的信仰所替代，最近笔者还亲自听到台湾学者说过同样观点的话。这些说法自然是有道理的，但也有一点令人疑惑不解，自1945年台湾光复以来的四十多年中，新建保生大帝庙（大量修建、扩建、重建的不算）47座，其发展速度超过历史上的任何一个时期。其中继1960年省文献会宗教调查以后的二十多年中，又新建保生大帝庙30座，特别是民众科学知识普及与卫生保健知识大大提高的七十年代以来的十余年中，又建新庙22座。为什么随着居民文化素质的不断提高，对保生大帝这一地方医神的信仰反有增强的趋势呢？在海峡两岸被人为隔绝四十年期间，学甲慈济宫一年一度的上白礁谒祖祭典，遥拜大陆列祖列宗，在1980年的上白礁祭典活动中，县长"呼吁全县父老兄弟姐妹，认清台湾与大陆血缘关系，培养民族意识，使中华文化发扬光大，永垂无疆之麻"①。1983年的祭典更为隆重，由学甲慈济宫上白礁谒祖寻根祭典委员会主任委员主祭，并敬题"弘扬祖德"四个大字，严家淦先生也于1972年敬题"慎终追远"，所有这些趋势和活动，同样具有认同祖籍、认同祖国、认同中华民族的含意。

四、台湾保生大帝古庙年代考订

在台湾的开发史上，福建漳泉移民作出了巨大的贡献。随着移民开发台湾的过程，对作为漳泉乡土保护神的保生大帝的信仰，也在台湾兴盛起来。从同安白礁、海澄青礁慈济宫祖庙分祀台湾各垦区的保生大帝庙，相继兴建，为漳泉移民开发台湾的历程留下了光辉的印迹。

究竟漳泉移民在台湾建立的保生大帝庙有多少呢？1956年出版的《台湾省通志稿》卷二宗教篇，据1930年台湾总督府所存寺庙台帐统计，共有117座。

---

① 台湾《中央日报》，1980年4月26日。

台湾省文献委员会自 1958 年至 1960 年举行了宗教调查，刘枝万依据调查资料于 1960 年 6 月发表的《调查表》[①]统计，共有 140 座。在此基础上，1971 年编辑出版的《台湾省通志》（简称通志，下同）卷二宗教篇，共列保生大帝庙 142 座（与《调查表》基本相同，仅有个别差异），其中创建于日据以前，即光绪二十年（1894 年）以前的古庙，计有 93 座。这是一份比较完整的资料，但登录的均系现存的庙宇，因年久失修而自然倾圮或因地震、洪水等天灾震塌、冲毁而未加恢复的古庙，均不在登录之列。同时，由于庙宇历代不断重修、重建或迁建，同一庙宇，建庙年代的记载也出入很大。欲得台湾保生大帝古庙（包括已废之庙）较为确切的数字，尚须经过一番考订的功夫。

在台湾，作为漳泉移民，尤其同安籍移民乡土守护神的保生大帝庙，往往成为一乡一村的文化信仰中心，不但是研究民间信仰、民俗的对象，其建庙年代及地区分布，也可作为研究漳泉移民开发台湾的一种基础资料。

本文拟以通志所列保生大帝古庙为基础，根据新、旧志书[②]、采访册、史籍、碑记、寺庙年鉴档案等文献资料，参考台湾学者调查采访资料，对若干出入较大的古庙加以考订补充。

1. 兴济宫

通志载台南市成功路 86 号的兴济宫，嘉庆二年建，赖子清也持此说[③]，台南市志、台湾古迹全集（以下简称《古全》）载康熙二十三年建。据蒋府志[④]："慈济宫四所……一在镇北坊。"陈台志载："在镇北坊，大道公宫，一在观音亭边，伪时建"。查镇北坊观音亭边慈济宫或大道公宫，即今台南市成功路 86 号的兴济宫。通志记嘉庆二年建显误，市志等记康熙二十三年建亦误。《台湾通史》[⑤]载："兴济宫，在府治镇北坊，郑氏时建，祀吴真人。亦称保生大帝"，石万寿亦主张系明郑氏建[⑥]，与旧志所载相符。

2. 灵济殿

通志载台南市港仔尾的灵济殿，主祀玄天上帝，康熙五十七年建，台南市

---

①　刘枝万：台湾省寺庙教堂调查表，《台湾文献》第 11 期，1960 年 6 月出版。

②　清代台湾有旧府志 6 部，旧县志 10 余部。1954 年以后陆续新修县志、市志 21 部，列入中国方志丛书（台湾地区）65—85 号。

③　赖子清：台南市寺庙神历，《台南文化》新第 10 期。

④　蒋毓英：《台湾府志》，卷之六，庙宇，康熙二十四年。

⑤　连横：《台湾通史》，卷 22，宗教篇。

⑥　石万寿：《台南市寺庙的建置——台南市寺庙研究之一》，《台南文化》新第 11 期。

志同此。据蒋府志载，"慈济宫四所，……一在凤山县治安平镇"，经石万寿研究，港仔尾的灵济殿，即古时的安平慈济宫，建于明郑时期，桐峰的文章同此①，通志、市志关于灵济殿的主神和建庙年代的记载均误。

3. 慈济宫

通志缺。据蒋府志载："慈济宫四所，……一在土墼埕保"。土墼埕保在今台南市中区，康熙二十三年后属凤山县，土墼埕保慈济宫原为凤山县官员晋府时居留崇拜处。雍正十二年划界时改隶台湾县，但土墼埕保早在雍正元年后台湾县知县周钟瑄建木栅城时围入台湾府城内，位于西南门之间，使凤山县对土墼埕保的统治名存实亡。土墼埕保的慈济宫也以无法管理，且趋破陋，终至倾圮，故通志、市志均无记载。蒋府志于台湾归清后二年即修，所记庙宇未注明年氏者均系明郑以前所建，石万寿认为系建于康熙三十五年即高拱乾修《台湾府志》②之前，由于他未见到更早的蒋府志。据蒋府志，土墼埕保慈济宫应系明郑时期所建。

4. 保安宫

通志载澎湖县湖西乡北寮村保安宫，嘉庆年间建。据蒋府志卷六附澎湖庙宇条载："真人庙，在奎壁港。"康熙五十一年周元文：《重修台湾府志》③亦有相同记载，乾隆年间修的刘府志④、王台志⑤、余府志⑥均载"吴真人庙，在澎湖奎壁屿"，光绪十九年林豪总修《澎湖厅志》载："真人庙，一在蒔里澳，……今各澳亦多建庙"⑦。按奎壁港、奎壁屿、奎壁澳亦称龟壁港澳，系澎湖三十澳之一，其位置据蒋府志载"在湖东澳东北，相距三里许"，即今湖西乡北寮村。通志载北寮村保安宫，似即旧志奎壁澳之真人庙，其建庙年代应系明郑时期，通志载嘉庆年间建，澎湖县志载嘉庆二十四年建，疑均误。

5. 保宁宫

通志载台南永康乡盐行村洲仔尾保宁宫，乾隆十三年建，台南县志同此。据《台湾县志》⑧载："在武定里，真君庙，乡人同建，庙后古榕一大株，荫可数

① 桐蜂：台南市庙宇的匾额调查，《台南文化》新第6期。
② 高拱乾：《台湾府志》，卷九，外志，康熙三十五年。
③ 周元文：《重修台湾府志》，卷九，外志，康熙五十一年。
④ 刘良璧：《重修福建台湾府志》，卷九，乾隆六年。
⑤ 王必昌：《重修台湾县志》，卷六，祠宇，乾隆十七年。
⑥ 余文仪：《续修台湾府志》，卷十九，杂记，乾隆三十九年。
⑦ 林豪：《澎湖厅志》，卷二，
⑧ 陈文达编纂：《台湾县志》，卷九，杂记志，康熙五十九年。

庙。"后修各志均有记载。按武定里即今台南县永康乡一带，盐行村洲仔尾是武定里最大的村落，武定里真君庙即今洲仔尾保宁宫，连景初认为建于康熙年间①，与旧志记载吻合，通志、县志所记乾隆十三年建，时间在康熙时所修台湾县志后，显误。《台湾古迹全集》②载建于康熙二年，可供参考。

6. 慈济宫

通志载高雄县湖内乡文贤村慈济宫，嘉庆元年建。据陈台志："在文贤里一图，大道公庙，……一在月眉池社，乡人同建。"按月眉池社现为高雄县湖内乡围仔内，文贤村、中贤村均属之。月眉池社大道公庙即今文贤村慈济宫，建庙年代应在康熙五十九年修志之前。又据《凤山采访册》③载："保生大帝庙，……一在围仔庄（文贤），县西北六十七里，屋八间，额慈济宫，康熙二十年李天赐建，雍正三年叶惠修，嘉庆十六年林必捷重修，光绪十八年郑武再修"。明确记载慈济宫系康熙二十年即明郑时所建，通志嘉庆元年建显误。

7. 仁寿宫

通志载台南县归仁乡后市村仁寿宫，雍正二年建。据陈台志："在归仁北里，大道公庙，在旧社口，伪时建。"按归仁北里旧社口，即今归仁乡旧社口，因嘉庆时发生漳泉分类械斗后日渐衰落，据卢嘉兴调查，"旧社口尚有大道公庙仁寿宫以供凭吊，今址仅存残破土地公祠而已"④。据陈台志所载，仁寿宫应系明郑时所建，《保生大帝专辑》⑤记仁寿宫明郑时建，与旧志符合，通志雍正二年建显误。

8. 大道公宫

据陈台志载："在大目降庄，大道公宫，伪时建"，王台志、谢台志⑥均有相同记载。按大目降明郑时为新化里，即今台南县新化镇，通志未载，疑已废。

9. 清王宫

通志载台南县仁德乡大甲村91号清王宫，嘉庆三年建。据陈台志载："在文贤里一图，大道公庙，一在山头社，乡人同建；一在大甲社，乡人同建。"按大甲社即今台南县仁德乡大甲村，大甲社大道公庙即今大甲129号慈济宫。应

① 连景初：海山峤偶录，《台南文化》第9卷1期。
② 林衡道：《台湾古迹全集》，1980年5月。
③ 卢德嘉：《凤山县采访册》，台湾文献丛刊第73种。
④ 卢嘉兴：台南县古地名考，《南瀛文献》第6卷合刊。
⑤ 《佛利道观总览》（保生大帝专辑），1987年6月台北出版。
⑥ 谢金銮：《续修台湾县志》，卷五，外编，寺观，嘉庆十二年。

系康熙五十九年修志以前所建，通志建庙年代与旧志符合，山头社已废，据卢嘉兴研究，山头社废后，住民迁大甲社，遗址今仁德乡大甲村，山头社大道公庙亦迁建大甲 90 号处，即通志所载清王宫，亦系康熙五十九年以前创建，通志载嘉庆三年建，疑系迁建时间。

10. 元和宫

通志载台南市北华街 311 号元和宫，乾隆元年建，县志同。据陈台志载："在镇北坊，大道公宫，一在水仔尾，康熙三十五年里人建。"按五条港北哨船港水仔尾大道公宫，即今北华街元和宫，系康熙三十五年建，通志、县志所载乾隆元年建，均误。

11. 大道公宫

陈台志载："在永康里，大道公宫，在石头坑，里人同建。"按永康里石头坑在柴头港上游，在今永康乡四份子石头坑台南县、市交界处、清末已废，故通志缺载，其建庙年代应系康熙年间。

12. 保安宫

通志载嘉义县嘉义市北社尾保安宫，乾隆中叶建，嘉义县志载雍正元年建。据康熙五十六年修《诸罗县志》记载："保生大帝庙，在县治西门外，康熙四十年耆民募建，祀真君也"[1]。刘府志、余府志均有相同记载。同治修《重纂福建通志》亦载："嘉义县吴真人庙，在县治西门外，康熙四十年建"[2]。按康熙二十三年设诸罗县，康熙四十年县治已迁诸罗山，即今嘉义市，其西门外真人庙似即今保安里北社尾保安宫，应系康熙四十年迁治时所建，通志，县志所载建庙年代疑误。

13. 慈济宫

通志载台南县学甲镇济生路 170 号慈济宫，乾隆九年建，台南县志所记同通志。《保辑》记永历十五年（1661 年）建，康熙四十年改建。据乾隆九年慈济宫十二庄众公立的《慈济宫缘业碑志》载，张茂于康熙三十二年赴县禀垦头港仔一带草地为园，康熙四十二年将垦地卖与方彩，后方彩又将草地分卖与柯声南、柯声标、廖魁、陈绵等，"迨雍正五年间陈替、陈振魁、陈绵之子陈香臣、廖开凤、林清（缺 8 个字）真君爷二庙以为香灯油缘业"[3]。台南县志张茂

---

① 周钟瑄:《诸罗县志》，卷十二，杂记志，康熙五十六年。
② 《福建通志台湾府》，坛庙，台湾文献丛刊第 84 种。
③ 慈济宫缘业碑志，乾隆九年十一月，《台南县志》卷十，附录古碑志。

等合传亦载："今台南县学甲乡，昔为学甲社故址，清克台后，康熙三十二年，闽人张茂请于这，招佃初垦于此。其地硗确，不宜耕种，而移民多病瘴疠，茂乃以地让与李云龙、林登山二人，后林再转让数姓垦户，而地渐阔"①。据此，学甲慈济宫应建于康熙三十二年以后，雍正五年以前。通志、县志载乾隆九年建，显误，《保辑》载永历十五年建，系根据传说，有待确据证实。

14. 兴济宫

通志载高雄县林园乡林园村兴济宫，道光十四年建。据《凤山采访册》载："保生大帝庙，……一在顶林仔边街（小竹），县东南二十里，屋二间，额兴济宫，乾隆十四年叶文宾募建，光绪十三年武举朱春田董修。"按林园乡林园村古属小竹里顶林仔边街，顶林仔边街兴济宫即今林园村兴济宫，建庙年代系乾隆十四年，通志记道光十四年建，显误。

15. 真君宫

通志载高雄县凤山市过埤里真君宫，嘉庆年间建。据《凤山采访册》载："保生大帝庙，……一在田中央庄（凤山），县东南三里，屋十二间，额真君宫，乾隆二年林晋国修，庙租二十石。"按凤山市过埤里属凤山里田中央庄，田中央庄真君宫即今过埤里真君宫，系乾隆二年建，通志载嘉庆年间建，显误。又康熙五十八年陈文达修《凤山县志》（简称陈凤志）载："慈济宫，一在凤山上庄"②，疑即今过埤里真君宫，建庙年代应在康熙五十八年之前，待考。

16. 保安宫

通志载屏东县枋寮乡中寮村保安宫，道光年间建。据《凤山采访册》载："保生大帝庙，……一在北势寮庄（港东），县东南三十里，屋二间，额保安宫，乾隆五十年杨光兴董建。"按今枋寮乡中寮村古属港东里北势寮庄，北势寮庄保安宫即今中寮村保安宫，系乾隆五十年建，通志记道光年间建，显误。

17. 庆安宫

通志载彰化县彰化市光明里庆安宫，嘉庆年间建。据道光修《彰化县志》载："保生大帝庙在县治南门内，嘉庆二十二年同安县士民渡台者鸠金公建。……每年三月十五日祝寿。灯烛辉煌，与圣王庙埒"③。按今彰化市光明里永乐街在县治南门，据此，庆安宫系建于嘉庆二十二年。

① 《台南县志》，卷八，人物志。
② 陈文达：《凤山县志》，卷十，外志，康熙五十八年。
③ 周玺：《彰化县志》，卷五，祀典志，光绪年间。

18. 普济宫

通志载高雄县湖内乡湖内村普济宫，道光十年建。据《凤山采访册》载："保生大帝庙……一在湖内庄（长治），县西北六十里，屋二间，额普济宫，嘉庆二年王天培募建。"按今湖内村清末属长治里湖内庄，湖内庄普济宫即今湖内村普济宫，系嘉庆二年建，通志记道光十年建误。另据陈台志载："在文贤里二图，吴真人庙，乡人同建。"按文贤里二图，今二仁溪南之湖内乡属之，古文贤里二图真人庙疑即今湖内村之普济宫，据此，应系康熙五十九年修志以前建，待考。现建庙年代仍按采访册，嘉庆二年建。

19. 圣云宫

通志载高雄市楠梓区圣云宫，道光十五年建。据《凤山采访册》载："保生大帝庙，……一在后劲庄（半屏），县西北18里，屋四间，嘉庆二十一年董事杨儒募建。"按半屏里后劲庄，即今楠梓区后劲，据此，圣云宫即古后劲庄保生大帝庙，应系嘉庆二十一年建。

20. 保兴宫

通志载高雄县大树乡三和村保兴宫，民国元年迁建。据《凤山采访册》载："保生大帝庙，……一在大道公厝庄（观音）。县北二十五里，屋六间，额保兴宫，嘉庆十八年居民建，光绪九年吴阿坎修。"据1928年出版的《台湾寺庙总览》（简称《庙览》）载，保兴宫在凤山郡大树庄姑婆寮，今三和村、大坑村属之，通志载姑山村已有能保寺，大坑村无保生大帝庙，三和村有保兴宫，似即古大道公庄保兴宫，应系嘉庆十八年建。又据陈凤志载："慈济宫，……一在观音山大社"，疑即今三和村保兴宫，建庙年代应早于康熙五十八年，待考。现建庙年代仍按采访册，嘉庆十八年建。

21. 三圣宫

通志载苗栗县竹南镇中江里三圣宫，主祀开台圣王，咸丰五年建，《庙览》亦记主祀郑成功。据连横《台湾通史》卷22宗教志："三圣宫，在竹南一堡顶街头庄，咸丰四年建，祀开漳圣王、开台圣王、保生大帝。"按昔新竹县竹南一堡三圣宫，即今苗栗县竹南镇三圣宫，三圣宫系主祀三个主神，非如通志所载仅祀郑成功。

22. 兴济宫

通志载高雄县大寮乡后庄村兴济宫，民国三十五年建，据《凤山采访册》载："保生大帝庙，……一在后庄（小竹），县东六里，屋五间，额保兴宫，咸丰元年戴国英修。"按小竹里后庄保兴宫即今大寮乡后庄兴济宫，应系咸丰元年建，疑民国三十五年修建时改今名。

23. 花轿宫（保安宫）

通志载新竹县香山乡美山村保安宫，民国三十五年建。据《香山乡文献采访录》载：美山村香山塘花轿宫，咸丰九年创建，祀保生大帝[①]。据此，保轿宫、保安宫系同庙异名，今庙名、建庙时间依采访录，通志所记时间疑系修建时间。

24. 大道公庙

通志嘉义县大林镇明华里下埠头无保生大帝庙，但嘉义县志下埠里有大道公庙，缺建庙年代。据日据初期《嘉义管内采访册》祠宇条载："保生大帝庙，在下埠头庄，崇祀保生大帝，同治甲子年捐民财建造"[②]，查甲子年系同治三年。

又，通志有些记载缺建庙年代，或年代不具体，有些主祀神不是保生大帝，今据县志，加以订正。

25. 明直宫

通志载台南县仁德乡太子村明直宫，嘉庆三年建，主祀中坛元帅，《保辑》记明直宫主祀保生大帝，明郑时建。现据台南县志，明直宫主祀太子爷、保生大帝，康熙五十七年建。

26. 大兴宫

嘉义县新港乡大兴宫，通志载乾隆年间建，据嘉义县志及邱奕松论文载，系乾隆三十二年创建于笨港，称保生大帝庙，嘉庆年间被洪水冲毁，于嘉庆九年迁建新港今址，改名大兴宫。

27. 慈济宫

通志载嘉义县溪口乡游东村慈济宫，嘉庆年间建，据嘉义县志载系嘉庆二十年建。

28. 三台宫

又嘉义县志载嘉义市忠孝路三台宫，雍正六年建，1942年震倒未复，通志缺。

29. 显济宫

又通志载台南后壁乡嘉田村显济宫，缺建庙年代，现据县志系嘉庆十二年建。

---

① 《新竹文献会通讯》，见中国方志丛书（台湾地区）第92号。
② 《嘉义管内采访册》，祠宇，台湾文献丛刊第58种。

30. 青龙宫

又通志载台南县西港乡八份村青龙宫，缺建庙年代，据县志记系道光十一年建。

31. 太子宫

通志载台南县新化镇太平里太子宫，主祀中坛元帅，道光十二年建，据台南县志太子宫主祀太子爷、保生大帝，建庙年代同通志。

32. 保安宫

通志载云林县古坑乡高林村保安宫，主祀玄天上帝，道光十七年建。据云林县志稿，高林村保安宫主祀保生大帝，道光十七年建。

33. 庆济宫

又通志载台南县善化镇东隆里庆济宫，主祀清水祖师，民国二十四年重建。据1980年出版的台南县志，庆济宫主祀保生大帝。

又，通志有些记载有庙名，但缺主神和年代，有的缺庙字，现据1987年6月出版的《全国佛刹道观总览》(《保生大帝专辑》，以下简称《保辑》)加以补充。

34. 保安宫

通志载高雄市三民区港南里中山一巷有大港保安宫，缺主神及建庙年代。今据《保辑》载三民区中山一路保安宫，主祀保生大帝，乾隆十六年建。

35. 新福宫

又通志载嘉义县民雄乡北斗村新福宫，缺主神和建庙年代，据《保辑》记新福宫系道光十九年建，主祀保生大帝。

36. 镇安宫

又通志载嘉义市下埤里镇安宫，缺主神及建庙年代，今据《保辑》，镇安宫主祀保生大帝，约清代时建。

37. 慈灵宫

又通志载苗栗县后龙镇校椅里慈灵宫，缺主神及建庙年代，今据《保辑》，慈灵宫主祀保生大帝，清朝年间建。

38. 保德宫

据《保辑》载嘉义市竹林里竹子脚保德宫，主祀保生大帝，清朝年间建，通志缺。

现将以上38座保生大帝庙考订前后所发生的变化，包括建庙年代及占同期神庙总数的比例，列表如下：

表2-2 保生大帝庙考订前后变化表

	年代 变化	明郑	康熙	雍正	乾隆	嘉庆	道光	咸丰	同治	光绪	民国	缺年代	缺主神年代	缺庙宇	小计
通志	庙数		1	1	5	8	6	1				4	2	4	6	38
通志	占同期比例		2.63%	2.63%	13.16%	21.05%	15.79%	2.63%				10.53%	5.26%	10.53%	15.79%	
考订后	庙数	6	7	2	6	6	4	3	1	3						38
考订后	占同期比例	15.79%	18.42%	5.26%	15.79%	15.79%	10.53%	7.89%	2.63%	7.89%						

现按庙名、庙址、建庙年代（又分通志原载建庙年代，考订后建庙年代）、主要根据等项目，并按订正后的建庙年代顺序，编列《台湾省通志》保生大帝古庙订正表附后。

表2-3 《台湾省通志》保生大帝古庙订正表

庙名	庙址	建庙年代		根据	备注
		通志	考订		
慈济宫	高雄县湖内乡文贤村	嘉庆元年	康熙20年	凤山采访册	
灵济殿	台南市港仔尾67号	康熙57年	明郑时期	蒋府志	通志主祀玄天上帝
兴济宫	台南市成功路86号	嘉庆2年	明郑时期	蒋府志	
保安宫	澎湖县湖西乡北寮村	嘉庆年间	明郑时期	蒋府志	
仁寿宫	台南县归仁乡后市村	雍正2年	明郑时期	陈台志	
慈济宫	台南市古土墼埕保	缺庙	明郑时期	蒋府志	清初已废
大道公宫	台南县新化镇	缺庙	明郑时期	蒋府志	疑已废
元和宫	台南市北华街311号	乾隆元年	康熙35年	陈台志	
保安宫	嘉义市保安里北社尾	乾隆中叶	康熙40年	诸罗县志	

续表

明直宫	台南县仁德乡太子村	嘉庆3年	康熙57年	台南县志	主祀太子爷、保生大帝

庙名	庙址	建庙年代		根据	备注
		通志	考订		
保宁宫	台南县永康乡盐行村	乾隆十三年	康熙年间	陈台志	《古全》康2年
清王宫	台南县仁德乡大甲村91号	嘉庆三年	康熙年间	陈台志	
大道公宫	台南县永康乡石头坑	缺庙	康熙年间	陈台志	清末已废
慈济宫	台南县学甲镇济生路170号	乾隆九年	康末雍初	碑记	
三台宫	嘉义市忠孝路542号	缺庙	雍正六年	嘉义县志	1942年震倒
真君宫	高雄县凤山市过埠里	嘉庆年间	乾隆二年	凤山采访册	
兴济宫	高雄县林园乡林园村	道光十四年	乾隆十四年	凤山采访册	
保安宫	高雄市中山一路325巷	缺主神、年代	乾隆十六年	《保辑》	
庆济宫	台南县善化镇东隆里	民国二十四年	乾隆二十九年	台南县志	通志主祀清水祖师
大兴宫	嘉义县新港乡大兴村	乾隆年间	乾隆三十二年	嘉义县志	
保安宫	屏东县枋寮乡中寮村	道光年间	乾隆五十年	凤山采访册	
普济宫	高雄县湖内乡湖内村	道光十年	嘉庆二年	凤山采访册	
显济宫	台南县后壁乡嘉田村	缺年代	嘉庆十二年	台南县志	
保兴宫	高雄县大树乡三和村	民元迁建	嘉庆十八年	凤山采访册	
慈济宫	嘉义县溪口乡游东村	嘉庆年间	嘉庆二十年	嘉义县志	
圣云宫	高雄市后劲南路38号	道光十五年	嘉庆二十一年	凤山采访册	

续表

庆安宫	彰化县彰化市光明里	嘉庆年间	嘉庆二十二年	周玺县志	
庙名	庙址	建庙年代		根据	备注
		通志	考订		
保宁宫	台南县永康乡盐行村	乾隆十三年	康熙年间	陈台志	《古全》康二年
保安宫	云林县古坑乡高林村	道光十七年	道光十七年	云林县志稿	通志主祀中坛元帅
新福宫	嘉义县民雄乡北斗村	缺主神、年代	道光十九年	《保辑》	
兴济宫	高雄县大寮乡后庄村	民国元年	咸丰元年	凤山采访册	
三圣宫	苗栗县竹南镇中江里	咸丰五年	咸丰四年	《台湾通史》	通志主祀开台圣王，通史主祀郑成功、陈元光、保生大帝
花轿宫	新竹县香山乡美山村	民国三十五年	咸丰九年	采访录	
大道公庙	嘉义县大林镇明华里	缺庙	同治三年	嘉义采访册	
镇安宫	嘉义县嘉义市下埤里	缺主神、年代	清朝年间	《保辑》	
保德宫	嘉义县嘉义市竹林里	缺庙	清朝年间	《保辑》	
慈灵宫	苗栗县后龙镇校椅里	缺主神、年代	清朝年间	《保辑》	

五、台湾中部平埔人的汉化与妈祖信仰

　　清代后期，居住在台湾中部地区（今台中县、台中市、彰化县、南投县）的平埔人开始接受了妈祖信仰，并倡建妈祖庙于埔里。台湾刘枝万教授认为，此"在本县汉番交涉史上别具一格，耐人寻味"。本文拟对这一台湾民俗加以考察，并"寻味"这一现象出现的原因及其影响，准备着重探讨随着汉移民的入垦与定居台湾（也可以说汉移民的本土化），先住民平埔人开始不断汉化（也可以说土著族的内地化），包括其宗教信仰也发生了新的变化。

（一）大陆移民入垦台湾中部与平埔人不断汉化

原居住在台湾西部平原及丘陵等地的平埔人有 8 个族群，共约 90 余社，其中居住于台湾中部的有五族 34 社，即道卡斯（Takas）人 4 社，分布于大甲溪河谷一带的海岸地区；拍瀑拉（Papora）人 4 社，分布于大肚丘陵以西至海岸一带；拍宰海（Pabzeh）人 2 社，分布于今台中县丰原镇至东势镇一带平地及山麓丘陵地带；巴布萨（Babuza）人 8 社，分布于今台中市以南至西螺镇以北之近海岸平原地带；洪雅（Hoanya）人 6 社，分布于台中盆地雾峰以南及彰化县社头乡、南投县南投镇以北两县交界地带。

台湾平埔人与汉人最早接触，首先接受汉族文化的影响，随着明末汉移民开始成批入垦而不断汉化、内地化。

1. 汉移民入垦与平埔人汉化的主要过程

早在明末天启年间，荷兰殖民者入侵台湾之前，已有海澄颜思齐、南安郑芝龙等一批漳泉人登陆笨港（今北港与新港之间一带地方），筑寨垦殖，招饥民开荒。荷兰统治时期（1624—1661 年）采取奖励大陆移民来台耕垦，但开发地区限于今之台南县、市为中心的南部地区，只有零星汉民入垦台湾中部。明郑时期（1661—1683 年）实行分派镇兵屯垦外，并招沿海人民入台开垦，垦区仍在今台南、高雄一带，开发最北的地区是郑经时代部将林圯入垦斗六门（今斗六镇）及水沙连西部（后改名林圯埔，今竹山镇）。为了平乱，曾出兵至大肚溪及大甲溪附近，屯垦于今台中县市个别地点。先住民包括平埔人，在与汉族兵民接触中，不断归化和汉化，出现"熟番'与"生番"或"土番"与"野番"之别，还有介于二者之间的"归化生番"。据康熙二十四年所撰《台湾府志》记载，诸罗县辖四里（善化、新化、安定、开化）34 社，其中属于台中地区的有 11 社，即道卡斯人的崩山社（即大甲东社），拍瀑拉人的沙辘牛骂社（均属今台中县），拍瀑拉人与巴布萨人的半线大肚社（今台中县大肚乡、彰化县彰化市），巴布萨人的麻务拣社（今台中市）、东螺社（今彰化县埤头乡）、二林社（今彰化二林镇）、亚束社（今彰化布）、马之遴社（今彰化鹿港镇），洪雅人的大武郡社（今彰化社头乡）、大突社（今彰化溪湖镇）、南北投社（今南投县草屯镇、南投镇）。府志注明所列坊里"各名号皆伪时所遗，今因之"[①]。可见上列各社实际上是明郑时期已表示过归化，且已不同程度汉化的"番社"，系"生熟

---

① 蒋毓英:《台湾府志》（校注本），卷之一，第 9—11 页。

番揉合"，不完全是"熟番"。

康熙二十二年（1883年）清政府统一台湾后，翌年设一府三县，北面自今盐水溪以北属诸罗县，被称为"诸罗千里县，内地一省同（蓝鼎元语），但实际统治地区祗府治百余里，县令初期仍住府城，后迁佳里兴（今台南县佳里镇一带）。康熙三十六年即平台十四年之后，郁永河东渡采集硫磺时记载："诸罗、凤山无民，所隶皆土著番人"。从斗六门以北，人迹罕到，"经过番社皆空室，求一勺水不可得，得见一人，辄喜"。自大肚、牛骂、大甲（今台中县）以北，"林莽荒秽，不见一人"①。由于平台后郑氏官兵被遣回大陆，人口锐减，不少熟地抛荒，有的"熟番"复变为"生番"。时清廷又禁携眷渡台，对台采取消极政策。故台中地区仍是一片荒凉景象。但自康熙中叶以后，由于大陆人民冲破禁令，偷渡者仍不少，台湾中部地区开始陆续被官民开垦。如有著名垦户泉人杨志申、施长龄等开垦线东城西堡、燕雾上下堡、武东堡（今彰化县）等地，施世榜开八堡圳，灌溉百余庄（今云林县），总兵张国及其部将刘源沂、黄鹏爵开垦犁头店，总兵蓝廷珍开垦大墩（今台中市）。到康熙末年，情况发生了很大的变化。蓝鼎元指出："国家初设郡县，管辖不过百里，距今未四十年，而开垦流移之众，延袤二千余里，糖谷之利甲天下"②。又说："前此大山之麓，人莫敢近，以为野番嗜杀；今则群入深山，杂耕番地；虽杀不畏"③。由于台中地区移民日增，矿土日辟，雍正元年遂分诸罗虎尾溪以北至大甲溪之地新设彰化县，其北则设淡水厅。汉移民与平埔人杂居共处中进一步接受汉化，表现"熟番"之社增加。据康熙五十六年编纂的《诸罗县志》记载，有"熟番"54社，属台中地区的有26社。康熙末年成书的《台海使槎录》列北路诸罗"熟番"100社，属台中地区的亦为26社，比前增加15社。新增归化"番社"有拍瀑拉人的水里社（今台中县龙井乡），巴布萨人的眉里社（今彰化二林镇）、柴仔坑社（今彰化市），洪雅人的猫罗社（今彰化芬园乡），拍宰海人的乌牛栏、朴仔篱、阿里史、岸里、扫捒5社（今台中县丰原镇一带，均康熙五十四年归附）。另南北投、半线大肚、沙辘牛骂三社均各分为2社，崩山社细分为8社属台湾中部地区的有日南社、大甲东社、大甲西社、双寮社（今台中县大甲镇一带）。

---

① 郁永河：《稗海纪游》，《台湾文献丛刊》，第44种，简称《台丛》（44），第21、32、36页。

② 蓝鼎元：《东征集》，卷二，《台丛》（12），第34页。

③ 蓝鼎元：《平台纪略》，《台丛》（14），第30页。

雍正十年准许台湾居民搬眷渡台，其后虽时禁时开，但渡台者愈众，出现移民开垦热潮。乾隆初，粤人张达京（名振万）等招佃开垦葫芦墩一带拍宰海族的岸里社，至乾隆中叶，台湾西部平原开辟已遍，移民早已向东部山丘开垦，雍正年间已有闽人入垦南投北投二堡（今南投镇、草屯镇），至乾隆二十四年增置南投县丞，地已大辟。为了妥善处理汉移民与先住民的关系，乾隆三十二年增设南北两路理番同知，以处理"熟番"事务为主要职责。据乾隆三十四年朱景英所撰《海东札记》一书记载，台湾北路"熟番"有78社，其中属台中地区的有30社，比前增加4社，系自岸里社分出葫芦墩社（今台中县丰原镇）、麻薯旧社（今台中县后里乡），大肚社分为南、北、中三社。

乾隆四十九年开放鹿港与蚶江对渡，大批移民从鹿港进入台中地区开发。姚莹《埔里社纪略》载：嘉庆十九年水沙连隘丁黄林旺结嘉、彰二县民人陈大用、郭百年"拥众入山"，侵垦水沙连界外之社仔、水里、沈鹿三社，后郭百年等又"率民壮佃丁千余人至埔里社囊上为城，黄旗大书开垦"。后虽被毁城逐佃，立碑禁垦，但汉民入垦埔里盆地之势已无法阻止。据道光、同治年间先后所修之《彰化县志》《淡水厅志》记载，台中地区的"熟番"社数没有新的增加，由于大肚、沙辘、岸里等社又各合列为一社，未列阿里史社，实际社数减为24社，主要表现在汉化程度有所提高，并增加"归化生番"水沙连24社。

自康雍乾时期大陆移民大批入垦台湾后，原居住西部平原的平埔人被迫向东部山地移徙。嘉庆九年，今彰化、台中一带的平埔人在潘贤文率领下有千余族人向噶玛兰（今宜兰县）方向迁徙；至道光年间，又出现西部平埔人大规模迁入埔里社的行动。迁入埔里的平埔人包括洪雅、拍瀑拉、巴布萨、拍宰海、道卡斯5个族群，自道光三年至咸丰末年，先后有34社迁入埔里，其中从台中地区迁的达28社之多，只有6社系自今苗栗、云林二县迁入。他们分别从埔里南部浊水溪、东部乌溪、北部大甲溪等路入境，迁入的人数据道光末年熊一本报称："二十年来，熟番已二千余人，生番仅存二十余口"。由于"熟番势盛，渐逼生番他徙"[1]，可见西部平埔人入埔后，把原住埔里盆地的布衣人、泰雅人的大部分也被逼迁内山。咸同以降，"熟番"进一步汉化，据《淡水厅志》记载，此时"其居处、饮食、衣饰、婚嫁、丧葬、器用之类，半从汉俗，即谙番语者，十不过二三耳"[2]。开辟较晚之淡水，平埔人汉化之情形尚且如此，其南部各县

---

① 熊一本：《条复筹办番社议》，《台丛》（17），第229页。

② 陈培桂：《淡水厅志》，卷十一，《台丛》（172），第297—312页。

之汉化程度，当较此为高。光绪元年清廷实行"开山抚番"，北路理番同知移住埔里，改为中路抚民理番同知，专事"生番"的治理，"熟番"事务悉归县、厅治下与汉民同一管理，光绪十三年台湾分省后，视"熟番"一同汉民，汉化的步伐加快，汉民与平埔人已渐难分别。

2. 平埔人汉化的途径

汉移民入垦后，通过交换和贸易，互相影响；通过杂居共处，多方接触，互相模仿学习；通过"近日番女多与汉人牵手"成婚；通过政府创办社学，教育"番童"等种种途径，移民与先住民间互相融合、同化。由于汉族的先进生产技术与较高文化水平，在相互接触中，先住民被汉则是主要的。开始接受汉人的生产技术，促进了先住民狩猎、农业和手工业的发展，其居室、衣饰、饮食等生活方面，也模仿汉民的生活方式和某些风俗习惯，通晓汉人语言，改用汉姓（姓潘者居多）。康熙二十四年编撰的第一部《台湾府志》已有平埔人汉化的一些记载："新港、萧垅、目加溜、麻豆、哆咯啯、大武垄（今台南县）等社，"去府治颇近，多事耕田，犹能以钱贸易。余社则以其所有，易布、絮、盐、铁之类于社商而已"。又说："番中亦有聪慧能通漳泉语言，间能作中州语者。"[①]到了道光十年，内山水沙连地区的先住民"涵濡帝泽，早已易心革面，熟番既与平民无异，且有读书易汉姓者。生番亦渐化为熟番，以习汉人衣冠礼貌为荣。所谓体不穿衣、专以杀人为强者，乃岩居穴处，未经归化之野番耳，即生番亦畏之，然十中一二而已，与归化番泾渭迥殊。"[②]通过汉移民与先住民的友好相处，互相融合、同化，这是平埔人接受汉化的一个方面。所谓"与土人互婚为友，水乳相融"[③]，指的就是这种情况。关于民族间的友好融合这一面，现有著述言之甚详，兹不赘述。

本文拟着重阐述的是往往被许多人回避的另一面，即民族间的矛盾冲突，甚至诉之于暴力，而强迫汉化的情况。手段是残酷的，但对国家的统一，海疆的巩固，中华民族的发展，客观上有积极影响，也不能一概抹杀。

台湾开发初期，由于土旷人稀，汉移民与平埔人和睦杂处，出现合作凿井、筑陂、开圳事例，如康熙三十四年半线番仔陂就是合筑的。随着移民的激增，政府、移民、先住民之间存在的种种矛盾就突出出来了，有的矛盾激化，爆发

---

① 蒋毓英:《台湾府志》,卷之五,第57页。
② 丁绍仪:《东瀛识略》,卷一,《台丛》(2),第6页。
③ 龚柴:《台湾小志》,《台丛》(216),第95页。

暴力反抗或占垦事件。嘉庆以前在台湾中部及其接壤地区爆发的有四次：

①康熙三十八年二月吞霄社土官卓个、卓雾、亚生"作乱"，杀通事杨申及其伙十数人，拒敌来剿官兵，劳师七个月始平①。

②康熙六十年朱一贵起义后，阿里山、水沙连"各社乘乱杀通事以叛"，翌年十二月水沙连南港土官阿笼就抚②。水里社"番目"骨宗等自恃山溪险阻，不输赋，屡出杀人，迨雍正四年仍潜踪出没，"残杀民命"，总督高其倬命巡道吴昌祚讨之，以北路参将何勉为副，冬十月擒骨亲父子三人及凶党二十余人，解省伏诛③。

③雍正九年冬，大甲西社林武力结樸仔篱等8社"聚众为乱"。五月，又结沙辘、吞霄等10余社"同反"，围攻县治。先后命台镇吕瑞麟、福建陆路提督王群讨之，十一月诛首恶。北路平④。

④嘉庆二十年郭百年、陈大用等组织民壮佃丁千余，强垦水沙连县外社仔等三社，复拥众侵入埔里社，"社番不服，相持月余"，乃"诈称罢垦"，使"社番"进山取鹿茸，"乘其无备，大肆焚杀"。并"发掘番冢百余，既夺其地，筑土围十三，木城一，益召佃垦，众番无归，走依眉社、赤嵌而居"⑤。

从以上因矛盾激化采用暴力斗争的四例可以看出，汉移民入垦后，台湾社会的矛盾复杂化了，除原来先住民各部落之间的旧矛盾外，增加了汉移民与先住民的矛盾，政府与汉民及先住民之间的矛盾、各地移民之间的矛盾，先住民汉化后又出现"生番"与"熟番""归化番"之间的矛盾，等等；而列强势力入侵后矛盾则更加复杂化。自汉移民大批入垦后，移民与先住民特别是与平埔人之间矛盾十分突出。矛盾的焦点，是对土地的争夺。康熙末年诸罗知县周钟瑄上闽浙总督觉罗满保书反映了这一矛盾已经十分尖锐。该书指出："自比年以来，流亡日众，以有定之疆土，处日益之流民，累月经年，日事侵削。向为番民鹿场麻地，今为业户请垦，或为流寓占耕。番民世守之业，竟不能存什一于千百。"⑥汉民被杀，有的确与先住民"出草"风俗有关，但黄叔璥正确地指出："内山生番，野性难驯，焚庐杀人，视为故常，其实启衅多由汉人。如业主

① 周钟瑄：《诸罗县志》，卷十二，杂记志，灾祥条。
② 黄叔璥：《台湾使槎录》，卷六，《台丛》（4），第123页。
③ 周玺：《彰化县志》，卷之七，兵防志，吴昌祚、何勉传。
④ 同上书，卷十一，杂识志，兵防条。
⑤ 姚莹：《东槎纪略》，《台丛》（7）第34页。
⑥ 周钟瑄上满总制书，转引《台丛》（4），第165页。

管事辈利在开垦，不论生番、熟番，越界侵占，不夺不餍。复勾引伙党，入山搭寮，见番戈取鹿麂，往往窃为己有，以故多遭杀戮。又或小民深入内山，抽藤锯板，为其所害者亦有之。①"雍正九年大甲西社武装反抗的爆发，其根子还是土地矛盾问题。早在康熙末年，沙辘土官嘎即已哀叹："祖公所遗，祇此尺寸土，可耕可捕，借以给饔飧、输饷课，今售于汉人，侵占欺弄，势必尽为所有，阖社将无以自存矣"。②已认识汉民侵占土地威胁该族的生存，后来参加了大甲西社为首的反抗斗争。至于郭百年等越垦埔里社，更是汉移民用暴力侵夺先住民土地的突出事例。在汉民与先住民的矛盾冲突中，表面上凌驾二者之上的清政府，采用调和矛盾和利用矛盾的策略，为了防止占垦，康雍乾时期多次在民"番"或生熟"番"交界处立石示禁，即禁止"生番"出来杀人，也防止汉人越垦，实行"护番保产"政策。并善于利用矛盾来巩固自己的统治，如当汉民朱一贵、林爽文等举行反官反清起义时，清政府首先利用闽粤、漳泉移民间矛盾，鼓励"义民"参加围剿起义者，也利用先住民协助镇压。实行"以番制汉"。如水沙连水里社毛天福等与阿里山"番目"30人，以"协同堵截"林爽文有功，"优加赏给"，并准入觐。赐谒7次，赏宴10次，观光逾年始归。埔里等6社在通事黄汉率领下，以擒获林爽文家族十余人有功，被举为水沙连化番的世袭总通事。当平埔人吞霄等社反抗时，利用汉民外，还利用萧垅、目加溜等四大社"为前部"，复遣岸里让平埔人"绕出吞霄山后夹击"③，实行"以番攻番"。由于力量对比悬殊，在汉移民与先住民争夺土地的斗争中，在清政府与先住民的压迫反压迫斗争中，最终失败的都是先住民，反抗彼残酷镇压。土地进一步被占垦。对武装反抗，清政府也善于运用"恩威并济""剿抚兼施"二手。如诸罗邑令孙鲁对水沙连之役即采取"多方招徕，示以兵威大炮，赏以烟花银牌，迫其就抚"④。《东瀛识略》作者指出，自吞霄、水沙连、大甲西社三役平后，"自是各社相继向化，生熟番均不复反矣"⑤。说的正是以武力强迫归化，从而加速被迫汉化的情况。蓝鼎元早在康熙末年就主张实行这种所谓治台"长策"："以杀止杀，以番和番，征之使畏，抚之使顺。辟其土而聚我民焉，害将自息。久之生番化

---

① 黄叔璥：《台湾使槎录》，卷八，《台丛》(4)，第167页。
② 同上书，卷六，《台丛》(4)第128页。
③ 黄叔璥：《台湾使槎录》，卷八，《台丛》(4)，第168页。
④ 黄叔璥：《台湾使槎录》，卷六《台丛》(4)，第123页。
⑤ 丁绍仪：《东瀛识略》，卷七，《台丛》(2)，第86—87页。

熟，又久之为户口贡赋之区矣①"。

平埔人被迫汉化，也与处境困难有关。反抗中许多族人被屠杀，土地不断被占垦，处在"衰弱穷困，……生计日蹙，无可谋食，情愿剃发易服，改为熟番，求准内附"②。表面上出于自愿，确与过去汉化的基础有关，但在许多场合往往是被迫走上这一条路的。

从上述可以看到，汉移民开发台湾的过程，也是台湾先住民不断汉化的过程。先住民的汉化通过和睦共处的和平方式互相融合、同化和汉化；同时也通过矛盾冲突的解决，先住民在斗争中失败而被迫汉化。应该指出，在先住民的汉化过程中，社商、通事制度起过特殊的作用。既对先住民的和平地汉化起了先导和桥梁的作用，然而因"社番不通汉语，纳饷、贸易、皆通事为之"③，也往往激化矛盾。恶化民族关系，成为诸种矛盾的焦点。通事与先住民的矛盾既反映了汉移民与先住民的矛盾，也反映了政府与先住民的矛盾。通霄之"乱"就是由通事杨申"征派无虚日，社番苦之"而激发的，首先杀杨申而发难。水沙连之"乱"虽系乘机而起，也同样先出现"阿里山水沙连各社乘乱杀通事以叛"的情况，继而走上大杀汉民、抗拒官府的武装反抗斗争。由于史籍中关于通事对先住民勒索诛求的记载很多，就以为通事制度"是清代一大弊政"，通事"绝大多数都是坏的"，未免失之偏颇。《裨海纪游》记载通事"朘削无厌"的同时，又指出"而番人不甚怨之"。陈叔均撰《噶玛兰厅志》论番割之功过说："台中倘无此辈，则民番固已相安矣。然台中而尽无此辈，土地又何以日辟耶？平心而论，功过正适相半。"的确是持平之论。通事社商在历史上起过的积极作用，我们也不应抹杀。

（二）平埔人的妈祖信仰

平埔人的高度汉化，也包括宗教信仰的变化，接受妈祖信仰就是其内容之一。

1. 妈祖信仰的传播与平埔人崇祀妈祖为新的保护神

闽粤移民对海神妈祖的崇祀已久，明末以后移民成批渡台，随其从湄洲或故乡妈祖庙分香或分身到台建庙奉祀，因此建庙过程反映了移民开发台湾的过

---

① 蓝鼎元：《东征集》，卷四，《台丛》（12），第60页。
② 刘韵珂：《奏开番地疏》，《台丛》（17）第208页。
③ 六十七：《番社采风图考》，《台丛》（90），第88页。

程及妈祖信仰的传播地区。现根据新旧地方志资料，把台湾中部地区三县一市及接壤的云林、苗栗二县妈祖庙的建立及其分布列表如下：

从明天启四年（1624年）颜思齐、郑芝龙入台到清亡（1911年）共298年，共建妈祖庙104座。从表中可看出，乾隆以后出现了建庙高峰，这与台湾中部的开发热潮是吻合的，建庙过程是从南到北、从沿海到山区，这同样与台湾中部的开发过程相吻合。康雍以前所建10庙，都在沿海港口及平原地区，到乾嘉时期才开始在浊水溪中游沿岸及猫罗溪东岸的林杞埔，集集铺、南北投建庙。

表 2-4　台湾中部地区及其邻县始祖庙的建立及分布表

年代　　县市	明郑	康雍	乾隆	嘉道	咸宣	小计
云林县		4	8	7	2	21
彰化县	1	5	4	7	10	27
台中县市		1	8	11	11	31
南 投 县			2	4	7	13
苗 栗 县			3	7		13
小　计	1	10	25	36	33	105

至道光年间，上表5县1市已建妈祖庙宇72座，广泛分布在迁入埔里前34社平埔人的所有地区，与汉族杂居的平埔人深受妈祖信仰的影响。如台中大甲溪沿岸的万兴宫，即系番附马通事张达京于雍正十二年倡建，对岸里社的平埔人影响尤大。大肚溪流域雍正四年建立的万和宫（今南屯镇），乾隆元年建立的万兴宫（今大肚乡），乾隆五十三年（一说二十三年）建立的永和宫（今大肚乡），对居住该地的拍瀑拉人"大肚番"影响也很大，该族头目巫阿新贺已将道光初年在大肚溪渔猎时所拾得漂来的天上圣母木像，持回家宅供奉，说明已经接受了妈祖信仰。北港朝天宫是全省香火最盛的妈祖庙，据《云林采访册》记载："每岁春，南北居民赴庙进香，络绎不绝……官绅匾额、多不胜书"。从朝天宫分香的彰化南瑶宫每年也举行盛大的游境活动。这些都对居住在台湾中部的平埔人发生很大影响。埔里恒吉宫两次割香于南瑶宫，并每逢南瑶宫秋季游境之际举行祭典活动，可见其影响之深。乾隆二十一年兴建于林杞埔的连兴宫，是南投第一座妈祖庙，对水沙连地区影响尤大。布农人楠仔脚万社传说，该族

157

瘟疫流行，咸信传播瘟疫的鬼神（可能系指妈祖庙的千里眼和顺风耳）来自林圯埔妈祖庙，乃备粘糕、猪肉、牝鸡等物进行遥祭。可见妈祖信仰不仅影响平埔人"熟番"，而且对山地的"归化生番"也发生影响。

宗教信仰的变化是先住民汉化后期才出现的，往往经过好几代的融合才开始触及。如大肚社早在郑成功入台之年（1661年）被讨平归顺，160多年后的道光初年，才接受妈祖信仰，又经过40多年至同治年间迁入埔里后才建立庙宇，而且是在内外交困的窘境时才出现的。34社平埔人入埔后仍然处在"外逼凶番，内惧汉逼"的困境，为想永保埔里社为平埔人的安居乐业之地，入埔初由各社共同立了一纸约字，内有"毋许侵人内山扰动生番，毋许恃强凌弱，毋许引诱汉人在彼开垦，毋许雇汉人在地经营"[1]的规定，十分警惕地防患"生番"及汉人，主要锋芒是防患汉民的入垦。但事实与他们善良的愿望背道而驰，特别是咸丰年间郑勒先入埔后，汉人接踵而至，不久在埔里中心的大肚城形成汉人街肆了。仍然"衰弱穷困，日甚一日，实有难以存活之努"[2]，原来的祖灵崇拜已挽救不了其衰亡厄运，乃寻找新的保护神妈祖，企图崇祀汉人之神来抵制汉移民之侵凌，同时防止"生番"的扰害，于是才于同治年间先后建起兴安宫、恒吉宫两座妈祖庙，冀求族人"兴盛平安""永远吉利"，庙名也反映了他们的美好愿望。

2. 埔里平埔人倡建妈祖庙与宗教信仰的变化

清同治年间，在埔里盆地出现了由先住民平埔人倡建的两座妈祖庙：一为兴安宫，地址在境里社生番空庄（今溪南里）。道光初，平埔人拍瀑拉人巫阿新贺已在大肚溪渔猎时，曾获得漂来的天上圣母木像一尊，遂供奉于家宅，至同治八年（1869年）由其子巫清福首倡，向庄内及附近平埔人募款建庙，其地约20坪，系土角、木造平屋，规模不大，二月十五日竣工，取名兴安宫，奉祀该天上圣母像。光绪二十八年二月，谈庄平埔人巫光辉捐木料、砖瓦加以重修。1917年埔里地方发生大地震，庙宇坍毁，乃将神像暂迁炉主宅，轮流奉祀，后移祀于公厅。于每年三月二十三日神之圣诞日，及秋季彰化南瑶宫天上圣母出巡游境之际，举行祭典，届时庄民麇集，演戏庆祝。平时香火不盛。

一为恒吉宫，地址在埔里社大肚城庄（今大城里），于同治十年（1871年）

---

① 转引洪毓麟：《住民志》（平埔人篇），《中国方志丛书（台湾地区）》，第74种，简称《方丛》(74)，第2365页。

② 刘韵珂：《奏勘番地疏》，《台丛》(17)第218页。

由大肚城庄拍瀑拉人的都阿托、房里庄道卡斯人的张世昌、枇杷城庄洪雅人的余清源、牛眠山庄拍宰海人的潘进生等平埔人头人首倡，广向埔里社、五城二堡庄民募款 2000 元，建庙于大肚城，六月一日竣工，取名恒吉宫，俗称妈祖庙或妈祖宫，往彰化南瑶宫割香返里奉祀。庙地约 100 余坪，系砖木造平屋，规模宏敞。初期香火不盛，光绪元年（1875 年）新设埔里社厅，中路抚民同知由鹿港移驻大肚城，香火转盛。光绪十三年由理番通判吴卒杰捐 150 元予以重修，并赠送"厚德配天"匾额，变为埔里社一厅住民的共同信仰对象。1912 年八月，台风成灾，庙宇坍毁，乃由地方士绅广向居民募教 900 余元，迁建下茄冬脚（今清新里）。光复后再加重修，焕然一新。除主神天上圣母外，并配祀神农大帝、观音佛祖、中坛元帅、注生娘娘、城隍、福德正神、雷公、电母等，并供出力人员长生禄位。祭典亦举行于三月二十三日神之圣诞日及秋季彰化南瑶宫天上圣母出巡游境之际，其时街肆附近各庄信徒麇集，备办牲醴、演戏庆祝，极为热闹。平时每逢朔望，香火较盛。管理人后期由主要信徒投票选举，任期并无限制，并设庙祝一名，经费靠信徒捐舍[1]。

埔里平埔人先后建兴安宫、恒吉宫，崇祀天上圣母，从此该族的宗教信仰发生了新变化。平埔人的原始宗教与山地先住民一样，均以崇拜精灵、祖灵、自然、咒物、鸟占等为特色，其宗教观念系建立在万物有灵，灵魂不灭的基础上。相信人死后灵魂不分良善，皆须渡过深渊上所架之桥，行善者渡过此桥始能入幸福之国，行恶者将坠入污秽泥沼的深渊之中。吴子光《一肚皮集》有关于元旦招请祖灵之仪的记载："其祀先，多鸡鸣时，必夫妇亲之。陈设皆如汉人，唯将焚镪帛顷，则子性兄弟咸出室门外狂叫，声咻咻然嘁杀而远闻；大约是请祖宗飨食之意[2]。"

除了对祖灵行祭外，平埔人尚有对日、月、星、辰及风、雨神的自然崇拜，以及由巫觋执行的咒术崇拜。凡遇筑舍、狩猎、收割等大事，皆举行鸟占，听鸟声以卜吉凶。

平埔人崇拜祖灵、自然，向无寺庙和神像。但汉移民的民间信仰系混合儒、道、释为一体，丧葬、祭祀、疾病等多依赖道士主持仪式，道教对汉移民的影响尤深。道教对鬼神之崇拜与平埔人原始宗教中崇拜灵魂、巫觋、咒术等诸多相近，易被接受。其善、恶灵观念及入阴府、渡奈何桥的观念，可能即系受汉

---

①　刘枝万:《南投县风俗志宗教篇稿》,《方丛》(74),第 97—98 页。

②　吴子光:《一肚皮集》,《台丛》(36),第 30 页。

人的影响。因此崇祀妈祖、观音、福德正神后的平埔人，其宗教信仰系在原有祖灵、自然崇拜的基础上，混合了儒家的道德，佛教的偶象崇拜，道教的鬼神崇拜而成。光复后重修的恒吉宫，配祀观音等多种神明，即反映了平埔人宗教信仰的新变化。

3. 妈祖神职的变化及其影响

（1）妈祖神职的变化

妈祖系宋代出生于湄洲岛林氏人家，"以巫祝为事，能预知人祸福"①，死后被祀为女海神，随着航运的发达，使臣、移民的出国，妈祖信仰遂传播世界各地，"庙食遍天下"。明末，大陆移民开始成批移居海岛台湾，对海神妈祖尤为笃信，定居后陆续在港口、垦区建立妈祖庙，把妈祖当作祈福、攘灾、保平安的万能之神，妈祖神职从护航的海神发展成台湾移民的守护神，"家尸而户祝之"。

随着移民事业的发展，先后在台湾盖起数以百计的妈祖庙。加上官方的积极提倡，列入祀典，从民祀上升为官祀或官民共祀，妈祖信仰得到广泛传播，台湾先住民，首先是平埔人，也深受影响，有的也崇祀妈祖。如在通事赖科的倡导下，于康熙五十一年纠合汉民和平埔人合建干豆门灵山庙（今台北关渡宫），以祀天妃，"落成之日，诸番并集"②，在通事张达京的倡导下，于雍正十二年在葫芦墩岸里社平埔人住区建立社口万兴宫。据该宫建立来历简介牌记载：由于土官潘敦仔率子士万、士兴及婿张达京枚平雍正九年大甲西社"番乱"有功，张达京与士万兄弟上京受赏赐，返台时特赴湄洲天后宫分香归台建庙③。妈祖神职又从台湾汉移民的守护神，发展成汉民与平埔人的共同守护神。同治年间在埔里的平埔人独自创建两座妈祖庙，妈祖又成为埔里平埔人的守护神。后汉移民入垦日多，埔里变成汉民与平埔人及少数布农人、泰雅人杂居之地，光绪三年埔里苦旱，住民祈雨于恒吉官，巧逢下雨，居民包括汉人按户募捐，再次到彰化南瑶宫割香，举行盛大祭典，演戏竟达数日，自是恒吉宫也成为平埔人与汉民共同奉祀的守护神，香火鼎盛。由于汉民之增加，兴安宫同样也变成两族的共同守护神。光绪十三年通判吴本杰捐资重修后的恒吉宫，成为埔里全厅的共同信仰对象，上升为官民共地的地位。

---

① 蒋维锬：《一篇最早的妈祖文献资料的发现及其意义》，《妈祖研究论文集》，鹭江出版社，1989 年 5 月，第 27 页。

② 周钟瑄：《诸罗县志》，卷十二、杂记志，古迹条。

③ 林衡道：《神冈乡的古迹古物》，《台湾文献》，第 29 卷，第 3 期，第 24 页。

（2）妈祖信仰对台湾社会的影响

①乾隆年间莆田洋尾白塘村里人重建浮离宫天后祠，庙记中说："神以人灵，人以神昌"①。前一句是唯物的，神都是由人们自己创造出来的，妈祖也不例外，的确是"神以人灵。"后一句则是唯心的，民间信仰都含有迷信成份，但在科学不发达的年代，对虔诚的信徒来说，宗教信仰对人们的生产、社会活动确能起某些鼓舞或推动的作用。从这个意义来说，妈祖作为移民的守护神，对台湾的开发也产生了积极的影响。

②台湾移民所祀奉的神明，最初都是从大陆故乡分祀来的，因此有众多不同的乡土守护神，但妈祖却得到各地移民的普通信仰。道光年间渡台的嘉应州文人吴子光指出："闽粤各有土俗，自寓台后已别成异俗，各立私庙。如漳有开漳圣王、泉有龙山寺、潮有三山国王之类。独天妃庙，无市肆无之，几台闽粤为一家焉。"②而且出现了由闽粤人共建的妈祖庙，如嘉庆四年闽粤移民重建彰化新街妈祖庙（今云林县西螺镇）时，将名其庙为广福宫，成为附近四乡镇移民的共同信仰中心。共同的妈祖信仰，对团结各地移民共同开发台湾，同样起了积极的作用。当然也不能否认，在漳泉、闽粤移民械斗中的一方或双方利用妈祖信仰的消极作用，也偶尔发生过。

③在台湾先住民高度汉化后，接受汉人的民间宗教信仰，出现与汉人共建的妈祖庙（如灵山宫），或独建的妈祖庙（如兴安宫、恒吉宫）。此外在埔里盆地，同治七年由乌牛栏庄拍宰海人莫武葛倡建福德爷庙，光绪三十二年联合道卡斯族及粤籍汉人组织福德会，共同供奉；光绪十年枇杷城庄洪雅人余清源倡建福德庙，1915 年由平埔人与汉民共同醵资重修。汉移民与平埔人的共同信仰，包括对妈祖的信仰，对促进民族团结共同开发台湾也起了积极作用。

④平埔人与汉移民长期互相融合所产生的共同民间信仰，包含构成共同的民族心理的成分，这对中华民族的团结、国家的统一、海疆的巩固同样起了积极作用。道光末年署鹿港同知史密巡视埔里六社时，平埔人"老幼迎道左，且投诚献地，吁恳内附，求官经理"③，接着闽浙总督刘韵珂查勘埔里盆地时，远近平埔人"络绎不绝"前来欢迎，并"诚求开垦"，刘韵珂遂奏请"设官抚治"，因大学士穆彰阿等反对未果。后来埔里平埔人又向新任台湾道徐宗幹请求："业

①　萧一平：《略论妈姐传记的演变》，《妈祖研究论文集》，第 24 页。
②　吴子光：《淡水厅志拟稿》，《台丛》（36），第 98 页。
③　曹士桂：《宦海日记》（校注本），第 200 页，云南人民出版社，1988 年 8 月。

经剃发，愿改熟番，求一体为民，沾濡圣泽。"徐认为"不准其归化，实为全台隐患"，令埔里平埔人处在"不生不熟，不番不民"的困境，乃拟请设屯，以安其心①。实际是同意归化，默许汉民开垦。同治十三年日军侵台后，为了加强海防，沈葆桢奏请取消汉民渡台之禁及台民入山之禁，主张"开山抚番"，加速了先住民的汉化，加强了国家的统一，海疆的巩固。埔里平埔人积极要求"剃发""一体为民"，虽与处境困难有关，也应承认平埔人的高度汉化，包括已开始接受汉族宗教信仰的影响，也是重要的因素。

⑤台湾的妈祖庙最初系由移民从湄洲祖庙或故乡妈祖庙分香或分身建立的，由于分香的地点和庙宇不同，有湄洲妈、银同妈、温陵妈之分，一向有回大陆祖庙进香的风俗，特别是到湄洲进香的最多。因此妈祖信仰在历史上已成为大陆与台湾人民联系的纽带，后虽因人为的原因减少或中断联系，但近年又已恢复，组团来湄洲天后宫进香者络绎不绝，并与探亲、旅游相结合，起了认同祖庙、认同祖籍、认同祖国的作用，正确地加以引导，对促进祖国的和平统一，同样可以起积极的作用。

六、蔡牵海上武装集团与妈祖信仰

——谢金銮《天后宫祭文（代）》读后感

翻阅谢金銮《二勿斋文集》，看到有一篇《天后宫祭文（代）》，为新见资料，蒋维锬所编的《妈祖文献资料》（福建人民出版社 1990 年版）一书亦未见收录。现将全文引录如下：

维清皇帝敬天勤民，历世罔懈，早朝晏罢，兢兢业业，二百年如一日。虽在蛮海之陬，万里之外，思无不到，虑无不周，祖宗以来，钦崇祀典，特遣重臣，岁祗祀事于我天后圣母者。沿海所在，建置极虔，是以舟航罔滞，风涛无恙，东南之民以之富庶，惟神之力，惟帝之心，凡以通商利津，惠吾赤子也。伏惟天后济物之心，出自性成。瘴海所极，气化所偏，风盲雨怪，后能挽之，蛟龙鸥张，后能伏之。后之心即吾皇帝之心，凡以为民也。若夫寇攘为毒，奸宄［宄］窃发，杀越于货，肆掠横行，则非阴阳之沴，而政治之失，神不任

---

① 徐宗幹：《斯未信斋文集》，《台丛》（17），第 348 页。

责，而封疆之吏以为羞。频岁以来，海盗煽虐，蔡牵尤甚。乃者渡北汕，迫温台，挟怪风，藏迷雾，官遭杀掠，神滋疑谤。湄州原庙，遂使渠魁大憝稽首殿庭，圣裔神孙，并受荼毒，东南之民，富商穷黎，俱益困惫。昔为商之水手者，今乃为盗之水手；昔为商之坐赃者，今乃为盗之坐赃。将见神龛灯火遍于贼舟，而巨贾供奉之家，日益减小 [少]，大惧香火坠绝，列祖列宗褒崇钦奉之心，无以克慰。我皇上旰食宵衣，廑念民艰，闻奏震叠。督臣是用疾首疚心，悚惶悼惧。窃惟慢神殃民，罪有所归，而列祖列宗钦崇供奉之心，必不可负。今皇上悲悯穷黎，焦劳图治之情，必有逖通神听者。东南生理必不可以困绝，香火祀事必不可沦于非类。督臣将大率舟师，誓歼逆党。惟祈神牖其衷，将弁奋力，帆樯所向，因利乘便，无作神羞。奉表悚恶，惟神詧 [鉴] 临。①

　　祭文作者谢金銮字巨庭，号退谷，福州府侯官县（今闽侯县）人，以增广生中式乾隆戊申科（五十三年，1788 年）举人，嘉庆辛酉科（六年，1801 年）大挑二等，以教职用，历任邵武、南靖、安溪、嘉义、南平等县教谕，嘉庆二十三年（1818 年）告病回籍，二十五年（1820 年）四月病故。谢金銮从嘉庆七年（1802 年）至嘉庆十四年（1809 年）任职邵武、南靖、安溪、嘉义、南平教谕期间，正值蔡牵海上武装集团横行闽浙粤台湾洋面之时。谢金銮在《二勿斋文集》中自述："嘉庆乙丑（十年，1805 年）金銮教谕嘉义，……其年冬，海寇犯台湾，南北路俱震动，余从守令巡城逻夜，居军中者数阅月，得备闻台湾要害与凡海疆之情势，明年夏寇退。"②可见谢金銮在嘉义曾亲自参加抵御蔡牵队伍围攻嘉义县城之役，并曾立下了汗马功劳。

　　谢金銮所代撰《天后宫祭文》共 474 字，首先言：妈祖神通广大，"风盲雨怪，后能挽之，蛟龙鸥张，后能伏之"。皇帝"敬天勤民，……钦崇祀典，特遣重臣，岁祇祀事于我天后圣母者"，是以"舟航罔滞，风涛无灾，东南之民以之富庶，惟神之力，惟帝之心，凡以通商利津，惠吾赤子也"。其次言："频岁以来，海盗煽虐，蔡牵尤甚"。致"圣裔神孙，并受荼毒，东南之民，富商穷黎，俱益困惫"，使"列祖列宗褒崇钦奉之心，无以克慰"。最后言：皇帝"闻奏震叠"，督臣是用"疾首疚心"，"将大率舟师，誓歼逆党。惟祈神牖其衷，将弁奋力，帆樯所向，因利乘便，无作神羞。奉表悚恶，惟神詧 [鉴] 临。"这篇名为

① 谢金銮：《二勿斋文集》卷六，第 12—14 页。
② 同上，卷三，第 21 页。

祭天后之文，实际是为福建地方官而代撰的讨伐蔡牵海上武装集团的檄文。

蔡牵，福建省同安县西浦乡（今同安策槽西浦新厝顶村）人，生于乾隆二十六年（1761 年），战死于嘉庆十四年（1809 年），他自幼父母早丧，孤苦伶仃，在连年天灾情况下走投无路，于乾隆五十九年（1794 年）下海为盗。破产的沿海农民、渔民、船工、水手、无业游民及被缉捕的天地会成员，纷纷加入，发展成为一股强大的海上武装集团。初期，主要在闽浙洋面为生存而进行传统式的海盗活动，劫商以自救。由于遭到清军水师的镇压，促使其转向反清反镇压斗争，于嘉庆七年（1802 年）五月初一日夜袭厦门海口的大担、二担清军营汛。其反清斗争的高潮，是嘉庆九年后为避开闽浙水师的追击，而转向为夺取台湾为基地的斗争。[①]嘉庆九年（1804 年）四月二十八日，蔡牵率兵船突入台南鹿耳门，"烧毁北汕木城，杀害官兵"。[②]五月退出后，又转向闽浙洋面，旋杀温州镇总兵胡振声。嘉庆十年（1805 年）十一月十三日，蔡牵又率兵船 80多艘在台北淡水登岸，"戕害官兵"，"竖旗滋事"，台湾南北两路人民纷纷响应，攻陷凤山县城，围攻台南府城和嘉义县城。蔡牵自称"镇海王"，刊用"王印正大光明"印信，以号召群众，分设军师、总先锋、先锋、总兵、将军、元帅、大元帅以及巡捕等官职，并且各有令旗，分率各路大军，据清方估计队伍达二、三万人。清浙江提督李长庚率王得禄、许松年等将领协助台湾总兵爱新泰围剿蔡牵，清廷先后任赛冲阿、德楞泰为钦差，调兵镇压，一时在台水陆官兵增至二万多人，并组织义民万余人协助作战。经过四个月的激战，蔡牵才败退，又一度图谋占噶玛兰未成，五月再踞鹿耳门，旋被福宁镇总兵张见升、澎湖协副将王得禄合师击退。此后蔡牵又游弋于闽浙粤洋面，于嘉庆十二年（1807 年）击毙水师提督李长庚于粤黑水洋，至嘉庆十四年（1809 年）八月十七日，被浙江提督邱良功、福建水师提督王得禄合师追剿击毙于温州洋面黑水洋。蔡牵海上武装集团纵横闽浙粤三省洋面，转战达 14 年之久，给予日趋腐败的清王朝以沉重的打击。有史料记载："洋盗蔡牵设立天地会，勒索商船及商人从贼各弊。"[③]蔡牵集团与天地会究竟关系如何，尚待进一步研究，但其在海上及台湾的斗争，可以肯定"对台湾洪门会党的反清斗争起了很大的鼓舞作用。"[④]

---

① 季士家：《略论蔡牵的反清斗争》，见《明清史事论集》，南京出版社 1993 年版，第 178—179 页。

② 《台湾文献丛刊》第 205 种，台北：中华书局 1964 年版，第 67 页。

③ 嘉庆十五年十二月二十六日两广总督百龄折，转引自季士家：《明清史事论集》，第 200 页。

④ 胡珠生：《清代洪门史》，辽宁人民出版社 1996 年版，第 174 页。

蔡牵海上武装集团横行闽浙粤海洋 14 年期间，对许多建立于沿海的妈祖庙香火起了不小影响，许多商民不敢入庙进香，特别对位于湄州岛中的妈祖祖庙影响尤大。谢金銮代撰的《天后宫祭文》特别引人注目的内容，是蔡牵海上武装集团也崇祀妈祖，在"湄州原庙，遂使渠魁大憝稽首殿庭，……将见神龛灯火，遍于贼舟，而巨贾供奉之家，日益减小 [少]，大惧香火坠绝。"至于海商的贸易也大受影响，"昔为商之水手者，今乃为盗之水手；昔为商之坐贼者，今乃为盗之坐贼。"海商的水手和坐贼，也都投入蔡牵队伍中去。蔡牵集团的成员多为沿海渔民、水手，本来许多人就信奉妈祖，加入蔡牵集团后，日漂没于狂风恶浪的海洋，日处于清朝水师的进攻和追击之下，随时受死亡的威胁，对海神妈祖更加崇信，这是很自然的事。而负责镇压他们的水师官兵，处在同样恶劣的海洋环境，也随时有被海上武装集团歼灭的危险，无法掌握自己的命运，也希望冥冥之中有神佛的庇护，对海神妈祖也十分崇信。而地方官吏对妈祖之灵应，更往往夸大其词上奏朝廷。凡遇飓风漂没海上武装集团的船只，悉归功于海神之功及"天子之德"，皇帝则归功于"海神垂佑"。如嘉庆五年（1800 年）闽粤水师于"六月二十二日合师，海风大作，一夕漂没盗船数百，歼戮沉溺无算。设伏岛屿，擒获其窜匿者又数百人。海疆之民鼓噪相庆曰：抚部之力。抚部曰：此天子之德。天子曰：繄神之力。乃俞抚臣所请，发藏香，葺神庙，御书匾额悬于天后宫龙王堂（按：指台州府松门山天后宫龙王堂），以答神庥。"[①]嘉庆五年七月，台湾总兵爱新泰奏初四初五飓风大作，鹿港海面"匪船打散，驾逃远飏。其击碎各船均已沉没，盗匪落海，攀扶篷板，逐浪漂没。"嘉庆帝朱批："海神垂佑，曷胜钦感。"[②]册封琉球使者李鼎元亦记："七月闽神风暴起，击碎船艇百余只，并没海贼蔡牵船四十余只。皇上遣发藏香恭祭天后，并有廷寄令致祭官默祝臣等封舟早得回闽。天恩优渥，天后效灵。"十月李鼎元顺利回闽，"特购羊一、豕一，致祭于天后海神。"[③]又如嘉庆十一年（1806 年）五月，蔡牵又犯鹿耳门，被击退时"适值台飓大作，将船击毙 [破] 多只，而兵船无一损失，官军声势倍增"。上谕："此实仰赖天、神佑助，曷胜钦感。着发去大小藏香各五柱，交温承惠亲诣沿海各处天后宫敬谨代朕祀谢，并默祈速净贼

---

① 蒋维锬编校：《妈祖文献资料》，福建人民出版社 1990 年版，第 281 页。
② 《台湾文献丛刊》第 205 种，第 2—3 页。
③ 蒋维锬编校：《妈祖文献资料》，第 270 页。

氛。"① 当嘉庆十年十一月蔡牵大举侵犯台湾后，嘉庆帝于十一年正月命久历行阵之广州将军（三月十四日改调为福州将军）赛冲阿为钦差大臣，并谕称："台湾远隔重洋，风涛靡定，特发去藏香五枝，着赛冲阿敬诣天后宫，代朕虔祷，以期仰叨神佑。"② 皇帝及官吏把正常出现的飓风覆没"盗船"，归功于海神妈祖，用以鼓舞士气，以消灭海上武装集团。但飓风不长慧眼，同样也会覆没水师兵船，如嘉庆十四年（1809年）夏，闽浙总督阿林保奏福州省城"海飓大作，公廨、民居、兵船、商船无不损坏，甚至伤毙人口，漂没田禾，迥非寻常灾祲"。但嘉庆帝在上谕中却解释为："推原其故，或吏治民风均有不能感召天和之处。该署督等必当震动恪恭，自加警省，实心实力，抚恤灾区，并于地方一切事务，认真办理，除莠安良，庶或虔祈昊佑。并着于天后宫敬谨致祀，以迓神庥。"③ 嘉庆帝在这里却把飓风损坏兵船、民居归于"吏治民风不能感召天和"所致，要地方官"自加警省"，"虔祈昊佑"，特别是妈祖的庇佑，要地方官到天后宫"敬谨致祀，以迓神庥"。当时靠歼灭蔡牵而接连升官晋爵的王得禄，也把自己的业绩归功于海神妈祖的大力庇护。他于嘉庆八年（1803年）追捕蔡牵收抵鼓浪屿三和宫妈祖庙前时，曾许愿如庇护其战胜"海盗"，将重兴三和宫。嘉庆十八年（1813年）在其《重兴鼓浪屿三和宫记》中自述称：自向妈祖许愿后，"由是舟师所向，屡立微功，累迁至水师提督。己巳秋（嘉庆十四年），渠魁扑灭，海氛底定，亦蒙恩晋封子爵，赏戴双眼花翎。回思向日祈祷之诚，其昭应真有历历有爽者矣。神光既普，庙宜新，谨捐廉俸，鸠工庀材，而行户巨商，亦各喜檀施，共襄盛举，今已落成矣。"④

反清的蔡牵海上武装集团与镇压蔡牵的闽浙水师官兵及清廷都崇祀海神妈祖，支持蔡牵的沿海渔民、水手与支持清政府镇压蔡牵的海商也都崇祀妈祖。上引文已提到重修鼓浪屿三和宫妈祖庙时，就得到"行户巨商"的赞助，海商同时还募勇捐资助剿。如蔡牵进犯台湾时，据记载："三郊商人拥资贸易，自遭海寇以来，商舶多被掠，及闻牵至，各挺身募勇，供驱策，助饷数万金。"并有贡生韩必昌、陈廷壁"首率领义旗，未一日而得义首二百五十人，义民逾万，咸自备军糈，愿杀贼。"⑤ 反清队伍与镇压反清队伍相对立的双方，他们都崇祀

① 同上，第274—275页。
② 孙本政主编：《清实录台湾史资料专辑》，福建人民出版社1993年版，第655页。
③ 蒋维锬编校，前引书，第275页。
④ 同上，第285页。
⑤ 连横：《台湾通史》，卷三十二，列传四，商务印书馆1983年版，第587页。

妈祖，都祈祷妈祖庇佑他们。妈祖怎样作到不分是非，同时保护相对立的双方而一视同仁呢？看来信仰妈祖的各阶级、各阶层信徒的心中，各有庇佑自己的妈祖，而保护一切人的妈祖并非真实存在的，而是人们自己创造出来的。乾隆四十六年（1781年）梧郊里人所撰《重兴浮屿天后宫序》曾指出：“神以人显，人以神昌。示显者神，能锡人之昌；求昌者人，必钦神之显。”①多少道出了人们崇祀神明包括妈祖的一些道理。这些话可以解释为神是靠人才灵显，而人却把自己昌盛兴旺归功于神佑。所以历史上曾出现个别儒者对妈祖的存在发生过怀疑。如明代有莆人御史朱淛曾写过一篇《天妃辩》，指出：“莆禧海上有天妃宫，凡番舶往来，寇盗出没，具瞻拜致礼，修斋设醮，岁以为常，而其所如往，亦必盱睢俱伺，环珓许可而后行。”责问妈祖“甘为盗贼向导，以虐刘剥割无罪之人。所谓聪明正直而一焉有也，其福善祸淫之理果安在哉？”又责问：“弘治初，吾莆乾亨黄大行奉命出使外国，大风覆舟，当时天妃之神何在？坐视乡人之溺而不救之耶？”他认为：“其济与否，则有幸不幸存焉。今幸而济，则归功于天妃，为之立庙，又为张大其事，以闻诸朝，……则天下之惑滋甚。”②乾隆年间亦有浙儒全祖望提出妈祖“三怪”之说，他认为“为此说者，盖出南方好鬼之人，妄传其事，鲛人蜑户本无知识，辗转相愚，造为灵迹以实之。于是梯航所过，弓影蛇形，皆有一天妃在其意中，在其目中，以至胙醊之盛，惟恐或后。上而秩宗，下而海隅，官吏又无深明典礼者以折之，其可叹也。”③但在科学不发达的年代，人们往往受制于自然，不能掌握自己的命运，必然托庇于神灵。即使今天科学已十分发达，但人力仍不能完全支配自然，仍受天灾人祸及生老病死的种种痛苦，同样仍有不少人会把美好愿望的实现寄托在神的身上。目前在我国及海外各国华人住地，仍有大批人崇信妈祖，每年组团来湄州祖庙及其祖籍所在地祖庙进香者络绎不绝，成为联系海峡两岸同胞及海外华人的纽带，只要我们善于引导，可以促进与台胞及海外华侨华裔的了解，增加共识，为共同促进中华民族的复兴起到积极的作用。

　　以上就是我读了谢金銮代撰的《天后宫祭文》中，提到“海盗”与地方官兵都信仰妈祖而引起的一些感想。

　　最后要提到的一点是：谢金銮代撰的《天后宫祭文》在其死后出版的《二

---

①　蒋维锬编校，前引书，第259页。
②　同上，第87—88页。
③　同上，第227页。

勿斋文集》中，并未注明撰于何时，为何人代撰，给后人留下一个哑谜。但细阅祭文，仍有一些蛛丝马迹可寻。祭文中有"乃者渡北汕，迫温台，挟怪风，藏迷雾，官遭杀掠，神滋疑谤"之句，按蔡牵渡北汕发生于嘉庆九年四月间，五月退出台湾后入闽洋，于六月初杀死温州总兵胡振声，进入浙洋，七、八、九月均游弋于浙洋温台之间，被李长庚追击，十月又南窜闽台洋面。[①]祭文中未提及嘉庆十年蔡牵大举攻台，陷凤山，围郡城及嘉义县城，称王设官等事，可见祭文系写于嘉庆九年，当时谢金銮正任安溪教谕，而十年即已调任台湾嘉义。祭文似是向湄州祖庙或福州附近天后宫致祭的，时间应是九年下半年。当时谢金銮虽"调安溪，以职诣省垣，供乡试事"。曾于九年秋天逗留福州省城一段时间，他是福州府人，本地熟人甚多，福建地方官有可能通过其熟人求其代撰祭文。祭文虽未注明为何人代撰，但短短数百字祭文，曾三次提到总督。如提"海盗"横行"则非阴阳之愆，而政治之失，神不任责，而封疆之吏以为羞"；又提"督臣是用疾首疚心，悚惶悼惧"；最后提"督臣将大率舟师，誓歼逆党"。可见祭文与总督有密切关系，如果不是直接代总督撰写，也应是为受总督任命致祭的负有守土之责的地方官代撰。因此个人初步意见，谢金銮是于嘉庆九年秋代总督或代表总督前往妈祖庙致祭的地方官代撰《天后宫祭文》。祭文表示了歼灭蔡牵海上武装集团的决心，是一篇征讨蔡牵的讨伐令。

七、台北市县清水祖师庙与安溪移民

随着明末清初安溪移民到台湾，清水祖师信仰也传到台湾，先后在台湾盖起了一批清水祖师庙。现在全台有近百座清水祖师庙，在台北市县则有16座。

表 2-5　台北市县清水祖师庙统计

庙名	庙址	建庙年代
清水岩祖师庙	台北市龙山区长沙街	乾隆五十五年（1790）建
长福岩	台北县三峡镇秀川里	乾隆三十四年（1769）建
泰山岩	台北县泰山乡明志村	乾隆五十七年（1792）建
泰山岩	台北县泰山乡山脚村	光绪元年（1875）

---

① 苏同炳:《海盗蔡牵始末》,台湾省《台湾文献》第 25 卷，第 4 期，第 16 页。

庙名	庙址	建庙年代
集福宫	台北县泰城级顶埔村	1924 年建
永福宫	台北县土城乡中央路	不详
清水岩	台北县淡水镇清文里	1934 年重建
保安岩	台北县淡水镇沙仑里四段	1913 年建
平安宫	台北县淡水镇沙仑里 10 邻	不详
长福宫	台湾县新店镇广兴里	不详
岐山岩	台湾县新店镇屈尺里	不详
净化堂	台北县瑞芳镇龙潭里	1948 年建
龙岩宫	台北县瑞芳镇龙川里	1946 年建
万庆岩	台北市景美区万庆街	道光十八年（1838）建
清水祖师庙	台北市木栅区原博嘉村	1923 年建
石泉岩	台北市大安区和平东路	不详

以上清水祖师庙最先都是由安溪移民从祖籍清水岩分灵所建，为安溪在台移民所崇祀，因此台北县市所建清水祖师庙与安溪移民密切相关。早在明代安溪人已成批移居澎湖，明末有的移居台南县市，特别是有一批安溪人于清初随郑成功军队渡台，后在台湾定居，有的后裔移居台北，另有一批安溪人于康熙二十二年（1683）随施琅军队渡台，然后也定居台湾，有的分居今台北县市。从康熙统一台湾后，陆续有不少安溪移民渡台入垦今台北县市。现将安溪移民入垦今台北县三峡镇、淡水镇、土城乡、泰山乡、新店、瑞芳镇及台北市龙山区、景美区、木栅区等地的姓名列后：

雍正年间周敬官、陈若望、秦庭端入垦今三峡镇、庭端后裔分垦今土城，林口等地；乾隆前期周殿昌入垦三峡，黄都入垦台北板桥，分传三峡，林致远、李玉树入垦三峡、树林等地，秦并国入垦三峡、土城等地；乾隆二十年董旭入垦三峡，陈炳总入垦台北、分传三峡、树林，周可安入垦三峡；乾隆中叶黄春、黄秋、黄文亨三兄弟入垦今板桥、三峡、中和等地，李元明、李国开兄弟入垦三峡；乾隆末叶陈有余、林致远、陈保全、陈万亿入垦三峡；乾隆年间孙金桃、苏星、李玉树入垦三峡、树林、桃园等地，张益宝入垦三峡、中和、树林等地；嘉庆年间苏秀颜、白明朗、周番入垦三峡，黄登龙、黄再春兄弟入垦今莺歌，分传三峡，白光昭入垦高雄，转垦台北三峡，郑意处入垦三峡，板桥等地；道光年间廖政生入垦三峡；清代吴开仗、吴开衮入垦三峡、北投，秦元丁、秦集壁入垦三峡、林源孙、陈守谦、陈素轩、陈福坪、陈武见、刘文好、苏季星入垦三峡，苏以端、苏马力入垦三峡、宜兰等地。

雍正年间卢明程入垦今淡水镇；雍正四年（1726）张文凤（光云）入垦彰化，乾隆初分垦淡水；乾隆中叶黄端入垦淡水，分传台北地区，原籍安溪长泰里蔡兴好入垦淡水顶坪，族亲相互援引，先后分批渡台，散居淡水及台北县市；乾隆末陈又刻入垦淡水；乾隆年间高培上、高培远、高培来兄弟入垦淡水；咸丰年间康文举入垦淡水；清代林公孙转垦台北淡水。

康熙年间王赓足、王赓汀入垦今土城乡，王羲书入垦土城、板桥；乾隆前期王伯珠、王赞入垦土城、板桥、树林；乾隆二十五年（1760），陈沛舍入垦土城沛陂村；乾隆三十五年（1770），安溪移民入垦土城祖田村、顶埔村；乾隆末安溪移民入垦土城货饶村；嘉庆年间邓士瑶入垦土城、树林等地。

康熙年间李世明、李茂吉、李奕韩入垦泰山乡；乾隆二年（1737）钱甫入垦泰山；乾隆中叶黄廷宝、黄廷琬及王廷篇、王廷棣兄弟入垦泰山乡，黄继抵、黄继端、黄继葱兄弟入垦台北市新庄、三重、泰山等地，李奕纳、李奕载、李奕量、李乘宝入垦泰山、王股等地；乾隆年间苏期缘入垦泰山；嘉庆初许庆荣、李奕正入垦泰山；清代许衍丹入垦泰山。

乾隆中叶陈土锭入垦今台北县新店市；乾隆末林君昌、林君顶、林臣发、林臣复、林臣郎、林一旅、林嘉胞及林六褚先后入垦新店，分传台北县市；乾隆五十年（1785）安溪山坪社刘秉盛入垦新店；乾隆年间高培迎、高培献、高钟拔入垦新店，陈士入垦新店、大坪等地；嘉庆年间张猛、刘叔夜、陈沙、高銮、周猪入垦新店；道光年间高钟秆入垦新店、景美、木栅等地；同治年间黄炳泉分垦新店；清代詹明富入垦新店、景美、木栅等地；同治年间黄炳泉分垦新店；清代詹明富入垦新店、三重等地，刘胜源分垦新店。

乾隆末李庇入垦今瑞芳镇，周质仁入垦瑞芳、宜兰等地；嘉庆年间白金福入垦瑞芳；道光年间白用婴入垦瑞芳；清代胡继基、胡浩斋人垦瑞芳。

乾隆十九年（1754）林钦明渡台在艋舺（今后北市龙山区）经商，开发泰行，后在台北建发泰古厝；嘉庆年间王道泗等人入垦今台北市龙山区；道光年间白钦铭、白其祥父子迁居今台北市龙山区；清代高炅馨、高炅聪入垦今龙山区。

乾隆十九年（1754）林君让入垦今后北市大安区；乾隆年间詹扬淇入垦淡

水，分垦今大安区，高炅聪、高培尧、高钟送入垦今大安区；同治年间徐心匏入垦今大安区。

康熙年间高植孟人垦今台市景美区、木栅区等；乾隆中叶颜子富入垦今景美区；乾隆五十四年（1789）许标重入垦今景美区；乾隆末郑光恩、郑光吉、郑光蒲兄弟入垦景美，刘元聘入垦景美；乾隆年间高培廪入垦士林，后转垦景美，高炅东、高炅征、高培良、高培善、高培火、高培楼、高钟里、苏兴存等入垦景美，苏光和入垦泰山、景美等地；道光年间高培恭入垦景美、木栅；清代高植辅、陈成基入垦景美。

清初高仲、高培正入垦景美、木栅，高子颐、高子锡、高子绵、高寿保入垦景美、木栅、新店等地；乾隆初张启顺入垦木栅，张满进后裔光龙入垦淡水、木栅；乾隆前期陈尚海入垦木栅；乾隆年间高炅臣、高炅游、高炅晋、高炅节、高炅尊、高炅平、高培孟、高培奉、高培悦、高培用、高培启，高钟惧、高钟力等入垦木栅，高培从入垦深坑，木栅等地；清代陈鳌山，郑守义入木栅。

明郑时期安溪龚氏族人随郑成功军队人台，后裔有分居今台北市，康熙九年（1670）王享赐人垦今台北市；康熙末黄河宝入垦今台北地区；康熙年间王天成入垦今台北县市，王宜远入垦台北市；雍正年间周尚德、周显浩、高佛成、廖士正入垦今台北县市，黄启瑞、黄启端入垦今台北市；乾隆前期黄懋共、詹桑、李序山、李洪夫妇入垦今台北市；乾中叶白逸宇后裔入垦台北县市，黄继炫、黄继焙、黄继灯、黄继辍、黄继炯、黄继爆、黄继劲兄弟入垦桃园龟山，分传台北地区，乾隆三十九年（1774）黄廷同、黄廷升、黄廷坚兄弟入垦新店，分传台北地区；乾隆中叶翁密德、萧文建入垦今台北市；乾隆末萧睿、林千智入垦今台北市，陈文俊入垦今台北县，林洪景、林洪泰兄弟入垦今台北市，稍后再邀林洪作、林洪老、林法隐、林法约、林洪伯及林温理等兄弟叔侄入垦人台北地区；乾隆末林兴仁、王文仲、王取入垦今台北县市；乾隆年间白坦世、白坦载、白修咱、白修脱等先后入垦今台北县市；嘉庆年间白修情、高培易、颜长、颜政道入垦今台北市，李兄文、李梓宗、林常春、许文叔入垦今台北县市；道光年间叶砂入垦今台北市，陈传宗、黄廷同、翁元熙、林君番、詹励远入垦今台北县市；清末林火炎入垦今台北市，郑耀出后裔分垦台北；清代李槐可、李槐六、詹口香、蔡利瑶、刘监明、郑威、谢友越、苏尚格、杨耕、詹宝仍、陈秉昊、黄继美、黄道隆、周福、林元真、林庭河、林候建、林世元、陈连山、陈居安、陈居宁、高培负、高植、高泰保、高钢、许德政（慎齐）、林佛孙、林隆基、颜政邦、王义夫、吴国栋、吴福仁后裔入垦今台北县市；清代杨春年入垦彰化、台北等地，高炅枸（时周）、高培炳、高子显、陈文俊、王火入垦今台北市。

以上安溪向台北县市移民资料，系根据台湾省各姓历史渊源发展研究学会1987年发行的《台湾区族谱目录》、杨绪贤编撰的《台湾区姓氏堂号考》（1979年台湾省文献委员会发行）、林再复著《闽南人》（台北三民书局，1996年7月增刊8版）、盛清沂总纂《台北县志》卷五开辟志（1960年台北县文献委员会出版）等书摘引，只限于有清水祖师庙的台北市区及台北县乡镇，不包括台北县市其他市区和乡镇，只包括台北安溪移民的一部分。台湾安溪移民居闽南各县之首，据1926年户口调查资料统计，台湾汉族人口共3751600人，其中安溪籍移民计441600人，占总人口的11.8%。而台北市县市汉族人口共726000人，安溪籍移民计202200人，占台北总人口的27.9%，其中旧台北市，安溪人占汉族总人口的53.3%，原属台北县的木栅、景美、深坑（景美、木栅1967年划入台北市，为景美区、木栅区）安溪人占97.5%，新店占72.5%，三峡占67.6%，莺歌、树林占52%，瑞芳占46.6%，土城占23%，淡水占21.8%，泰山、新庄占28.7%。随着安溪移民先后渡台，清水祖师也被分灵到台湾。闽南移民开垦台湾的过程是从台南向台北发展，故清水祖师庙也首先出现于台南地区。据记，南明永历年间（清顺治时间），彰化二林镇已出现清水祖师庙——新兴宫，康熙年间台南市又盖起龙山寺、清水寺二座清水祖师庙，高雄仁武乡也盖起一座福清宫祖师庙，雍正元年（1723）台南县佳里镇起盖震兴宫，雍正八年（1730）台南县新市乡起盖灵昭宫，雍正年间澎湖马公镇也盖起一座祖师庙，崇祀清水祖师。自康熙末年后，安溪移民大量入垦台北，乾隆年间台北县市也开始起盖祖师庙。从清初至1949年全台先后建有73座祖师庙，至今又增至近百座，而台北县市则共有15座。

台北最先建祖师庙的是三峡长福岩，于乾隆三十二年（1767），由居住三峡、莺歌及附近乡村的安溪移民倡仪修建，当年八月兴工，三十四年（1769）落成。接着兴建的是艋舺清水祖师庙，由安溪移民捐资三万元，公举翁有来为董事，负责筹建，自祖籍安溪清水岩清水祖师庙直接分灵来台，于乾隆五十三年（1787）兴工，五十五年（1790）竣工。他如景美万庆岩则建于道光十八年（1838），泰山乡泰山岩建于光绪元年（1875）。淡水祖师庙系1934年重建，建庙年代不详，系自艋舺祖师庙分灵。据记载，同治六年（1867）石门乡迎淡水祖师神像绕境，祖师忽然落鼻，乡人闻讯都出屋外观看，忽发生大地震，倒屋无数，人皆平安，方知祖师显灵所赐，信徒大增，台北白其祥曾出资一百元，供淡水祖师庙重塑一尊镇殿祖师，每年正月初六神诞前一日落鼻祖师必返艋舺祖庙。据此，淡水祖师庙应建于同治六年之前。自乾隆三十二年起盖三峡祖师庙至1948年起盖瑞芳净化堂，台北县市共盖祖师庙16座，有的从安溪直接分灵，有的则从台湾艋舺、三峡等地祖师庙分香。

祖师庙于每年正月初六日神诞举行庆典和游境活动，善男信女组织信徒会，经常进行活动和到庙进香，祖师庙成为安溪（包括部分永春）移民的信仰中心，也是安溪移民的团结象征，是安溪移民经常聚会的场所。有的祖师庙则兼办私塾，教育子弟，起着传播文化的作用。现在神庙兼营各种事业，收入很多，有的办起医院、学校，举办贫苦救济金等社会公益活动。

自宋徽宗建中靖国元年（1101）清水祖师陈普足圆寂，从人变成神之后，八百多年来神职发生了不断变化。北宋时原以祈雨为主要职能，南宋时已发展为治病、驱蝗虫及御盗等职能，成为安溪人的乡土守护神，自明末清初清水祖师信仰传播到东南亚及台湾之后，更演变为安溪移民的保护神，成为祈福、禳灾、治病、驱邪、保平安的万能之神。现在虽仍以安溪移民后裔为主崇祀，但也已成为祖师庙当地各籍住民的普遍信仰了。

二百多年来台北祖师庙香火很旺，信仰不衰，神庙不断得到重修，庙宇越修越大，更见金碧辉煌，如艋舺祖师庙于嘉庆二十二年（1817）为台风毁坏，乡民募捐五千元修茸。咸丰三年（1853）又因分类械斗（顶下郊拼）被火焚毁，同治六年（1867）由台北安溪人领袖参加台北抗法战争赐五品军功的白其祥提倡重建，募捐二万五千元，当年四月开工，光绪元年（1875）落成。以后又屡经多次重修，虽仍保存原状，但庙宇更加辉煌，建地约五百坪，庙地共二千坪，除主祀清水祖师，陪祀关圣帝君、文昌帝君、天上圣母、四大尊者及福德正神。今当地安溪人以白、王、周、高、刘、林、蔡、黄、杨等姓为多，对于本寺之维护共同负责。三峡祖师庙于道光十三年（1833），台北大地震时，庙宇部分损坏，安溪籍民即募捐扩建。1895年日军侵占台北，三峡居民由原籍安溪湖头的抗日义士苏力领导，血战四昼夜，重创日军，日军乃火焚村庄祖师庙以泄愤，幸信徒事先已将神像妥存，光绪二十五年（1899）由信徒募捐重建。1945年抗日战争胜利台湾光复，1947年三峡信徒又发起扩建，由当地师范大学美术系教授李梅树教授设计，对全庙花鸟人物故事、龙柱、石狮、亭台楼阁，都精心设计，聘名师雕刻，被公认为是全台艺术之宫。现在台北较具规模、香火鼎盛的祖师庙，要算艋舺清水岩祖师庙、三峡长福岩和淡水祖师庙，尤以艋舺清水岩首屈一指，与龙山寺、保安宫被认为是台北三大寺庙。

　　近十多年来海峡两岸开禁往来后，台湾的安溪移民后裔不少又恢复回祖籍谒祖和到清水岩祖庙进香活动。1989 年台北安溪籍詹氏、白氏分别组团 40 多人回安溪谒祖，并到清水岩祖庙进香，淡水清水宫主事陈资燕女士还到祖庙迎请木雕祖师像"开眼"回台，新店歧山岩董事林锦文父子（祖籍赤嶙）也专诚到祖庙迎请祖师佛像"点眼"回台，新店歧山岩主事王乙谟、台北泰山岩常务董事林志峰一行 7 人分别迎请四尺高的祖师木雕像回台，台北石泉岩进香团一行 62 人，台北三峡祖庙进香团数十人也先后来祖庙进香，并捐资修庙。仅 1988、1989 两年来祖庙进香的台胞已逾数千，至现在来祖庙进香的台胞已超过数十万人，清水祖师信仰已成为联系海峡两岸同胞的纽带，加深了两岸同胞的理解，增进了共识，为炎黄子孙"振兴中华"起了积极的作用。